重庆"走出去"战略与金砖国家研究协同创新中心论丛

金砖国家智库研究

BRICS Think Tank Studies

陈广猛◎著

时事出版社
北京

图书在版编目（CIP）数据

金砖国家智库研究/陈广猛著．—北京：时事出版社，2022.7
ISBN 978-7-5195-0489-2

Ⅰ.①金… Ⅱ.①陈… Ⅲ.①咨询机构—研究—世界 Ⅳ.①C932.81

中国版本图书馆 CIP 数据核字（2022）第 093230 号

出版发行：	时事出版社
地　　　址：	北京市海淀区彰化路 138 号西荣阁 B 座 G2 层
邮　　　编：	100097
发 行 热 线：	(010) 88869831　88869832
传　　　真：	(010) 88869875
电 子 邮 箱：	shishichubanshe@sina.com
网　　　址：	www.shishishe.com
印　　　刷：	北京良义印刷科技有限公司

开本：787×1092　1/16　印张：21.25　字数：250 千字
2022 年 7 月第 1 版　2022 年 7 月第 1 次印刷
定价：98.00 元

（如有印装质量问题，请与本社发行部联系调换）

本书的出版受到国家社科基金一般项目"全球主要智库的影响及启示研究"和重庆市教委高校创新研究群体项目"基于大数据的国别与区域研究"的资助。

总 序

2009年，四川外国语大学国际关系学院正式成立。在服务国家战略和地方经济社会发展的背景下，学院以国际问题研究所为依托，围绕重庆对外交往与金砖国家内政外交开展了系列研究，主要包括重庆面向拉美"走出去"的风险、重庆与英国关系、重庆与金砖国家经贸投资、金砖国家相互定位、金砖国家与全球治理、金砖国家人文交流机制等，并在此基础上分别成立了城市外交研究中心与金砖国家研究院。2013年，四川外国语大学成功申报并获批重庆"走出去"战略与金砖国家研究协同创新中心（省级）。本论丛即是该协同创新中心主要研究成果的集中体现。

重庆"走出去"战略与金砖国家研究协同创新中心论丛致力于发布与重庆实施"走出去"战略以及金砖国家内政外交相关的研究成果，具体包括《墨西哥中央—地方权力关系研究：发展路径与动因机制》《韩国政治转型中的政党政治研究》《当前金砖国家研究的若干问题》《金砖国家与全球治理》《经济视角下的中国与巴西关系研究》

《中国与巴西关系：发展与聚焦》《重庆地方政府国际合作能力和机制建设研究》《中国"走出去"战略背景下的金砖国家非传统安全问题研究》《金砖国家智库研究》和《全球化时代金砖国家领事保护研究》等著作。我们希望本论丛对进一步推动重庆"走出去"战略研究与金砖国家研究以及二者之间相互关系问题的研究有所帮助，从而为重庆打造内陆开放高地和中央深化金砖国家合作提供政策建议和智力支持。

参与本论丛撰写的作者大都来自四川外国语大学国际关系学院。该团队最大的特点是年轻而富有朝气，奋发进取，积极关注国际关系研究领域的热点问题。近年来，他们结合自身专业方向与研究领域，在重庆对外交往和金砖国家研究方面进行了有益的尝试。或许这些年轻学者在研究功力上仍有待进一步提升，他们的研究成果也存在这样那样的局限，但我们相信，本论丛的出版对他们来说是激励和鞭策，同时我们也相信，他们能够以此为基础，在相关研究领域和议题上取得更多更具有影响力的成果。

感谢学校领导对论丛出版的大力支持，感谢协同创新中心参与单位对论丛编写的鼎力帮助，感谢时事出版社领导特别是编辑部的谢琳主任及其团队对论丛设计、编辑、出版等事务的全力付出。同时，还要感谢四川外国语大学国际关系学院的其他老师和同学们在文献收集和整理以及英文翻译等过程中发挥的重要作用。本论丛得以正式出版是大家共同努力的结果。我们一定不负众望，全力以赴为重庆"走出去"战略研究和金砖国家研究贡献自己的思想与行动。

肖　肃

2017 年 4 月 26 日于四川外国语大学

目录 Contents

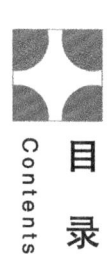

第一章 绪论 …………………………………………………… 1

第一节 金砖国家概观 …………………………………… 1

第二节 国内外文献综述 ………………………………… 3

第三节 研究目的和研究意义 …………………………… 5

第四节 研究方法 ………………………………………… 6

第五节 全书结构安排 …………………………………… 7

第二章 巴西的金砖国家研究智库 …………………………… 11

第一节 导论 ……………………………………………… 11

第二节 巴西的金砖国家研究智库概况 ………………… 27

第三节 巴西智库的金砖国家研究 ……………………… 42

第四节 巴西智库对金砖国家合作的影响 ……………… 54

第五节　小结 ································· 65

第三章　俄罗斯的金砖国家研究智库 ················ 67

第一节　导论 ································· 67
第二节　俄罗斯的金砖国家研究智库概况 ············ 81
第三节　俄罗斯智库的金砖国家研究 ················ 95
第四节　俄罗斯智库对金砖国家合作的影响 ·········· 99
第五节　小结 ································· 104

第四章　印度的金砖国家研究智库 ·················· 108

第一节　导论 ································· 108
第二节　印度的金砖国家研究智库概况 ············· 118
第三节　印度智库的金砖国家研究 ················· 143
第四节　印度智库对金砖国家合作的影响 ··········· 152
第五节　小结 ································· 161

第五章　中国的金砖国家研究智库 ·················· 166

第一节　导论 ································· 166
第二节　中国的金砖国家研究智库概况 ············· 173
第三节　中国智库的金砖国家研究 ················· 191
第四节　中国智库对金砖国家合作的影响 ··········· 206
第五节　小结 ································· 210

第六章　南非的金砖国家研究智库 ·········· 214

第一节　导论 ·········· 214
第二节　南非的金砖国家研究智库概况 ·········· 224
第三节　南非智库的金砖国家研究 ·········· 241
第四节　南非智库对金砖国家合作的影响 ·········· 254
第五节　小结 ·········· 263

第七章　结论和展望 ·········· 273

参考文献 ·········· 276

附录Ⅰ　金砖国家的智库名录 ·········· 295

附录Ⅱ　金砖国家智库发展大事记 ·········· 301

附录Ⅲ　历届金砖国家学术论坛和首脑峰会概览 ·········· 320

第一章 绪论

"金砖四国"这一概念最初来源于美国高盛公司首席经济学家吉姆·奥尼尔（Jim O'Neill）所撰写的一份名为《全球需要更好的"经济之砖"》的报告，报告特指中国、俄罗斯、印度和巴西这四个经济增长迅猛的新兴经济体，未来有望引领全球经济发展。在南非于2010年12月正式加入该合作机制后，"金砖四国"变为"金砖五国"，并正式更名为"金砖国家"（BRICS）。因此，本书将中国、俄罗斯、印度、巴西和南非这五个金砖成员国国内的智库统称为"金砖国家智库"。

◆ 第一节 金砖国家概观 ◆

自2010年起，美国宾夕法尼亚大学智库研究项目（TTCSP）小组每年会定期推出《全球智库报告》，系列《报告》真实地反映了全球智库的实际状况和发展变化。因此，本节将引用美国宾夕法尼亚大学智库研究项目小组发布的《2020年全球智库报告》这一最新数据，从数量和质量两个方面来对金砖国家智库的情况做一个基本的概述。从数量上来看，截至2020年底全球共有11175个智库，金砖国家共拥有2460个智库，约占全球智库总数的22%。金砖国家拥有智库数量的情况具体如下：中国以1413家智库位列全球智库数量排行榜第二位；印度以612家智库位列全球智库数量排行榜第三位；巴西以190家智库位列全球智库数量排行榜第九位；俄罗斯以143家智库位列全球智库数量排行榜第十二位；南非以102家智库位列全球智库数量排行榜第十五位。[①] 就上述情况而言，金砖国家拥有的智库数量在全球智库数量排名中都比较靠前，但其内部各自拥有智库的数量还是存在较大差距。从质量上来看，2020年共有174家来自世界不同国家的智库入围"2020年全球顶级智库排名"，其中来自金砖国家的智库有30家，约占入围智库总数的17%。其中，中国有10个智库入选；印度有9个智库入选；南非有6个智库入选，俄罗斯有3个智库入选；巴西有2个智库入选。[②] 由此可见，金砖国家智库的总体实力比较弱且内部实力差异较大。

总的来说，当前的金砖国家智库总体数量多、发展速度快，部分智库已经跻身全球顶级智库行列，具有相当大的国际影响力，金砖国家智库已经进入了一个高速发展的阶段，未来有望在智库界占据至关重要的地位。但与此同时，金砖国家智库的发展也呈现出自身的弱点，比如金砖国家智库的整体实力较弱、内部各国智库发展

[①] James G. McGann, "2020 Global Go to Think Tank Index Report", in TTCSP Global Go to Think Tank Index Reports, 2020, https：//repository.upenn.edu/think_tanks/. （上网时间：2022年1月27日）

[②] James G. McGann, "2020 Global Go to Think Tank Index Report", in TTCSP Global Go to Think Tank Index Reports, 2020, https：//repository.upenn.edu/think_tanks/. （上网时间：2022年1月27日）

不均衡等,这些弱点使得金砖国家智库的发展水平与欧美等发达国家的智库相比仍有较大差距,未来还有很大的进步空间。①

第二节 国内外文献综述

迄今为止,国内外已有不少相关文献对金砖国家及其智库进行研究,取得不少研究成果。具体来说:

国外部分,金砖国家合作机制是发展中国家合力创建的一种新型国际机制,也是发展中国家维护自身正当权益、积极融入国际社会的重要平台。作为金砖国家合作的重要参与者和实际受益者,印度、巴西、俄罗斯和南非等金砖合作成员国就金砖国家智库开展了一定的研究。比如,安德烈·亚科夫列夫等人发表的《俄罗斯独立经济智库的演变与发展前景》② 一文就介绍了俄罗斯经济智库的发展演变过程;南非人文科学研究理事会官网发布的《金砖在南非,智库在金砖》就论述了智库合作在金砖国家合作中的重要作用;巴西瓦加斯基金会的埃琳娜·拉萨洛(Elena Lazarou)主编的《智库与政策转型:以巴西为例》(*Think - Tanks and Policy Transformation: The Case of Brazil*)一书就旨在介绍巴西国内政策转型时期智库在其中的作用;俄罗斯高等经济研究大学哲学教授埃琳娜·彭斯卡亚

---

① 谭玉、朱思慧:《金砖国家顶级智库建设的比较及对中国的启示》,《情报杂志》2018年第4期,第43页。
② [俄]安德烈·亚科夫列夫、列夫·弗雷克曼等:《俄罗斯独立经济智库的演变与发展前景》,《国外理论动态》2016年第3期,第113—122页。

(Elenan Penskaya）写的《智库和俄罗斯当局的不对称关系：“思想市场"的隐喻》一文就强调了智库间思想的交流对国家民主自由发展的重要性等。相较于研究金砖国家智库，包括金砖成员国在内的国际社会更关心与金砖国家经贸合作相关的研究，因此国际上关于金砖国家智库的研究十分有限。

国内部分，金砖国家合作机制作为中国开展外交活动、积极融入国际社会的重要平台，一成立便在中国国内掀起了一股金砖研究的热潮，专业的研究人员和研究机构不断涌现，产出了一大批高水平的研究成果。如在2017年中国再次成为金砖国家主席国之际，中共中央对外联络部作为金砖国家智库合作的牵头单位，联合国内高校、研究机构以及企事业单位成立了金砖国家智库合作中方理事会，主要负责并参与金砖国家合作框架下的学术和智库对话交流与合作。[1] 该机构成立后，一直整合国内的金砖研究力量，服务金砖国家合作，至今已经出版了《金砖国家经贸合作》《金砖国家与全球治理》《金砖国家合作机制》《金砖国家金融合作》《金砖国家人文交流》五本"智库话金砖"系列图书，分别从经贸合作、全球治理、机制建设、人文交流等几个方面为进一步加强金砖国家合作提出了中国方案。中国国内学者对金砖国家智库的研究主要分为两类：一类是将"金砖国家"视为一个整体，对金砖国家智库合作与发展进行整体评述，如骆嘉在《金砖国家智库合作的现状、困境与策略》[2] 一文中就详细

---

[1] 摘自金砖国家智库合作中方理事会官网，http://www.ccbtc.org.cn/jzjj.aspx?clmId=7。（上网时间：2022年1月27日）
[2] 骆嘉：《金砖国家智库合作的现状、困境与策略》，《智库理论与实践》2018年第3卷第2期，第47—54页。

地阐释了目前金砖国家智库合作的基本情况；赵瑞琦和张成岗在《金砖国家智库的议程融合探索》[①] 论述了金砖国家智库加强议程融合的重要性；暨佩娟和张姝欣在《金砖国家智库需探索新型互动方式和发展道路推进新一轮全球化》[②] 一文中探索了金砖国家智库合作的新路径等。而另一类研究是将某一个金砖成员国作为研究对象，介绍该国智库的发展状况、归纳该国智库发展对中国建设新型智库的经验教训，杨胜兰的《印度智库建设的成就、困境及其启示》[③]、胡旭的《印度智库的发展对我国智库建设的启示》[④] 和郭鹏的《俄罗斯智库的建设发展及对我国的借鉴》[⑤] 等。无论是对单个金砖国家国内智库的研究，还是对金砖国家智库的整体研究，都对我国了解别国智库建设经验，探索建设中国特色新型智库路径具有重要的参考价值。

第三节 研究目的和研究意义

经过十余年的务实合作，金砖国家合作机制凭借其广阔的地缘

[①] 赵瑞琦、张成岗：《金砖国家智库的议程融合探索》，《对外传播》2017年第6期。
[②] 暨佩娟、张姝欣：《金砖国家智库需探索新型互动方式和发展道路推进新一轮全球化》，《留学生》2017年第13期。
[③] 杨胜兰：《印度智库建设的成就、困境及其启示》，《智库理论与实践》2020年第5卷第6期。
[④] 胡旭：《印度智库的发展对我国智库建设的启示》，湘潭大学2019年硕士学位论文。
[⑤] 郭鹏：《俄罗斯智库的建设发展及对我国的借鉴》，《智库理论与实践》2020年第5卷第5期。

辐射力、持续的经济增长力、深远的国际影响力以及巨大的发展潜力成为了当今世界新型大国多边合作机制的典范。金砖国家合作机制取得丰硕成果离不开金砖国家智库合作机制的支持，未来的长远发展也有赖于智库合作机制在理论和实践上实现新突破。金砖国家智库合作机制是一个由金砖国家智库理事会和五大成员国国内金砖研究机构组成的有机整体，其主要功能是整合及协调金砖各成员国国内的智力资源来服务于金砖国家领导人峰会，为提出和落实金砖国家合作的具体项目出谋划策。金砖国家智库既是本国在金砖国家合作中利益的捍卫者，又是金砖国家智库合作机制的重要参与者与建设者，在加强金砖国家之间交流与互信、促进金砖合作持续健康发展等方面发挥着积极作用。回顾金砖国家智库的发展历程、归纳金砖国家智库的特点和作用，分析金砖国家智库合作及发展面临的困难和挑战，预估金砖国家智库发展的趋势，有助于深化我们对金砖国家智库的认识，为进一步发掘金砖国家智库价值、推进金砖国家智库合作机制建设和加强金砖国家之间的合作提供一些新思路。

◆ 第四节　研究方法 ◆

关于研究方法，首先是文献研究法。本书的导论部分和对具体国家智库做介绍的时候都对已有的文献研究作了回顾，以减少正文内容与已有研究的重复。此外，在编写具体国家智库发展的历史时也参考了许多书籍、期刊、论文和电子资料，以保证内容的严谨性与科学性。

其次,案例分析法。在介绍巴西、俄罗斯、印度、中国、南非的金砖研究智库时,都采用了案列分析的方法,列举了许多在国际上具有一定知名度和影响力的智库来印证文中相关观点,使其更具有可信度和说服力。

最后,比较分析法。本文在对巴西、俄罗斯、印度、中国、南非国内的智库发展状况进行描述时,通常会引用一些具体的数据和排名,以此来感受和把握金砖国家智库的发展水平。

◆ 第五节 全书结构安排 ◆

全书系统地介绍了巴西、俄罗斯、印度、中国和南非五个国家国内智库的发展情况。共分为绪论、巴西的金砖国家研究智库、俄罗斯的金砖国家研究智库、印度的金砖国家研究智库、中国的金砖国家研究智库、南非的金砖国家研究智库以及结论和展望七个部分。具体内容如下:

一、绪论。首先从整体上介绍了金砖国家智库目前的发展状况,然后回顾了国内外有关金砖国家智库已有的主要研究成果,再根据现有研究的不足引出了本书的研究目的和研究意义,最后介绍了本书的研究方法和结构安排,以便读者对全书内容有一个整体的感知和把握。

二、巴西的金砖国家研究智库。在本章内容中,首先介绍了巴西智库的现状、历史和类型等基本情况,回顾了巴西智库和巴西金砖智库的相关文献,并介绍了本章内容所涉及到的研究材料和研究方法；其次分别列举和介绍了瓦加斯基金会、巴西金砖国家政策中心、巴西国际关系研究中心、应用经济研究所四所具有代表性的金砖研究智库；再次从整体和专题两个方面介绍了巴西所开展的金砖国家研究，并分析了智库对巴西内外政策以及金砖国家合作发展产生的重要影响；最后作者对巴西智库的未来发展进行了展望。

三、俄罗斯的金砖国家研究智库。在本章内容中，首先介绍了俄罗斯智库的现状、历史和类型等基本情况，回顾了俄罗斯智库和俄罗斯金砖智库的相关文献，并介绍了本章内容所涉及到的研究材料和研究方法；其次分别列举和介绍了俄罗斯科学院、莫斯科国际关系学院、莫斯科卡内基中心、金砖国家大学联盟、文明对话研究所、俄罗斯金砖研究全国委员会六所具有代表性的金砖研究智库；然后从整体和专题两个方面介绍了俄罗斯所开展的金砖国家研究，并分析了智库对俄罗斯内外政策以及金砖国家合作发展产生的重要影响；最后作者对俄罗斯智库及金砖国家合作的发展前景进行了展望。

四、印度的金砖国家研究智库。在本章内容中，首先介绍了印度智库的现状、历史和类型等基本情况，回顾了印度智库和印度金砖智库的相关文献，并介绍了本章内容所涉及到的研究材料和研究方法；其次分别列举和介绍了观察家研究基金会、尼赫鲁大学国际关系学院、国际消费者团结与信任社会组织、政策研究中心、国防分析研究所、和平与冲突研究所六个具有代表性的金砖研究智库；然后从整体和专题两个方面介绍了印度所开展的金砖国家研究，并分析了智库对印度内外政策以及金砖国家合作发展产生的重要影响；最后作者对印度智库及金砖国家合作的发展前景进行了展望。

五、中国的金砖国家研究智库。在本章内容中，首先介绍了中国智库的现状、历史和类型等基本情况，回顾了中国智库和中国金砖智库的相关文献，并介绍了本章内容所涉及到的研究材料和研究方法；其次分别列举和介绍了中国人民大学重阳金融研究院、北京师范大学金砖国家合作中心、国家开发银行研究院（金融研究发展中心）、华东政法大学金砖国家法律研究院、上海外国语大学国际关系与公共事务学院、广东工业大学金砖国家研究中心、四川外国语大学金砖国家研究院等十五个具有代表性的金砖研究智库；然后从整体和专题两个方面介绍了中国所开展的金砖国家研究，并分析了智库对中国内外政策以及金砖国家合作发展产生的重要影响；最后作者对中国智库及金砖国家合作的发展前景进行了展望。

六、南非的金砖国家研究智库。在本章内容中，首先介绍了南非智库的现状、历史和类型等基本情况，回顾了南非智库和南非金砖智库的相关文献，并介绍了本章内容所涉及到的研究材料和研究方法；其次分别列举和介绍了南非人类科学研究委员会、南非国家人文社会科学研究院、南非国际事务研究所、南非全球研究对话所、南非发展和企业中心、南非冲突解决中心六所具有代表性的金砖研究智库；然后从整体和专题两个方面介绍了南非所开展的金砖国家研究，并分析了智库对南非内外政策以及金砖国家合作发展产生的重要影响；最后作者对南非智库及金砖国家合作的发展前景进行了展望。

七、结论和展望。本章对以上几章巴西、俄罗斯、印度、中国和南非的金砖智库及其特点进行概括和总结，并对金砖合作机制未来的前景作出展望。首先具体介绍了金砖国家合作机制的产生及发展；其次剖析了金砖国家智库合作的运行机制；再次分析了智库合作机制影响金砖战略决策的方式；最后针对金砖国家智库合作机制现存的一些问题提出了相应的解决措施。

第二章　巴西的金砖国家研究智库

◆ 第一节　导论 ◆

一、概念和内涵：从巴西智库到巴西金砖智库

1. 巴西智库的现状

在美国宾夕法尼亚大学智库研究项目研究编写的《2020 年全球智库报告》中，中南美洲一共有 1179 个智库，巴西总共拥有 190 个智库，在所有国家智库数量排名中位居前列，排第 9 位。[①] 巴西入围全球顶级智库的有巴西热图利奥·瓦加斯基金会（FGV）和阿曼多·阿尔瓦雷斯·彭特亚多基金会（FAAP），入围中南美洲顶级智

[①] James G. McGann, "2020 Global Go to Think Tank Index Report", in TTCSP Global Go to Think Tank Index Reports, 2020. https：//repository. upenn. edu/think_tanks/. ［上网时间：2021 年 7 月 21 日］

库的智库数量与往年持平,但排名有所下降。其中前十名的有位居第二的巴西国际关系中心(CEBRI)和第十的金砖国家政策中心(BRIC Policy Center)。巴西的各大智库在不同领域智库的排名中取得了不同的成绩:在最佳国防和国家安全智库排名中,巴西国际关系中心排第 50 位、巴西热图利奥·瓦加斯基金会排第 66 位;在最佳国内经济政策智库排名中,巴西热图利奥·瓦加斯基金会排第 13 位、阿曼多·阿尔瓦雷斯·彭特亚多基金会排第 32 位、金砖国家政策中心排第 87 位、巴西综合发展研究中心(CINDES)排第 105 位;在最佳环境政策智库排名中,巴西国际关系中心排第 31 位、巴西可持续发展基金会(SDBF)排第 99 位;在最佳外交政策及国际事务智库排名中,巴西热图利奥·瓦加斯基金会排第 30 位、巴西国际关系中心排第 89 位;在最佳国际发展政策智库排名中,巴西热图利奥·瓦加斯基金会排第 10 位、巴西国际关系中心排第 31 位、国际贸易谈判研究所(ICONE)排第 112 位;在最佳国际经济智库排名中,巴西热图利奥·瓦加斯基金会排第 29 位、巴西国际关系中心排第 30 位、国际贸易谈判研究所排第 53 位;在最佳科技政策智库排名中,金砖政策中心排第 62 位等。总体上,巴西现有的智库数量不算多,规模也不大,大多起步于国内社会经济领域,例如公共关系、城市政策、经济等[①],这些智库无论在数量上还是质量上都与发达国家存在较大差距。但是经过多年不断地发展,巴西智库的数量较往年来说呈快速增长趋势,其质量也在不断提高,在中南美洲地区处于领先地位。

---

① 吕青、栾瑞英:《巴西智库的运营与发展态势》,《智库理论与实践》2016 年第 4 期,第 107 页。

2. 巴西智库的发展历史

巴西智库的发展因其特定的历史政治因素，其演变过程既符合各国智库发展的一般规律，同时又呈现出立足其国情的特殊性。与欧美国家智库相比，巴西智库建设起步相对较晚。同大部分拉美国家一样，智库在巴西的发展浪潮主要是出现在20世纪60年代之后，被独裁政府驱逐的知名大学教授另辟学术道路，纷纷建立相关研究机构。但巴西智库从20世纪40年代就开始参与国家政策制定和执行，而巴西智库关注国际问题以及外交决策议题主要在21世纪以后。众所周知，拉丁美洲国家智库的产生与各国寻求国家政治独立和威权体制衰败的历史有着密不可分的联系，巴西也不例外，其诞生和发展演变主要可以归为以下四个阶段：

第一阶段是二战起至20世纪60年代。由于实证主义和"科学政府"思想的影响，巴西国内已经出现有关对社会科学的研究和规划，如成立于1944年的巴西历史地理学会开始就巴西国内社会问题进行科学专业性研究及规划。在这个阶段，许多高校开始成立政策研究的学会和政府决策咨询中心，以便研究相关社会问题并给予政府决策些许建议。但是由于相关学会以及研究中心机构刚刚出现，其运行过程中还存在较多问题，其职能及目标尚未明确。比如，有人可以深入研究问题，但可能不清楚这个问题的未来发展方向，并且对未来发展中碰到的具体问题并不感兴趣。如果要针对具体问题提出政策建议，就要了解处理问题的技巧和周边现实问题，而不仅仅是研究文献、发表论文，更重要的是能为政策制定者提供真正有用的建议。① 1951 年瓦加斯总统向国会作的年度咨文指出,巴西人应意识到巴西已成为世界大国,而巴西作为一个大国,应实行一种与其大国命运相适应的外交政策。② 但是巴西外交战略历史上很长时间内保持着与美国结盟并依附于美国的发展策略,如今虽然逐渐走出这种依附关系,但由于地理、历史、文化等因素长期以来将美国以及欧洲国家视为其外交的重要目标,这在一定程度上限制了巴西外交战略的格局和视野,同时也限制了外交型智库发挥作用的空间。

第二阶段是20世纪60年代至20世纪70年代。进入20世纪60年代,由于巴西国内不断出现军事政变,军人独裁政府纷纷建立。在这个高压专制时期,军人政权为了增强其军事实力,以对抗对南美洲邻国的军事竞争,在社会科学领域,并不重视甚至对一些高校和研究机构的进步知识分子和专业学者实行镇压驱逐。许多大学里的教授学者因为政治异见被开除教授职务,有的学者前往美国和欧洲等继续进行学术研究。然而也有不少学者仍留在巴西,努力创办一系列独立的研究机构,分析社会问题,试图寻求专制政权下社会的解决方案。③ 由于巴西特殊的历史原因,许多这时期建立的智库是由知识分子建立的,这与当时政府存在一定的关系。不管是巴西瓦加斯基金会,还是巴西国际关系研究中心和金砖国家政策中心,它们的创立和发展都离不开巴西政府机构的支持。

---

① 吕青、栾瑞英:《巴西智库的运营与发展态势》,《智库理论与实践》2016年第4期,第18页。

② 贺双荣:《巴西现代化进程与国际战略选择》,《拉丁美洲研究》2011年第5期,第22页。

③ 杨卓颖:《拉美智库特点及启示》,《中国社会科学评价》2016年第4期,第113页。

巴西外交型智库的创立者往往是前外交官，智库成员也往往是退休的外交官、政治家、军方人员以及商业界人士。最明显的案例是20世纪70年代初，巴西前总统卡多佐建立了"巴西计划分析研究中心"，他也是巴西国内著名的社会学家和经济学家之一。可以说，在这个时期，智库算得上是大学教授学者的"保护伞"，在当时特定的历史政治环境下，大学教授为了寻求生存以及对社会问题提出智力分析政策建议，通过建立智库以及研究机构，以利于他们政治安全以及职业生涯的"再续"。

第三阶段是20世纪80年代至20世纪90年代。因为自由主义思潮在巴西的滋生发展以及国家独裁政权的不断衰落，同时政治和经济上的变化为巴西智库的发展带来了新的机遇，导致巴西国内再次出现大规模创建智库的浪潮。20世纪80年代的巴西国内发生民主转型，政治上由军人威权体制向西方民主体制转变，经济上百废待兴。政治上，原军人统治的国家陆续实现"还政于民"，"文人政府"出现。工会、商业团体和不同类型的公民组织开始出现，民主化为它们开辟了与政党和政府一起共同影响公共政策的新道路。在这一阶段，独裁统治的衰落让公民社会有了发声的机会，并促使非政府组织、大学和政党纷纷建立智库机构，试图对政府公共议程产生影响；经济上，20世纪80年代严重的债务危机和经济危机导致巴西国内经济结构不平衡、社会贫富分化加剧，社会百废待兴等这一现实要求政府官员参与社会公共议题的讨论，进行基于事实的、严谨的实证研究，促成经济、社会的结构性改革，以便制定出有效解决社会问题且符合实际的政策。

在此背景下，进入20世纪90年代之后，巴西政府开始重视其国际战略以及在国际社会中的地位，频繁积极穿梭于各种国际事务中，大力强调融入国际体系并在其中寻求地区乃至全球的话语权。在这个阶段，巴西开始对外提出成为联合国安理会常任理事国的要求，更加积极参与联合国如人权、环境等全球议题，主动承担更多责任。值得一提的是，由于在这个阶段巴西执政者的基本政策取向是新自由主义，强调开放市场和融入全球经济体系，因而在对外关系上，巴西一方面在许多议题上与西方发达国家立场一致，另一方面又保持与发展中国家、特别是七十七国集团的良好关系，以便必要时寻求其对巴西"入常"的支持。[1] 在这样的背景下，20 世纪 90 年代开始出现两个特定的现象：一是为了促进国家的现代化进程以及自由化政策的发展，开始出现与企业界相联系的基金会、高校下属的研究中心以及非政府组织；二是这些非官方的研究机构在设计和影响有关养老金、选举和政党制度、医疗体系等具体议题的公共政策方面，起到了重要的作用。[2] 可以说，巴西学者真正开始意识到了解处理问题的技巧和周边现实问题的重要性是在 90 年代之后，他们开始针对国家各领域具体的问题进行统计分析，为政府提供咨询和技术援助，而不仅是研究文献、发表论文。巴西智库在这一阶段迅速发展。

虽然 20 世纪 90 年代以来巴西国内智库对社会经济等议题的公共政策上发挥着重要的影响，但是，在卡多佐总统执政前，巴西外交部一直主导着外交政策的制定过程，对体制外智库的需求并不大，智库影响决策的渠道依然有限，如瓦加斯基金会国际关系中心研究

---

[1] 吴澄秋：《巴西推动全球治理变革的努力与成效——一个比较研究》，《复旦国际关系评论》2016 年第 1 期，第 95 页。
[2] 杨卓颖：《拉美智库特点及启示》，《中国社会科学评价》2016 年第 4 期，第 114 页。

员爱德华多·阿基里斯（Eduardo Achilles）曾称，巴西政府决策受外部理念影响的空间有限。在某些特定场合，决策者明显将智库作为特定渠道来传播外交部内部产生的观点。很多时候，尽管决策者与智库之间存在互动和联系，但是智库的主张和观点并未有效融入政府的政策之中。①

第四阶段是21世纪以来到现在。巴西是21世纪之后崛起的大国之一，丰富的物质资源、巨大的经济增长潜力为巴西的大国定位和全球战略提供了坚实的物质基础。2003年受到巴西民众广泛支持的卢拉总统上台后，他改变了20世纪90年代巴西拥抱新自由主义、依赖并追随西方的做法，开始更强调国家利益，更积极追求国际话语权，努力参与国际规则的制定。② 巴西大国定位以及战略需求，作为拉美地缘政治力量中心，巴西政府积极寻求在全球治理中具有更大的话语权并提高其在国际社会中的地位和影响力。基于巴西崛起后的全球战略和利益需要，巴西选择从拉美走向世界舞台，不仅希望在拉丁美洲发挥大国作用，还希望更多参与国际事务中，赢得国际社会大国的身份。巴西不但"把互惠的多边主义运用到贸易和安全问题上，还延伸到国际关系的所有领域之中"。③

巴西作为崛起的新兴经济体之一，其大国崛起和国际战略符合

---

① Stella Ladi and Elena Lazarou, "Think – Tanks and Policy Transformation: The Case of Brazil", Paper presented at the IPSA XXIInd World Congress of Political Science "Reshaping Power, Shifting Boundaries", Madrid, July, 2012, p. 21.

② 吴澄秋：《巴西推动全球治理变革的努力与成效——一个比较研究》，《复旦国际关系评论》2016年第1期，第102页。

③ [巴西] 阿马多·路易斯·塞尔沃：《巴西崛起与全球秩序》，《拉丁美洲研究》2011年第6期，第56页。

世界潮流，有利于推进世界更加多元化和民主化，促进新型的国际秩序的形成。随着巴西经济社会的快速发展以及国际地位的提高，巴西外交角色及国家战略发生巨大变化，应对其大国战略的政策需求以及全球日益复杂多变的国际局势，巴西政府大量需要智囊团提出有利于巴西国家利益的国际战略和对外政策，因此政府外交决策部门急需来自于社会各界的专业知识发挥某种程度的补充作用。巴西智库为了提升自身在国家外交决策领域的影响力，其不断开发与海外研究机构、媒体、企业及非政府组织之间的项目合作。巴西经济繁荣的重要原因之一，就是其过去二十年的政治经济形势稳定，在这一进程中，巴西智库发挥了重要作用，它们生产和传播知识，为公共和私营部门提供咨询。[1]

显而易见，由于巴西智库处于迅速发展阶段，巴西政府需要管理的社会事务越来越多，在全球智库运作机制、话语权和影响力提升方面上升空间巨大，巴西在金砖国家政策和国家战略层面对智库的支持力度日益加大，政府外交、国防、情报等各部门与智库间的配合互动日益频繁，巴西政府将智库视为提升其在拉丁美洲地区和全球影响力的重要智力支持来源。一个多世纪以来，世界各国智库一直寻求在制定和实施外交政策方面发挥作用。一项研究强调，世界上最成功和最有影响力的智囊团逐渐开始力求在全球范围内开展业务，在本国以外建立分支机构或与国际网络的机构或人员。[2] 为了

---

[1] 王佩亨、李国强等：《海外智库——世界主要国家智库考察报告》，中国财政经济出版社2013年版，第243页。

[2] James G. McGann and Richard Sabatini, "Global Think Tanks: Policy Networks and Governance", New York: Routledge, 2011.

国家利益、提升巴西对外的话语权和国际形象，巴西产生了一批为政府和公众提供决策分析报告的智库，尤其是在国防、国际战略以及外交事务等相关领域，以便确保其拉美地区或全球性大国地位相应的战略利益时能够获得智力支持。

3. 巴西智库的类型

在智库类型上，巴西智库以私立研究机构和高校研究中心为主。多数学者将巴西智库主要分为非政府组织、私立研究机构、高校智库、政党智库和跨国性智库五个类别。在89家巴西智库中，私立研究机构强调独立性、非营利性和专业性，它们从事政治、经济、对外关系等领域的学术和政策研究，巴西国内最著名的私立研究机构是巴西国际关系研究中心，在外交事务上的决策咨询方面具有很高的知名度。大学研究机构的规模不大，依靠高校的科研团队和学术资源，结合对策研究和理论研究，对决策咨询起到了一定的作用。另外，像巴西热图利奥·瓦加斯基金会这样将高等教育、公共政策研究和技术援助项目实施作为主要业务的智库群较为综合全面。成立于1971年的亚历山大·德·古斯芒基金会是与外交部有联系的公共基金会，其旨在为民间社会提供有关国际现实和巴西外交议程方面的信息，有利于提高巴西民众对巴西外交政策相关问题的兴趣和认知。著名的高校智库包括一些综合性大学和高等院校设立的研究中心，如巴西圣保罗大学设立国际关系研究所，吸引了许多学者参与国际关系领域的研究。另外，在巴西还有少数专门研究金砖组织的智库，如巴西金砖国家政策中心，其重点巴西与金砖组织关系问题,以及巴西对金砖合作组织产生的影响,并强调金砖国家间的合作与发展。政党智库依附于政治权威,因此在政治体系发达和稳定的国家发展较为成熟,其中最有代表性的是巴西的费尔南多·恩里克·卡多佐研究所。与其他类型的智库相比,政党智库对制定和影响公共政策的参与程度高,但持久度偏低。

二、关于巴西智库和巴西金砖智库的研究综述

20世纪90年代以后,巴西智库在巴西政府外交决策中的影响力越来越大,发挥着越来越重要的作用,其在全球智库中的地位不断上升。随着巴西智库的发展壮大,开始有部分学者对巴西智库进行分析研究,相关文献也开始出现,但当时文献大多只是介绍巴西个别知名智库的基本情况,不够深入和具体,从宏观层面研究巴西智库相关问题的国内外学者依然很少。目前,与巴西智库相关的文献也有一些,但都不够全面、深入,并且尚未有学者深入研究巴西智库与金砖国家组织的关系。

徐世澄教授的《巴西主要智库概览》一文[1]大致介绍了巴西国内四个主要知名智库的基本情况,有利于后来学者们对巴西智库开展进一步的研究。谢文泽的《巴西经济研究所成就世界知名智库》[2]一文对巴西经济策略研究权威的巴西经济研究所进行了简要的介绍,并分析了其优势领域和研究成果。此外,对巴西瓦加斯基金会介绍的

---

[1] 徐世澄:《巴西主要智库概览》,《秘书工作》2015年第4期,第65—66页。
[2] 谢文泽:《巴西经济研究所成就世界知名智库》,《中国社会科学报》2016年4月14日,第945期。

文章有吕青对瓦加斯基金会智库专家雷纳托教授的专访文章和谢文泽的《巴西瓦加斯基金会：研究、培训、教育"全面开花"》[1]；郑秉文的《拉丁美洲智库的基本特征与创建中国特色新型智库三点认识》[2]和《拉丁美洲智库概览》[3]，杨卓颖的《拉美智库特点及启示》[4]，这几篇文章从拉丁美洲总体出发，介绍了其智库的基本情况；关于介绍巴西研究金砖组织的文章有周志伟的《金砖国家政策中心——快速发展的巴西智库》[5]。

除此之外，部分学者从外交决策方面来综合分析巴西智库，其中也有一些文献成果，比如，中南财经政法大学国际问题研究所副所长陈菲的《外交型智库与巴西外交政策》[6] 和中国社会科学院拉丁美洲研究所周志伟教授的《教育及智库交流有助中拉合作深化》[7]，鲍宇的《巴西外交政策的历史演变及发展趋向》[8]、李佳蓓的《从封闭到开放冷战后巴西外交决策机制的转变》[9]、王锐的《巴西

---

[1] 谢文泽：《巴西瓦加斯基金会：研究、培训、教育"全面开花"》，《中国社会科学报》2016年1月7日，第882期。
[2] 郑秉文：《拉丁美洲智库的基本特征与创建中国特色新型智库三点认识》，《当代世界》2015年第6期。
[3] 郑秉文：《拉丁美洲智库概览》，《中国社会科学报（总第246期）》2011年12月13日第13版。
[4] 杨卓颖：《拉美智库特点及启示》，《中国社会科学评价》2016年第4期。
[5] 周志伟：《金砖国家政策中心—快速发展的巴西智库》，《中国社会科学报》2012年12月19日，第B05版。
[6] 陈菲：《外交型智库与巴西外交政策》，《拉丁美洲研究》2016年第38卷第5期。
[7] 周志伟：《教育及智库交流有助中拉合作深化》，《中国社会科学报》，2013年2月1日第A06版。
[8] 鲍宇：《巴西外交政策的历史演变及发展趋向》，《拉丁美洲丛刊》1985年第3期，第26—32页。
[9] 李佳蓓：《从封闭到开放：冷战后巴西外交决策机制的转变》，《现代交际》2016年第20期，第136—138页。

国会对国家外交决策的影响》①都对巴西外交决策机制的发展进行了一定分析介绍。关于介绍巴西政府外交决策的文章有凯莉·多伯斯坦（Caray Doberstein）的《学者、智库和倡导型组织在政策研究中心可信度鸿沟》（The Credibility Chasm in Policy Research from Academics, Think Tanks, and Advocacy Organizations）②、阿帕拉吉塔·甘戈帕迪亚（Aparajita Cangopadhyay）的《巴西外交政策中心地区问题》（Regional Issues in Brazil's Foreign Policy）③、尚恩·W. 伯格斯（Sean W. Burges）的《共识霸权：冷战后巴西外交政策的理论化》（Consensual Hegemony: Theorizing Brazilian Foreign Policy after the Cold War）④，分析智库在政府决策中角色和功能的文献有格雷戈里·马尔希尔顿（Gregory Marchildon）的《智库与网络：测量可视化的影响力》（Think Tanks and the Web: Measuring Visibility and Influence）⑤和唐纳德·E. 阿伯尔森（Donald E. Abelson）的《智库重要吗？评估公共政策机构的影响》（Do Think Tanks Matter? Assessing the Impact of Public Policy Institutes）⑥。

近年来，随着金砖国家组织的发展，关于巴西与金砖机制关系

---

① 王锐、石斌：《论巴西国会对国家外交决策的影响》，《世界经济与政治论坛》2013年第6期，第105—119页。

② Doberstein, Carey, "The Credibility Chasm in Policy Research from Academics, Think Tanks, and Advocacy Organizations," Canadian Public Policy, 2017, p. 363.

③ Aparajita Gangopadhyay, "Regional Issues in Brazil's Foreign Policy," India Quarterly, 2003, pp. 41–58.

④ Burges, Sean W, "Consensual Hegemony: Theorizing Brazilian Foreign Policy after the Cold War," Inter-national Relations, 2008, pp. 65–84.

⑤ McNutt, Kathleen; Marchildon, Gregory, "Think Tanks and the Web: Measuring Visibility and Influence," Canadian Public Policy, 2009, p. 219.

⑥ Abelson, Donald E., "Do Think Tanks Matter? Second Edition: Assessing the Impact of Public Policy Institutes" McGill-Queen's University Press, 2009.

的文献较多,但结合巴西智库的著作较少。其中有许玲的《"金砖国家"合作机制研究》①、张帅的《巴西崛起及其在金砖国家合作中的作用》②、牛海彬两篇文章《巴西的金砖战略评估》③和《中国巴西关系与金砖国家合作》④、黄薇的《金砖国家合作基础动力与进展》⑤、金彪的《浅析中国和巴西多边框架内的合作—从联合国到金砖国家机制》⑥、吴舒钰《金砖国家通力合作改革国际金融体系—金砖国家经济智库论坛会议综述》⑦、周志伟《从永远的潜在大国到崛起的金砖—试论巴西发展模式的转变》⑧、唐纲的《2012年金砖国家智库论坛在重庆达成共识创建金砖国家开发银行》⑨ 以及2012年羊蕾撰写的一篇关于金砖国家智库论坛观点的一个总体摘编。关于智库论坛相关会议文章有张思萌的《发展合作共享—金砖国家智库会议综述》⑩ 以及王洪涛的《金砖国家第四次智库会议侧记》⑪ 等。

---

① 许玲:《"金砖国家"合作机制研究》,华东师范大学2013年硕士学位论文。
② 张帅:《巴西崛起及其在金砖国家合作中的作用》,南昌大学2013年硕士学位论文。
③ 牛海彬:《巴西的金砖战略评估》,《当代世界》2014年第8期。
④ 牛海彬:《中国巴西关系与金砖国家合作》,《拉丁美洲研究》2014年第36卷第3期。
⑤ 黄薇:《金砖国家合作:基础、动力与进展》,《国际经贸探索》2014年第30卷第12期。
⑥ 金彪:《浅析中国和巴西多边框架内的合作——从联合国到金砖国家机制》,《拉丁美洲研究》2012年第34卷第2期。
⑦ 吴舒钰、潘庆中、厉克奥博:《金砖国家通力合作 改革国际金融体系——金砖国家经济智库论坛会议综述》,《经济学动态》2014年第11期。
⑧ 周志伟:《从"永远的潜在大国"到"崛起的金砖"——试论巴西发展模式的转变》,《当代世界》2009年第11期。
⑨ 唐纲、谭舒:《2012年金砖国家智库论坛在重庆达成共识,创建金砖国家开发银行》,《重庆与世界》2012年第10期。
⑩ 张思萌:《发展、合作、共享——金砖国家智库会议综述》,《当代世界》2011年第4期。
⑪ 王洪涛:《金砖国家第四次智库会议侧记》,《当代世界》2012年第4期。

关于巴西智库与金砖机制的相关外国文献也不多，主要是相关智库自己发布的政策导向性研究报告，巴西瓦加斯基金会的埃琳娜·拉萨洛主编的《智库与政策转型：以巴西为例》(Think - Tanks and Policy Transformation: The Case of Brazil)[1]介绍了巴西国内政策转型时期智库在其中的作用，丹尼尔·利维（Daniel C. Levy）的《拉丁美洲的智库：非营利私有化的根源》(Latin America's Think Tanks: The Roots of Nonprofit Privatization)[2]介绍拉美智库非盈利私有化的根源，阿根廷圣安德烈大学费德里科·梅尔克（Federico Merke）和基诺·帕塞利（Gino Pauselli）的《在国家的阴影下：拉丁美洲的智库与外交政策》(In the Shadow of the State: Tink Tanks and Foreign Policy in Latin America)[3]以巴西国际关系中心为例分析了智库作为拉丁美洲公民社会成员的作用，并提出智库在外交政策进程中扮演的角色和功能。丹德林（Jean Daudelin）的《行将成年？巴西外交政策近期学术研究》(Coming of Age? Recent Scholarship on Brazilian Foreign Policy)[4]、巴西古斯芒基金会的《辩论金砖国家》(Debatendo o BRICS)[5]、《金砖国家研究和文献》(BRICS Studies and Documents)[6]和《巴西、金

---

[1] Ladi S, University P, Lazarou E, et al. "Think - Tanks and Policy Transformation: The Case of Brazil", ECPR General Conference, Reykjavik, 2011.

[2] Levy, D. C., "Latin America's think tanks: The roots of nonprofit privatization", Studies in Comparative International Development, 1995.

[3] Merke, F., & Pauselli, G., "In the shadow of the state: Think tanks and foreign policy in Latin America", International Journal: Canadal's Journal of Global Policy Analysis, 2015.

[4] Daudelin J., "Coming of Age?: Recent Scholarship on Brazilian Foreign Policy", Latin American Research Review, 2013.

[5] Pimentel J. V. des., "Debatendo o BRICS", Fundação Alexandre de Gusmão, 2013.

[6] Maiara Folly, Adriana Erthal Abdenur, "BRICS Studies and Documents", Fundação Alexandre de Gusmão, 2015.

砖国家和国际议程》（*O Brasil, os BRICS e a Agenda International*）①、巴西经济研究所的雷纳托·科埃略·鲍曼·达斯·内维斯（Renato Coelho Baumann das Neves）的《金砖国家学术论坛六》（*BRICS Academic Forum VI BRICS Academic Forum*）②，宾夕法尼亚大学教詹姆斯·麦甘编写的全球智库排名报告，也对巴西近几年各领域智库发展进行了基本的排名介绍。

深入分析巴西智库在巴西对金砖机制中决策方面发挥的作用，对今后金砖机制的发展具有重要的意义。随着巴西自身国际地位的提升，巴西外交政策决策过程也更加多元化和国际化，越来越关注金砖组织机制。另外，随着巴西智库的发展水平越来越高，其在巴西参与金砖组织过程中也发挥着越来越重要的作用。巴西智库对金砖国家组织的相关研究在很大程度上影响着巴西政府参与金砖机制的态度和程度。因为智库深厚长久的理论研究积淀、丰富的学术成果和高效的社会影响力，这些巴西智库关于金砖问题的观点和研究报告不仅反映出巴西政府决策者对本国国际战略的规划和未来发展憧憬，在一定程度上也可以预示巴西政府关于金砖机制的态度和政策立场。"金砖五国"合作机制下，巴西是金砖国家合作中的重要领导力量，而随着巴西国际身份的转化和巴西智库对对外决策的日益加强的重要性，研究瓦加斯基金会、巴西国际关系研究中心和金砖国家政策中心等在巴西外交中发挥的作用，可以了解巴西智库与巴

---

① Mesa – Redonda, "O Brasil, os BRICS e a Agenda Internacional", Fundação Alexandre de Gusmão, 2013.

② Renato Coelho Baumann das Neves, Tamara Gregol de Farias, "BRICS Academic Forum VI BRICS Academic Forum", Fundação Alexandre de Gusmão, 2014.

西金砖政策之间的联系。

三、研究材料和方法说明

在材料研究方面，主要采用原始文献与二次文献相结合的方式。原始文献主要包括：巴西著名智库网站公开发布的研究报告、政策简报、论文、文章、访谈、演讲、著作等。二次文献为《2020年全球智库报告》，以及国内外专家学者有关巴西智库和巴西金砖国家智库研究的文章、著作等。

在研究方法方面，主要运用文献分析、案例分析、比较分析等方法。具体而言，文献分析法系统梳理了2011—2019年巴西著名金砖智库网站公开发布的金砖国家研究成果、有关新闻报道等，以及国内外主要智库高管、专家学者撰写的文章、评论、访谈等，参阅了大量国内外专家学者有关巴西智库研究和巴西金砖智库的文章、著作，形成对巴西金砖智库研究现状的系统认识，借鉴巴西金砖智库在研究过程中的经验，进一步推动金砖智库的建设，创新发展金砖智库研究。案例分析法是在论述巴西著名智库（巴西瓦加斯基金会、巴西金砖国家政策中心、巴西国际关系研究中心和巴西应用经济研究所等智库）对金砖国家的研究特色时分别对其主要研究成果进行梳理，尽量做到全面分析。比较分析法则是对巴西瓦加斯基金会、巴西金砖国家政策中心、巴西国际关系研究中心和巴西应用经济研究所等巴西顶级智库关于金砖研究的特征、观点、成果等进行梳理比较，以找出异同，总结规律，寻求启示。

◆ 第二节 巴西的金砖国家研究智库概况 ◆

一、巴西的金砖国家研究智库

巴西智库在不断完善的过程中，对国家外交决策的影响越来越大。巴西智库在政治、经济、外交等方面为政府各部门提供分析报告及策略，其研究方向逐渐从国内社会经济延伸到国际关系领域，大力支持巴西实行的大国战略，实现其在国际社会地位提升的愿景。自从金砖机制建立后，金砖国家政策中心等外交型智库迅速发展，巴西国内越来越多的智库开始对金砖组织进行研究，在促进巴西国内民众对金砖机制的了解与认同、促进巴西政府与金砖国家政府合作进程、增强金砖国家间信息交流和互动合作等方面都做出许多贡献。

1. 瓦加斯基金会

瓦加斯基金会是在全世界具有很大影响力的智库，在全球智库多项领域排名中都获得较高排位，也是中南美洲排名第一的智库。瓦加斯基金会成立于1944年12月20日，在不断与国外研究机构合作的过程中，已成为以应用研究、职业培训和高等教育为三大支柱的世界顶尖智库。20世纪30年代至20世纪40年代前半期，时任巴西总统热图利奥·瓦加斯（Getulio Vargas）开启了巴西民族主义、民众主义和发展主义的进口替代工业化发展模式。经过十多年的发展，人力资源不足成为制约巴西经济社会发展的"瓶颈"。① 为了促进巴西教育，为政府部门和企业培训高素质的人才资源，瓦加斯总统在巴西联邦政府的支持下创立基金会。在1944年到1988年期间，瓦加斯基金会的性质主要是以职业教育和基础研究为主的公立机构，基金会资金主要来源于政府财政拨款，随着近些年基金会与国外机构的合作加大，国外机构对其提供较多资金资助。基金会的两大宗旨是：第一，对有关国家发展的重大问题进行研究献策；第二，为政府和企业提供高效的咨询和资源。② 瓦加斯基金会是一家综合性的教学咨询型智库，同时也是外交型智库。自2009年基金会下设国际关系中心以来，该智库不断加大对外交和安全事务的研究，瓦加斯基金会也在《2017年全球智库年度报告》外交政策和国际事务顶级智库的排名中取得较高的名次，基金会不仅服务于巴西政府和企业，也与世界银行等国际组织保持联系与合作，瓦加斯基金会国际关系中心的协调人马蒂亚斯·斯佩克托尔（Matias Spektor）长期为巴西的《圣保罗报》撰写周末专栏，评述巴西面临的国际合作问题和国际挑战。③

巴西瓦加斯基金会主要侧重于微观层面的研究，如企业发展和社会经济问题等，创建始初与巴西政府应对国内经济产业发展问题

---

① 谢文泽：《巴西瓦加斯基金会研究、培训、教育"全面开花"》，《中国科学学报》2016年第2期，第1页。
② "History and Mission of Fundaõ Getulio Vargas", http://portal.fgv.br/en/mission. （上网时间：2018年2月2日）
③ Stella Ladi and Elena Lazarou, "Think-Tanks and Policy Transformation: The Case of Brazil", Paper presented at the IPSA XXIInd World Congress of Political Science "Reshaping Power, Shifting Boundaries", Madrid, July, 2012, p. 20.

的决策咨询需求保持一致，巴西智库通过学术成果来体现实力，以巴西瓦加斯基金会为主要基石之一的巴西经济研究所为例，一方面，它建立了覆盖全国的各类数据收集和情报信息分析系统，能够对价格波动、经济形势、企业运营提供基于实地调研、问卷调查、商业信息等多角度、多视角的研究报告和对策建议，并且，凭借其通畅的成果传递渠道，可及时向公共部门和私人部门提交研究成果，并在最短时间内将学术研究转化为企业实践及政策依据。[①] 另一方面，它充分利用学术刊物和公共媒体向公众发布研究成果，对外传播基金会相关观点，提升智库影响力和认知度。保证智库发展的前提之一是其有十分充足的资金来源，不仅有政府的财政拨款和向企业提供研究咨询的服务获取报酬，另外还有来自世界各国研究机构的赞助。

基金会下设的国际关系中心近年来已经成为讨论巴西外交政策的重要场所。2015 年 3 月 12 日，瓦加斯基金会国际关系中心举办讨论会分析罗塞夫总统第二任期（2015—2018 年）巴西对于国际和平与安全的贡献，讨论会邀请了知名学者、媒体人士、社会活动家和重要外交人员参与。巴西外交部政策规划司司长毛利西奥·卡瓦略（Maurício Carvalho Lyrio）和巴西总统府战略事务秘书处防务助理安东尼奥·拉马略（Ant nio Jorge Ramalho）参与了圆桌讨论。由于瓦加斯基金会不少人员本身就是退休的知名外交官或者资深的国际关系学者，他们会充分利用自身的独特资源，凭借人脉关系和学术声

---

① 蔡春林、刘美香：《金砖国家智库发展及其启示》，《中国社会科学网》2017 年 3 月，http://www.cssn.cn/sf/bwsf_lllwz/201703/t20170331_3473071.shtml。（上网时间：2020 年 2 月 24 日）

望形成的政治、学术圈,有助于更全面更直接地向决策者传递建议并影响政府决策。①

在瓦加斯基金会官方网站的文献库中,涉及金砖国家的文献具体而言有以下几类:5 部专著,10 篇政策简报,3 篇研究报告和 2 篇期刊论文。

表 2-1　瓦加斯基金会涉及金砖国家的文献

文献类型	中文名称	外文名称	发表时间
专著	金砖国家的梦想:通往 2050 之路	Dreaming with BIRCS: the path to 2050	2003 年
专著	金砖国家与私募股权	BRICS and private equity	2005 年
专著	金砖国家:在金砖国家经商	BRICS: doing business in BRICS countires	2012 年
专著	金砖国家与全球秩序的未来	The BRICS and the future of global order	2017 年
专著	金砖国家与集体经济治国	The BRICS and collective financial statecraft	2018 年
政策简报	金砖国家的相互合作	Entre dois BRICs	2007 年
政策简报	金砖国家与 2050	Os BRICs e 2050	2009 年
政策简报	IBSA 和 BRIC 四国峰会	The IBSA and BRIC summits	2010 年
政策简报	金砖国家:复杂的伙伴关系	BRICS: parceria complexa	2011 年
政策简报	金砖国家投资何处	Onde investir nos BRICS?	2011 年
政策简报	金砖国家:前行之中	BRICS: em marcha	2012 年
政策简报	金砖国家的核领域	A área nuclear no BRICS	2015 年

---

① "About us of Centro de Rela es Internacionais/CPDOC/FGV", http: //ri. fgv. br/en/about‐center。(上网时间:2020 年 2 月 24 日)

续表

文献类型	中文名称	外文名称	发表时间
学术期刊	金砖国家机制能否有所作为	As instituições BRICS fazem diferença?	2015 年
学术期刊	金砖国家：历史经验、发展机遇与挑战	The BRICS: some historical experiences, growth challenges and opportunities	2015 年
学术期刊	金砖国家：动态的进程	BRICS: approaches to a dynamic process	2017 年
报告	推动对外直接投资：金砖国家的比较分析	The promotion of outward foreign direct investment: a comparative analysis of BRIC countries BRIC countries	2011 年
报告	金砖国家的世界治理指标与其社会经济指标的关系	World governance indicators and their relation to socioeconomic indicators in BRICS countries	2016 年
报告	为金砖国家绘制巴西产品出口的蓝图	Mapping-out export opportunities for Brazilian products to the BRICS	2017 年
期刊论文	金砖国家：机遇与挑战	Os BRICS: oportunidades e desafios	2015 年
期刊论文	通过共同特性法调查金砖国家的共同增长周期	Using common features to investigate common growth cycles for BRICS Countries	2017 年

资料来源：巴西瓦加斯基金会，https://portal.fgv.br/en。

2. 巴西金砖国家政策中心

从卡多佐政府开始，巴西一直寻求平衡且相对自主的战略，进入卢拉政府时期后，巴西更加重视同新兴市场国家发展关系，并通过强化南南关系来平衡对美关系。金砖机制为巴西在全球治理中提供了较多机遇，无论是巴西政府还是企业都有与其他金砖国家加强了交流和双边合作的愿望和需求。在此背景之下，巴西金砖国家政策中心于2010年11月成立，总部设在里约热内卢，由巴西里约热内卢市政府与里约热内卢天主教大学国际关系研究所联合成立。该中心的宗旨和目标主要包括三个方面：一是促进对金砖国家的认识与了解，二是研究金砖国家的合作议程以制定相应的政策安排，三是加强金砖国家研究机构间的合作关系与信息交流。[1] 金砖国家政策中心主要研究金砖成员国政治经济相关问题及金砖成员国之间合作，分析其共同利益和问题，鼓励金砖国家在全球治理中的参与和合作。通过推动金砖国家学者的交流，实现金砖国家研究机构间信息资源互通，最终为巴西参与金砖国家机制提供了专业性的政策报告和合作方案。

成立7年多来，该中心的国际影响力迅速上升，特别在金砖机制领域研究中具有较大的影响力。如今，金砖政策中心是巴西政府有关金砖国家议题的定向咨询智库之一，聚焦金砖国家合作、巴西外交政策以及国际战略等领域，并利用专业且综合资源以及平台优势，在金砖国家之间发挥重要作用，已经成为了解和研究金砖国家合作、巴西对外战略的重要平台，该中心与巴西联邦政府许多部门保持着紧密的合作关系，如巴外交部、国防部、环境部。除此之外，与其他智库也有合作交流，如隶属于巴西外交部的古斯芒基金会、

---

[1] 周志伟：《金砖国家政策中心：快速发展的巴西智库》，《中国社会科学报》2012年12月19日，第B05版。

巴西应用经济研究所和国际关系研究所，金砖国家政策中心利用这些会议资源在巴西国际关系研究领域扮演着重要的"搭桥者"角色。来自金砖国家政策中心的研究员阿德里亚娜·阿卜杜努尔（Adriana Abdenur）表示，巴西外交部对金砖国家政策中心提供的决策咨询产品十分重视。与其他综合性智库不同的是，金砖政策研究主要关注于金砖领域的议题，拥有有关金砖国家较为全面的信息与研究资料库，而且针对金砖国家召开的峰会、活动等撰写并发布政策分析报告，持续不断地保持着对金砖国家全面且深入的研究。总而言之，金砖国家政策中心是基于巴西对外交往的现实需求而不断发展的外交型智库，为巴西同金砖国家关系的发展提供有益的政策建议。

在金砖国家政策中心官网文献库中，关于金砖国家的期刊论文和数据简报分别有6篇。

表2-2 金砖国家政策中心有关金砖国家的文献

文献类型	中文名称	外文名称	发表时间
期刊论文	当代俄罗斯城市化的挑战	Desafios da urbanização na Rússia contemporânea	2013年
期刊论文	中国在莫桑比克和安哥拉的合作：以农业和卫生为重点	Cooperação Chinesa em Moçambique e Angola: um foco em agricultura e saúde	2014年
期刊论文	金砖国家和非洲：发展、一体化和工业化伙伴关系	BRICS e África: Parceria para o Desenvolvimento, Integração e industrialização	2014年

续表

文献类型	中文名称	外文名称	发表时间
期刊论文	探讨印度在农业和卫生方面的参与：安哥拉和莫桑比克的情况	Explorando o Engajamento Indiano na Agricultura e na Saúde: O caso de Angola e Moçambique	2015 年
期刊论文	社会创新作为金砖国家提高应对气候变化能力的工具	Inovação Social como Ferramenta para o Aumento da Resiliência das Mulheres à Mudança Climática: um olhar sobre os BRICS	2016 年
期刊论文	金砖国家的社会创新与高等教育	Inovação Social e Educação Superior nos BRICS	2018 年
数据简报	不平等问题	Desigualdade importa	2013 年
数据简报	金砖国家应对社会不平等问题的挑战	Os BRICS e seus Desafios no Combate à Desigualdade Social	2014 年
数据简报	金砖国家开发银行	Os Bancos de Desenvolvimento nos BRICS	2014 年
数据简报	中非合作论坛	O Fórum de Cooperação China - África (FOCAC)	2017 年
数据简报	中国与阿拉伯国家合作论坛	Banco Asiático de Investimento em Infraestrutura - BAII	2017 年
数据简报	亚洲基础设施投资银行	Fórum de Cooperação da China e dos Países Árabes (CASCF)	2018 年

资料来源：巴西金砖国家政策中心，https://bricspolicycenter.org。

3. 巴西国际关系研究中心

巴西国际关系研究中心成立于 1998 年，是巴西处理外交事务的最为知名的智库之一，其宗旨是促进巴西国内对国际事务以及外交政策的关注，试图通过政策咨询和建议最终影响巴西的外交政策，它是一个跨学科、不受党派影响且独立的咨询类外交型智库。该中心主席是巴西前总统卡多佐（Fernando Cardoso），其中心人员主要由退休外交官、著名商人和学者构成。[1] 中心通过举办学术讲座、撰写研究论文、建立交流论坛等方式，向国内决策者和民众传递其观念和策略，影响社会舆论以及政府决策。巴西国际关系研究中心的执行主任罗伯托·芬特曾经指出，他对巴西国际关系研究中心最终影响决策的能力感到骄傲。[2] 巴西国际关系研究中心董事会的研究领域较为广阔，涵盖经济学、工程学和社会学等。巴西国际关系研究中心经常组织讲座交流活动，主题涉及外交、国防安全、经济问题等，活动的邀请对象除了海内外学者和媒体人士之外，往往还会邀请重要的外交决策人员。巴西国际关系研究中心通过举行各种类型的活动维持并增强与巴西总统府和外交部的联系，从而对决策者施加影响。虽然巴西政治体制决定其智库在一定程度上依赖于政府政策，然而，巴西国际关系研究中心一直努力将自己定位为以无党派的方式参与国际会议和研究。[3]

另外，为了促进理论研究应用于政府决策中，巴西国际关系研究中心搭建了新型互动平台，加强了与政府相关部门之间的互动。巴西国际关系研究中心已经连续举办了12届科帕卡巴纳要塞会议，会议主要邀请学界和政策制定者共同讨论安全、防务等议题。[4] 2010年3月17日，由巴西国际关系研究中心筹备的主题为"巴西和中

---

[1] Federico Merke and Gino Pauselli, "In the Shadow of the State: Think Tanks and Foreign Policy in Latin America", in International Journal, Vol. 70, No. 4, 2015, p. 621.

[2] Leandro Echt and Roberto Fendt, "Executive Director of CEBRI in Brazil". https://onthinktanks.org/Articles/the-on-think-tanks-interview-roberto-fendt-executive-director-of-cebri-in-brazil/.（上网时间：2020年2月25日）

[3] Federico Merke and Gino Pauselli, "In the Shadow of the State: Think Tanks and Foreign Policy in Latin America", in International Journal, Vol. 70, No. 4, 2015, p. 621.

[4] Marcelo M. Valença, "Challenges to the Expansion of IR Studies in Brazil", Paper prepared for delivery at the ISA/FLACSO Convention, July 23-26, 2014, Argentina, p. 11.

国：全球治理与建设"的国际研讨会成功召开，会上聚集了来自中巴 150 多名政府、智库以及中巴经贸企业的代表们。其中，巴西总统府外交政策顾问马塞尔·布拉托大使（Marcel Blato）在会上对中巴在全球治理中的合作关系作了发言讲话。

在巴西国际关系研究中心官网中，涉及到金砖国家的文献较少，主要有 1 部专著和 1 篇期刊论文：

表 2-3　巴西国际关系研究中心涉及金砖国家的官方文献

文献类型	中文名称	外文名称	发表时间
专著	巴西国际关系史	História das Relações Internacionais do Brasil	2018 年
期刊论文	巴西和中国：南南伙伴关系还是南北竞争？	Brazil and China: south - south partnership or north - south competition?	2011 年

资料来源：巴西国际关系研究中心，https://cebri.org。

二、金砖国家智库合作理事会——应用经济研究所

1. 委员会的成立

巴西应用经济研究所的前身是成立于 1964 年的"应用经济研究办公室"，逐渐成为拉丁美洲地区最权威的经济研究中心，巴西总统府在 2007 年将其归并到战略事务秘书处。随着其规模不断发展壮大，研究所增添了许多部门，如城市发展部、环境政策研究部、国际研究、社会经济部门等。其研究领域涉及主题较为广泛，如社会

发展，环境保护，城市建设、基础设施，中等收入、国际贸易以及科技创新等。自从巴西应用经济研究所成为巴西金砖理事代表之后，其研究领域不再限于国内社会经济，开始对巴西的对外政策以及巴西在金砖机制中的作用进行研究分析。巴西应用经济研究所为了给政府解决社会问题提供政策建议，研究所人员专注于学术知识，通过发布大量高质量的学术刊物和搭建交流平台并举办论坛会议，进行对外宣传推广，建立学术与政府间的联系，持续关注政府决策和规划，对关注的各项议题进行前瞻性的研究分析，协助政府制定政策及各类项目方案，给政府人员进行专业培训从而影响政府决策和社会发展规划和有关公共政策的设计和民众观念，最终影响政府决策，使其更加民主化和高效，以促进巴西社会各领域快速发展。

2. 委员会的成员

表2-4 巴西应用经济研究所委员会成员

部门	职位	姓名	简介
应用经济研究所	所长	查尔斯·冯·多林格	毕业于里约热内卢联邦大学经济学系，拥有热图利奥·瓦加斯基金会经济学研究生院经济学硕士学位，德国哥廷根大学经济发展专业，里约热内卢天主教大学工程学院的生产和制造工程专业

续表

部门	职位	姓名	简介
新闻通讯办公室	主任	米莱娜·菲奥里	南里奥格兰德天主教大学法律和社会科学学士，南大河州联邦大学商业经济学研究生学位，汽车记者和出版商经验。在过去的十年里，他一直在联邦政府的沟通协调工作
国际经济关系与政策研究委员会	主任	伊万·奥利维拉	毕业于巴伊亚联邦大学经济学系，获行政学博士和硕士学位，马德里大学拉丁美洲当代研究硕士学位。自2009年5月起，成为IPEA研究员。2010年任联合国贸易和发展会议（贸发会议）的客座研究员
	副主任	何塞·爱德华多·马耳他·德·布兰迪奥	获圣卡塔琳娜联邦大学电气工程博士学位、计算机科学硕士学位；帕拉伊巴大学和巴西利亚大学统计学学士学位
国际交流与咨询司	司长	贝尔纳多·菲格雷多·席尔瓦	毕业于电信工程专业。2008—2013年，在巴西应用经济研究所担任公共物流职位。2013—2017年，担任企业服务和研究协调员
机构发展委员会	主任	马诺埃尔·罗德迪德斯	获巴西利亚大学经济学学士学位，美国西弗吉尼亚大学公共行政硕士学位。2017—2019年，在益普亚机构发展委员会担任企业服务和研究支持总协调员。他在经济科学领域担任教授15年
	副主任	卡洛斯·罗伯托·佩瓦·达席尔瓦	巴西应用经济研究所顾问兼预算和公共政策专家

续表

部门	职位	姓名	简介
国家政策与研究局	主任	弗拉维亚·施密特	获里约热内卢天主教大学工商管理博士学位，2009年以来任巴西应用经济研究所规划和研究技术员
	副主任	珍妮·梅洛·多斯桑托斯	公共政策和政府管理专家，获政治学硕士学位，社会学博士学位及土地管理与规划博士后
宏观经济研究与政策局	主任	何塞·罗纳多·德·卡斯特罗·苏扎	米纳斯吉拉斯联邦大学经济学硕士和博士学位
	副主任	弗朗西斯科·爱德华多·德卢纳和阿尔梅达·桑托斯	里约热内卢天主教大学行政学硕士学位，里约热内卢天主教大学经济学博士学位，自2004年起，任巴西应用经济研究所规划和研究技术人员
区域、城市和环境研究与政策局	主任	尼洛·萨卡罗	自2009年起在IPEA任研究员。他拥有圣保罗大学生物科学研究所的生物科学学士学位和硕士学位。曾在国家石油局工作，担任联邦石油和衍生品、天然气和生物燃料监管技术员
	副主任	玻利瓦尔佩戈	经济学家，坎皮纳斯州立大学能源系研究生，1980年起成为巴西应用经济研究所研究员
社会政策研究局	主任	莱娜塔·玛丽亚·图尔奇	伦敦大学伦敦政治学院博士、巴西利亚大学发展社会学硕士，1986年成为巴西应用经济研究所研究员
	副主任	赫顿·埃勒里·阿劳霍	巴西利亚大学经济学专家，1996年成为巴西应用经济研究所技术员

资料来源：巴西应用经济研究所，https：//ipea.gov.org。

3. 委员会的活动

由于巴西应用经济研究所隶属于巴西政府，作为政府型智库，巴西政府预算给予其充足的运营经费，此外一些国际项目合作机构也会为其提供资金支持，以确保研究所的正常运营和项目研究具备稳定且充足的资金来源。随着金砖国家智库之间交流互动越来越频繁，研究所和金砖国家政府、研究机构或企业开展的合作项目越来越频多，不断与国内外政府部门、高校研究机构、非政府组织等机构签署相关合作项目，许多国内外学术活动，尤其是应用经济领域的，都是由巴西应用经济研究所负责筹备的，其国际影响力不断提高，在国内外出版的学术刊物、书籍、报告等研究成果受到各国政府、学界、媒体、企业的重视和引用。巴西应用经济研究所还受到其他国家的大型金砖会议研究所的邀请，作为巴西智库代表出席会议并发表相关演讲，2014年由研究所全程负责举办了金砖峰会。研究人员代表都提议金砖国家应在各领域展开广泛合作，在全球治理中加强金砖机制的话语权和影响力。

巴西大多数智库在一定程度上依附于政府，应用经济研究所与政府各决策部门一直保持着紧密关系，但随着巴西社会经济的发展和研究所的不断完善，政府支持智囊团研究自由不应受到政府部门的限制，鼓励研究所言论自由，针对政府决策评估给予客观批判性的分析和建议。研究所的学术报告和政策建议因其客观性批判性从而更有利于推动政府公共决策的高效实施，这也是研究所长期以来成功影响巴西政策实施过程的原因。最著名的案例是20世纪90年代为了改善巴西国内收入差距过大的问题，研究所提出的社会救助项目，最终成功推动巴西社会改革和改善收入分配问题，通过鼓励家庭消费从而刺激市场需求，实现社会收入的再次分配，从而在一定程度上刺激市场经济的发展。除此之外，巴西应用经济研究所作为巴西政府智库也是金砖国家智库理事会巴西代表理事单位，除了与金砖国家机构保持项目合作以及召开金砖国家之间各大会议以外，研究所对于金砖国家以及合作之间的问题分析研究具有客观性、透明性和批判性。在肯定金砖国家合作取得的成就之外，也会给予客观的评价和批评建议。巴西应用经济研究所招募专门研究国际关系的优秀研究人员，他们专注于为巴西政府解决现实问题，为巴西在全球治理中有更大作为和影响力而奋斗。

在巴西应用经济研究所官网资源库中，关于金砖国家的专著共有5部。

表2-5 巴西应用经济研究所官方资源中关于金砖国家的专著

文献类型	中文名称	外文名称	发表时间
专著	第六次金砖国家学术论坛	VI BRICS Academic Forum	2014年
专著	金砖国家及其邻国：贸易和区域协定	Os BRICS e seus vizinhos: comércio e acordos regionais	2014年
专著	金砖国家及其邻国：外国直接投资	Os BRICS e seus vizinhos: investimento direto estrangeiro	2014年
专著	世贸组织中的金砖国家	Os BRICS na OMC	2014年
专著	金砖国家长期战略：金砖国家智库理事会提案	Towards a long-term strategy for BRICS: A proposal by the BRICS Think Tanks Council	2015年

资料来源：巴西应用经济研究所，https://ipea.gov.org。

除以外上四个知名智库，巴西还有些新秀智库。如巴西国际关系商贸学会、国家亚马逊研究所、奥斯瓦尔多·克鲁兹基金会圣保罗研究基金会以及巴西世界资源研究所。出现在其他单个领域的智库也有很多，包括伊加拉佩研究所、社会和教育援助机构联合会、巴西公共安全论坛、米纳斯南部法律研究所、暴力研究中心、巴西分析与规划中心以及以前总统卡多佐命名的基金会和研究所。这些智库与瓦加斯基金会、巴西应用经济所以及金砖政策中心等知名外交型智库有所不同，它们研究的领域较为单一且集中于国内，如巴西国内的经济、安全、暴力、法律、人权自由以及环境等领域，由于其规模不大且成立时间不长，它们很难有广阔的渠道接触到政府决策层。

◆ 第三节　巴西智库的金砖国家研究 ◆

一、巴西金砖国家研究文献的整体分析

由于国际战略的需求，巴西政府越来越重视金砖国家合作机制的作用，巴西智库通过加大与金砖国家研究机构、非政府组织以及媒体之间的交流合作，以智库外交的方式实行第二轨道外交，促进金砖成员国之间的交流合作，加强金砖国家机制在国际社会中的发言权和影响力。巴西智库对金砖成员国以及金砖机制的研究成果显著且范围较广，包括金砖机制合作、金砖国家新开发银行、全球治理、金砖创新、金砖国家间经贸互补以及金砖跨国网络平台等议题。这些领域的研究在促进巴西加强与其他金砖成员国合作，更积极主

动地参与金砖合作机制方面，发挥着举足轻重的作用。

二、巴西金砖研究的专题分析

1. 金砖国家新开发银行发展

金砖国家新开发银行是由金砖机制五国（巴西、俄罗斯、印度、中国和南非）建立的多边开发银行，总部设在中国上海。2014年7月15日，在巴西福塔莱萨举行的第六届金砖国家峰会，金砖成员国签署了"新开发银行协议"，规定了金砖银行运作的法律基础。在另一项协议中，金砖国家成立了初始规模为1000亿美元的储备货币组合，并且签署了金砖国家出口信贷机构与创新合作协议文件。金砖国家新开发银行的成立是为避免金砖国家受到金融危机时期货币不稳定的影响，合作创建的一个共同的金融安全网，通过兑换外汇用来缓解国内经济压力。除此之外，金砖新开发银行也和国际组织和国际金融机构合作，为本行支持的金砖国家项目提供资金援助。金砖国家新开发银行是金砖机制内的首个正式机构，为金砖各成员国及其他发展中国家经贸发展提供资金支持，在国际全球经济治理中发挥着重要的作用。

金砖国家新开发银行分别与亚洲开发银行、亚洲基础设施投资银行以及世界银行都保持紧密的合作关系，满足成员国发展经济和基础设施的需求。2016年7月，金砖国家新开发银行与亚洲开发银行签署战略合作谅解备忘录。这两个机构将在可再生能源可持续发展项目、能源效率、清洁交通、可持续水管理和污水处理等领域通过共同融资和知识交流共同合作；金砖国家开发银行与亚投行有很多相同目的和宗旨，它们都关注经济可持续发展和基础设施发展，只是金砖国家新开发银行侧重于金砖国家，而亚洲基础设施投资银行侧重于其成员国；2016年9月，金砖国家新开发银行和世界银行集团签署了合作谅解备忘录，并宣布金砖国家新开发银行和世行集团的合作将主要侧重于基础设施。

巴西智库专家对金砖国家新开发银行进行了大量分析研究。2012年9月26日，在重庆召开的金砖国家智库论坛会议上，瓦加斯基金会的国际关系学专家然·奥利弗·斯图恩克尔表示，建立金砖国家新开发银行可成为金砖国家深入合作、携手改变由美欧主导的全球经济金融治理格局的新起点，同时也是金砖国家对世界银行和国际货币基金组织改革陷入困境、布雷顿森林体系革新迟滞不前的明确表态和有力应对。[①] 建立金砖国家新开发银行有利于综合补充多边金融机构的实力，使金砖各成员国参与全球经济金融治理进程具有更大的优势和空间。金砖国家新开发银行在建立和运行过程中，固然会因为各国利益不同而有所分歧，但在国际金融领域加强金砖合作机制是毫无疑问的，其中加强成员国之间的交流合作，不能过于强调眼前短暂的既得利益，而应从宏观目标上加强金砖国家新开发银行在国际金融治理中的作用，巴西开发银行在职能架构和运行模式上为金砖国家新开发银行的设立提供了较好的参照。如2014年金砖成员国陷入关于新发展银行出资比例的困境，最终通过各国战

[①] 羊蕾、邹国煜：《2012年金砖国家智库论坛观点摘编》，《当代世界》2012年第11期，第67页。

略商讨各自分配了相应的比例，金砖国家并非狭隘于自身国家的利益得失而是从战略合作的高度去合作，共同创建一个金砖银行，有利于加强金砖金融合作机制的全球竞争力。建立金砖国家新开发银行有助于金砖国家更好地参与全球经济金融治理，提高金砖机制在全球的知名度和金砖成员国的话语权。为此，金砖国家新开发银行与巴西开发银行在金砖成员国经济合作项目互相交流了建议，金砖国家新开发银行与巴西国内银行的合作日益加强，可以进一步推动金砖国家之间的经济合作，提高金砖机制在全球经济治理中的能力。

此外，巴西《环球报》经常引用发表各大知名智库的观点以及文献，这些智库的观点起到支撑巴西外交政策正当性并向群众传播政府政策的目的。在这些文章中，金砖国家政策中心监察长保罗·埃斯特韦斯（Paulo Esteves）指出，金砖国家合作机制的产生是全球治理改革的需要。金砖国家新开发银行和金砖国家应急储备安排是对当前全球治理改革停滞的一种反应。[1] 金砖国家新开发银行和金砖国家应急储备安排是对当前全球治理改革停滞的一种反应，是金砖国家合作机制进入制度化的新层次，这些新产生的制度安排有利于推进国际货币基金组织和世界银行的改革进程。[2]

2. 金砖国家间跨国网络规划交流项目

为增加金砖国家智库之间交流合作，应全面构建金砖国家间跨

---

[1] "Depois da Copa, Fortaleza Agora de Olhona VI Cúpula do Brics", em O Globo, July 8, 2014.

[2] "Brasilpode Assumera Presidência do Banco do Brics", em O Globo, July 14, 2014.

国性的智库网络交流平台。金砖国家智库以各成员国为单位构建专业性智库网络，又在合作机制的作用下以平行关联式、核心辐射式构建综合性智库网络，以便实现人才和信息全球范围内的交流、共享、互补和合作，拓展智库参与公共决策的领域，在更多层面为国家治理和全球治理建言献策。①

在国际学术交流方面，由于"金砖国家智库理事代表"身份，巴西经济应用研究所在历年的金砖国家领导人峰会以及智库论坛中发挥着主要作用，另外如瓦加斯基金会、金砖国家政策中心等也是金砖国家对话的"智库峰会"中巴方的重要参与者。金砖各成员国的智库研究人员齐聚一堂，针对共同关注的问题进行交流讨论，促进金砖成员国之间的了解。巴西各知名智库纷纷提出构建国家间跨国网络交流项目的建议。如巴西金砖国家政策中心开始规划"国际研究网络"，扩宽与其他成员国之间的信息渠道。2011年底，金砖国家政策中心面向其他金砖国家的学者设立奖学金项目，获得批准的国外学者可以根据自己的情况决定1—3个月的访学期限，该中心每月提供9000雷亚尔的奖学金，访问学者在此期间则须参与该中心相关活动，并且完成相关研究报告。②

巴西政府以及智库大力提倡建立全球议题连线网络，从而加强金砖成员国之间的共识区域的研究，互联网时代下的协同共治理念为金砖国家参与全球治理提供了前提条件。在新经济背景下，金砖

---

① 骆嘉：《金砖国家智库发展状况及前景》，《中国社会科学报》2017年第1期，第10页。
② 周志伟：《金砖国家政策中心：快速发展的巴西智库》，《中国社会科学报》2012年第12期，第19页。

国家智库应坚持国家治理及全球治理的利益攸关方原则，不断发掘并扩大彼此利益的契合点，以议题性连线的协同治理方式，突破由地理、文化、意识形态等带来的局限、隔阂和障碍，创设关乎国家治理及全球治理的新兴议题，编织国家议题及全球议题连线网络，为国家治理及全球治理行为体搭建系统交流和凝聚全面共识的平台，避免议题的分散化和碎片化，集中开拓掘深各成员国共同的关注领域。① 巴西应用经济研究所雷纳托·鲍曼教授（Renato Bauman）曾在第五届金砖国家峰会上提出，金砖国家智库理事会的成立能让金砖五国的研究人员共享资料，比如共享原始社会调查数据以便进行相关领域的比较研究。他们希望通过学术合作促进新兴市场的健康持续发展。②

3. 推进金砖国家间全球治理合作研究

金砖机制合作不仅推进国际秩序的变革进程，也使得全球治理模式得到优化改善。金砖国家机制成立以来取得较多成就，尤其是在国际经济领域，由于新开发银行和应急储备安排的建立，作为新兴经济体代表的金砖成员国在国际金融领域互相合作，为国际经济秩序的改革以及全球金融治理的完善做出了突出的贡献。金砖国家的合作主题，逐渐从经贸领域延伸到国际政治和国际安全等领域，

---

① 骆嘉：《金砖国家智库发展状况及前景》，《中国社会科学报》2017年第1期，第12页。

② 《巴西经济学者："金砖集团"之路任重道远》，人民网，2013年3月26日，http://world.people.com.cn/n/2013/0326/c/57278-20918478.html。（上网时间：2020年2月22日）

这样有利于建立全方面、跨领域的合作机制。巴西长期以来对外将自身定义为大国身份，并非常积极地参与全球治理中，巴西智库不断为巴西参与全球治理提供分析报告，他们认为金砖机制对巴西在全球治理中发挥大国作用具有非常关键的作用，所以巴西政府应该进一步加大与金砖成员国之间在全球治理中的合作。金砖各成员国在全球治理中具有相同利益和目标，毫无疑问，金砖合作是全球治理模式不断完善的重要主推力量，在全球治理各领域中，金砖成员国应该通过交流合作，合力为全球治理体系的不断完善做出贡献。

巴西智库普遍认为，现有国际秩序和全球治理难以应对全球化越发复杂多变的态势，金砖国家在寻求新的国际秩序和全球治理方式上有着共同的目标和利益。毫无疑问，提升金砖国家参与全球治理的能力和新型国际秩序的创建需要智库的支持与合作，所以金砖国家智库要加强交流合作，共同为金砖国家参与全球治理合作以及获得国际话语权而贡献智慧策略。为推动金砖国家合作机制化进程的发展，2006年在与俄罗斯外交部长会晤时，巴西外交部长阿莫林提出将金砖国家转型升级为政治集团的建议。在讨论到举办下一次峰会时，巴西卢拉总统主动表示巴西愿承办下一届首脑峰会，并受到金砖其他成员国的欢迎与肯定。巴西卢拉政府将金砖合作机制视为巴西外交的重点战略，金砖国家机制有利于提升巴西在国际舞台上的影响力和话语权。

2009年6月16日"金砖四国"领导人会议在俄罗斯叶卡捷琳堡成功举行，这次峰会标志着金砖国家组织在国际舞台上开始崭露头角，也标志着金砖机制开始形成。会后声明确定了通过智库年会让社会团体积极参与的机制。毫无疑问，金砖国家间应采取共同举措以加深金砖机制在全球治理方面的合作能力,金砖机制可以说是一个重要的、能够影响全球治理的制度工具,但实际上现在很多议题并未得到落实。

4. 促进金砖国家间经贸往来和互补

在金砖五国合作机制下,巴西各大智库发表相关报告数据提议深化农业合作,他们在文件中提出,由于巴西幅员辽阔、土壤肥沃和资源丰富,因此巴西对中国出口其优势农产品需求强烈。当前中国大豆制品的进口来源高度集中在巴西、阿根廷、美国等少数几个国家,巴西是中国大豆制品最大的供应国,应强化中巴之间的农产品贸易关系。[①] 此外,巴西自然条件优越,畜牧业非常发达,畜产品具有很强的竞争力,加上巴西地处热带,水果种类丰富,优势比较明显。从贸易互补的角度看,巴西在稳定大豆制品出口的基础上,扩大向中国出口肉制品、水果等农产品,在贸易方面实现双赢。巴西智库促使巴西政府制定更加开放的农产品贸易投资政策,吸引金砖国家企业到巴西投资,促进巴西农业产业结构的调整和升级,实现农产品出口种类的多元化。在农业贸易各领域,巴西与金砖国家的合作越来越频繁。[②]

巴西金砖国家政策研究中心研究员利恩·奈丁(Leane Naidin)

[①] Guanziroli, C. E. Pronaf dez anos depois: resultados e perspectivas para o desenvolvimento rural. Economia e sociologia rural, Brasília, Vol. 45, No. 2, 2007.

[②] 杨绿野、吴诚:《"金砖5国"合作机制下中国与巴西农产品贸易分析及展望》,《世界农业》2012年第7期,第7页。

则认为，巴西不像俄罗斯和南非，巴西拥有多元化的产业。① 在另一篇文章中，奈丁强调，过去对新兴市场的增长潜力有过高的期望，现在，新兴市场要解决内部瓶颈，努力实现持续增长。② 2016 年 12 月 3 日应用经济研究所发表了一篇关于金砖四国对外投资的分析报告《金砖四国的外国投资是研究主题》(*Investimentos estrangeiros dos BRICs são tema de pesquisa*)③，这项研究涉及四个新兴经济体（中国、巴西、俄罗斯、南非）1995 年至 2013 年的对外直接投资行为及力度，研究表明由金砖四国的企业对外投资是不断增长的，但受国际危机的影响，为了减债迫使许多企业取消新项目甚至放弃那些正在进行中或已经完成的项目，金砖四个成员国之间应加大在金融投资方面的合作，实现共赢。在投资金融领域，金砖成员国是巴西重要的投资来源国，尤其是经济迅速发展的中国。2017 年 4 月 26 日，金砖国家新开发银行与巴西国家发展银行签订了贷款总额高达 3 亿美元的合作协议，贷款期限为 12 年，将主要用于发展巴西国内可再生能源、创新科技以及跨国金融项目。另外，在全球金融治理方面也有一定改革成效，IMF 和世界银行的份额改革大力提升了新兴市场和发展中国家的份额比例。巴西智库与金砖国家间，尤其是与中国往来较为频繁，收获颇多，大力促进了中巴两国之间的全面战略伙伴关系。

2017 年，巴西知名智库瓦加斯基金会近日在其法学院下成立了中巴研究中心，旨在发挥专业优势，为中巴企业界合作提供法律政

---

① "Resgatar o Multilateralismo é o Principal Desafio", em O Globo, May 8, 2013.
② "Estímulo a Consumo se Esgota", em O Globo, July 10, 2013.
③ "Investimentos estrangeiros dos BRICs são tema de pesquisa", https://portalantigo.ipea. gov.br/portal/index.php?option=com_content&view=article&id=29202.（上网时间：2020 年 2 月 23 日）

策解读。中巴研究中心主任埃万德罗·卡瓦教授表示，该中心一方面将跟踪巴西法律法规变化，分析其对中国企业投资巴西带来的挑战；另一方面将研究金砖国家的法律体系，其中重点关注中国的法制建设。[1] 此外，与巴西国内知名企业合作的几大智库也为这些企业提供咨询培训等服务，为了扩大巴西国内企业发展海外市场，尤其是由新兴经济体国家组成的金砖国家，在智库相关政策建议下，金砖国家工商理事会在2013年3月27日成立，推进了巴西与其他金砖国家之间经济、贸易、投资等方面合作交流。

5. 提倡加大金砖国家间创新交流合作

巴西智库不仅科技文章产出多，使其位于突出位置，而且其历次召开的国家创新大会，如2010年召开的第四次创新大会，在一定程度上表明巴西在诸多知识领域均处于领先地位。[2] 安娜·卡斯特罗指出，"在巴西，类似中国智库的政府机构，如巴西科技部战略研究中心和巴西工业发展局，主要是通过对目前和过去巴西创新体制的特点和面临的挑战进行系统的回顾性研究来发挥其作用的。但是，似乎未见将分析结果、形成结构性共识以及对哪些领域做出战略性选择这些方面做出整合"。[3] 发展至今，巴西的大学和智库等研究机构虽然无法直接参与决策制定，但他们与创新机构关系最为密切，

---

[1] 陈威华、赵焱：《巴西知名智库瓦加斯基金会成立中巴研究中心》，新华社，http://www.xinhuanet.com/world/2017-05/16/c_1120980620.htm。（上网时间：2020年2月23日）

[2] 路易斯·多维奇：《巴西科技部战略研究中心》，《第四次可持续发展科技和创新大会蓝皮书》，http://www.cgee.org.br/publicacoes/livroazul.php。（上网时间：2020年2月23日）

[3] Ana Celia Castro, "State Capacities and Innovation Policies: Lessons from and for the BRICS", 2015, p.303.

为提高科学技术和创新水平做出了贡献，这从巴西的科学产出便可窥见一斑。巴西创新体制历史悠久并且最重要的是以其科学产出获得公认的赞誉，但该体制的"第二层"——战略决策顾问机构这一层，如研究机构、智库、大学等，在发展巴西创新政策时，并未完全地加入制定战略选择的过程中来，尤其是对于金砖国家间有关创新项目合作方面的融合，有待金砖各国政府、大学以及智库等相关机构协同努力。[1]

金砖政策中心研究员塞尔吉奥维罗索在第六次金砖学术论坛上的文章提出金砖城市的观念，2012年，吸引外商直接投资的10个城市中，有6个在金砖国家。这些数据不仅表明金砖国家的这些城市对其国家的经济增长和发展的重要性，还说明如果金砖国家城市间进行某种合作会对外来投资更具有吸引力，有助于提高城市竞争力，并使金砖国家在全球舞台上扮演相关角色，这一举措主导了城市发展的政策和战略。例如，2012年中国吸引外商直接投资782个，其中39%集中在上海，30%在香港，18%在北京。在巴西，圣保罗市占有外汇投资份额的61%。[2] 金砖国家应该推动城市发展和转型的国际进程，通过金砖城市各类资源互相融通，金砖国家各大城市具有较大的竞争优势和发展空间，有利于这些城市吸引更多国家的投资，逐渐成为全球化运作中的关键重要角色，从而提升金砖机制在全球的影响力。金砖国家通过吸

---

[1] Celina Souza, "Comparative State Capacity" research report to IPEA (Institute of Economics and Applied Research), 2015.

[2] Sérgio Veloso, "BRICS – Cities and the issue of social mobility: Attraction of capital and the right to the city," Brazilian Paper for Technical Session 2, 6th BRICS Academic Forum: City Palace, Rio de Janeiro, Brazil, March 18 – 19, 2014, pp. 43 – 52.

引海外资本的进程产生的社会流动性也在一定程度上有利于解决社会不平等问题，产生更具包容性的城市结构。

巴西各大智库近年来都开始专注全球治理问题，如巴西瓦加斯基金会研究生院的教授就金砖国家如何在全球治理方面提高其机制的地位和影响力指出，① 第一点，金砖国家应在现有国际秩序中担当更具包容性和积极性的角色，在国际货币基金组织等多边组织中发挥更大的作用，在全球气候、经济以及可持续发展等各领域加强合作，让金砖机制更具代表性。第二点，创建现有新型秩序，创建金砖国家内部的机构和协议，既可以追求集团的利益，也可以追求全球目标。第三点，当面对全球治理时遇到挑战和问题，应加大金砖国家内部的创新合作，找出对已知问题不同的解决方法，同时开发探索新的发展机会，应该勇于尝试建立一个开放式，透明性的金砖国家国际战略对话，不仅局限于经济领域，可在慢慢实施之后不断延伸到其他领域，如国防、环境、外交等。金砖国家领导人峰会或学术会议，从政府到大学智库等，不应将研究问题局限于金砖国家内部或之间，应加强区域和全球战略上的合作交流。在所有这些情况下，要有针对性的团体或相关机构，为实现共同的全球战略和利益做好准备。弗洛勒斯在会上说道，这些都不是很困难，每个金砖国家成员的政府机构可以安排设立由一个小规模的金砖国家级委员会或工作组进行协调金砖国家具体事宜。这些委员会的工作人员将负责传播金砖机制有关程序和倡议，以及

---

① BRICS Academic Forum VI, editors: Renato Coelho Baumann das Neves, Tamara Gregol de Farias. – Brasília: IPEA, 2014, p. 319.

与其他国家进行互动交流。①

第四节 巴西智库对金砖国家合作的影响

巴西智库对金砖国家合作机制广泛且深入的影响是不可言喻的。通过巴西智库对金砖合作相关议题的成功研究,一方面加强了巴西政府对金砖合作机制的重视,从而促进巴西政府在外交决策上偏向于与金砖成员国的合作,尤其是在改革国际秩序以及完善全球治理模式等方面;另一方面,从国际社会层面,通过加强金砖机制化进程,为金砖整体在国际社会中地位的提升提供了较多建议和方案。巴西智库对金砖国家合作机制的影响较多,本文主要介绍其在推进金砖合作机制化发展进程、协助巴西政府成功主办金砖国家领导人峰会、促进金砖国家之间学术研究合作、加强金砖国家民众对金砖组织的了解与关注、促进金砖国家与西方国家间的沟通等方面的影响。

一、智库影响的途径:从学术论坛到首脑峰会

1. 促进金砖国家之间学术研究合作

金砖国家各成员国在政治体制、历史、经济、文化等方面存在

---

① Renato G. Flôres Júnior, "BRICS and the global governance", Paper for Technical Session 9, VI BRICS Academic Forum: City Palace, Rio de Janeiro, Brazil, March 18 – 19, 2014, pp. 279 – 282.

较大差异，由此决定了各国智库的特征以及运行模式都有所不同，国家体制和公民社会的性质在一定程度上决定了各国智库的类型和实力发展层次的高低，政府与公民社会之间交流渠道的畅通程度影响着智库发挥其应有的效能。如果智库与政府决策层缺少沟通、缺少独立性，就会导致智库缺乏创新性建议，不重视学术研究的客观性，导致政策传达失效，政府公共政策失败。此外，金砖国家各成员国面临的地缘政治环境区别明显，智库关注的领域各有侧重，因而在研究议题分布上存在分散化、碎片化的现象，通过共有议题连线建立智库网络平台，存在一定困难。为了从根本上解决这些问题，巴西智库采取许多方式促进金砖国家之间学术研究合作。

在智库相关报告建议下，巴西与金砖成员国印度、南非两国政府和研究机构之间保持着非常密切的联系，对于相关共同关注的议题领域，进行学术研究和项目合作。虽然巴西国内专门研究中巴关系和中国问题的智库只有一家瓦加斯基金会，但与中国的学术机构之间的合作研究越来越深入和频繁。对此，阿德里亚娜表示，中国不仅是金砖国家中最重要的成员国之一，也是巴西最大的贸易伙伴，为此，巴西需要加强对中国的认识和了解。[1] 除此之外，巴西智库设立的相关学会研究中心加大金砖国家成员国研究人员和学生的交流数量，政府实行政策优惠吸引金砖成员国学者到巴西留学，通过学术层面的交流加强，逐步建立共同研究议程，实现金砖国家研究机

---

[1] 周志伟:《金砖国家政策中心：快速发展的巴西智库》,《中国社会科学报》2012年第12期，第20页。

构之间在信息、研究资源上的共享,从而建立一个"金砖学术圈"。

金砖国家智库理事会主办的金砖国家智库论坛学术会议,与金砖国家工商理事会会议一样,它们共同为金砖国家领导人峰会做准备,金砖各成员国智库代表、外交部官员和驻巴西国际组织代表出席了此次会议。通过金砖智库论坛以及相关学术会议,使政府官员和智库研究学者汇聚到同一个平台,充分发挥智库在决策进程、对外传播和政策监督等领域的能力,有利于加强各国政党、智库以及民众的联系,推动金砖合作机制的发展,使金砖合作更好地适应当今世界的多样性和复杂性。

2014年11月6日首届"金砖国家经济智库论坛"在中国首都北京成功召开,论坛主要关注如何加强合作应对当前挑战以及国际金融体系的改革问题,并且会后正式成立了金砖国家经济智库。金砖五个成员国的政府官员、研究学者和企业家代表出席了该论坛,金砖国家经济智库主要是由五个金砖成员国的著名智库组成,政府退休官员、研究学者,以及对金砖经济议题研究感兴趣的西方发达国家研究学者、企业家。会上,巴西智库研究学者就如何借助金砖应备储备外汇来实现国际金融体系的改革以及促进金砖经济的发展。2017年在中国北京召开了"金砖国家智库论坛",金砖五个成员国的研究专家学者针对金砖国家发展战略如何对接,从而就最终迈向共同繁荣的路径问题进行了交流讨论,以金砖国家合作发展的背景与条件为基础铺垫,从而深入讨论有关金砖国家发展战略对接的内容与路径、经验与做法,并对今后如何推进金砖成员国之间发展战略对接提出政策建议。此次会上,来自巴西国际关系研究中心的董事会成员罗布特·阿卜杜努尔(Roberto Abdenur)指出,金砖国家开展内部合作的同时，也应该以金砖成员国的身份同金砖机制外其他国家进行交流合作，为世界带来更多新的力量，同时也会为金砖机制带来发展机遇和挑战。因此，在保护多边主义的过程中，金砖国家需要承担更多责任，更需要加强交流、合作分工，特别是特朗普上台以后，美国逐渐从众多国际事务中退出来，作为新兴经济体的代表国家以及发展中国家的代表，金砖国家面临着更大的成长空间，需要更加积极地参与到国际事务中，为金砖机制发展带来较多的机遇。

2017年8月1日，为了推进金砖机制内中巴两成员国战略互信，在巴西首都巴西利亚市召开了主题为"金砖国家合作"的中巴金砖国家智库对话交流会，由中国人民大学重阳金融研究院与巴西斯芒基金会联合筹办。来自金砖五个成员国及其他国家驻巴西的政府外交官、研究学者、媒体记者等参与此次会议进行交流，就金砖成员国各领域中合作目前存在的问题以及未来的憧憬提出了观点和建议，其中包括国际投资、新发展银行以及基础设施建设等主题。这场交流会受到巴西政府以及媒体的高度重视，这次会议是在巴西举行的最大规模的智库和公共外交会议，也是中巴两国针对金砖合作进行双边外交的成功案例。双方会后共同签订了中巴智库战略合作协议，标志着中巴双边交流渠道的确立，以及两国政治互信得到了极大的提升。巴西古斯芒基金会主席塞尔吉奥·莫雷拉·利马在发言中对金砖成员国合作的发展历程以及其基金会对金砖合作领域多年以来积累的研究成果进行了大致的介绍，并强调金砖合作机制是巴西外交部决策部门非常重要的政策领域之一。会议第二天下午，各国代表团拜访了巴西天主教大学金砖政策研究中心，就金砖国家间合作进行了学术交流。

巴西智库在不断完善的过程中，在国际学术研究中地位和影响力越来越大。巴西智库为政府各部门，在政治、经济、或外交等方面，提供分析报告与策略，其研究主要集中在国际关系领域，有力地支持巴西大国战略的实行，自从金砖机制建立后，金砖国家政策中心等智库迅速发展，在促进巴西对金砖国家的认识与了解、加大巴西参与金砖国家合作进程、加强金砖国家研究机构间的合作关系与信息交流方面都做出许多贡献，通过金砖机制提高了巴西在国际上的地位和影响力。从宏观上，服务国家战略布局的需要，是金砖政策中心工作的根本出发点。从微观上来说，巴西智库促进了金砖国家间研究机构之间的交流合作，有利于提升巴西在金砖合作机制方面的影响力。

2. 协助巴西政府成功主办金砖国家领导人峰会

金砖国家峰会是由五个新兴经济体国家（中国、俄罗斯、巴西、南非、印度）共同召开的会议，2009年在俄罗斯叶卡捷琳堡举办了第一次金砖峰会，2017年9月3日至5日在中国厦门成功举办了金砖国家领导人第九次会晤。巴西主办的金砖国家峰会由巴西几大知名智库负责筹办，并且提供会议记录和分析报告。第一次是2010年4月，在巴西的首都巴西利亚召开的第二届金砖峰会，由于当时南非还未正式加入金砖的成员国，只是作为受邀嘉宾参会，所以参会讨论的国家主要有四个：中国、俄罗斯、印度和巴西，这四国领导人在各自双边会谈后进行全面交流讨论。金砖国家领导人会上关注讨论的议题较多，其中包括伊朗核问题、金砖国家合作问题、国际金融机构改革、环境气候等，会后发表了《联合声明》。联合声明象征着"金砖国家"合作机制初步形成。2014年7月，巴西第二次作为金砖峰会主办国，会议地点是在巴西的福塔莱萨，会后五国共同发表了《福塔莱萨宣言》，2010年12月，传统的金砖四国一致商定，将南非作为正式成员纳入"金砖国家"合作机制，"金砖四国"变为"金砖五国"。此次会议是金砖国家领导人第六次会晤，峰会的重要成果是五国领导人经过商讨一致决定成立金砖国家新开发银行，总部设在中国上海，并建立金砖国家应急储备安排。除此之外，金砖五个成员国通过各自的双边交流最终成功签订了许多项目合作的协议。

2014年巴西各大知名智库合作为巴西政府主办金砖峰会并提供会议报告，其中作为金砖理事会代表的巴西经济应用研究所负责会议的前期筹备和议程安排，而那一年正是巴西经济应用研究所成立50周年，巴西政府委托其负责准备峰会以及撰写峰会报告，对其具有非常特殊的意义。在巴西福塔莱萨举办的第六届金砖国家峰会上，除了金砖国家新开发银行和应急储备安排之外，还签署了一系列有利于巴西发展的重要文件。为了鼓励金砖国家之间在贸易投资和科技创新等领域的合作，成员国之间还签订了金砖国家有关出口信贷保险机构合作的备忘录以及金砖国家开发银行签署的创新合作协议。前者主要在各国国际贸易、金融投资等领域给予资金支持和安全保障，后者创新合作范围较广，在基础设施、科技、互联网、基础设施、服务业、可再生能源、工业和农业产业等领域实现信息共享和提供资金以及政策支持。而这些文件来源于巴西应用经济研究所道路及公共基础研究报告中对基础设施、环境资源和工农业等方面的相关数据分析，智库专家称，巴西国内面临基础设施、经济和教育等方面的问题，需要利用金砖机制，加强与金砖国家的合作，从而在国内各行业寻求更加更大发展空间和优势。①

金砖国家会议的召开，是"金砖国家"合作机制的开始形成的标志，金砖五个成员国都是新兴经济体的代表，其国内经济发展迅速，国际影响力也随之不断加强。通过召开金砖国家会议的方式，为金砖成员国之间提供交流的平台，有利于金砖国家机制化的深化发展。在金砖会议召开前期，金砖成员国之间也会就相关议题进行双边会谈，如在2014年巴西主办的金砖峰会前几天，巴西和印度进行了双边会谈，此外中国和巴西也就相关领域合作问题进行了双边会议。除此之外，会议期间各国之间也进行了各领域的会议谈话，如金砖国家经济会谈、金砖国家新开发银行与各国商业银行间合作会谈、可持续发展、全球治理以及战略与国防安全等会议。在这些会议的前期准备、会中记录、会后反馈报告整个过程中，巴西智库发挥着重要的作用，随后巴西政府鼓励巴西智库与金砖其他国家研究机构的合作，从而为巴西更好的参与金砖国家合作机制建言献策。

二、巴西金砖研究智库的贡献

1. 推进金砖合作机制化发展进程

巴西是最先提出金砖国家机制化的成员国，根据国际格局的变

---

① KARAM, Maria. Drogas: legislação brasileira e violação aos direitos fundamentais. Rio de Janeiro: Leap Brasil, abr. 2010. Disponível em < http://www.leapbrasil.com.br/textos >. Acesso em: 25 Janeiro. 2018.

化以及巴西国际战略的调整，巴西政府将金砖机制视为其参与全球事务的重要战略和大国外交的核心外交政策，推进金砖组织机制化发展进程为巴西参与国际秩序和全球治理提供了前所未有的发展机遇。

一方面，随着巴西国内经济和国际地位的提高，巴西政府更加重视发展同新兴市场国家之间的关系，更加重视发展新型国际合作机制以及参与国际组织，面对日益复杂多变的国际局势，巴西外交政策的核心决策者需要智库针对复杂的国际战略和外交政策问题提供专业性的政策建议。另一方面，对于巴西智库而言，他们希望能借此在国家政策领域寻求发展的空间，提升其在政府决策制定过程中的作用和地位。金砖国家建立金砖组织机制这一战略自提出后即成为巴西智库研究的热点，巴西智库越来越关注巴西的全球新角色和新型国际机制的建设，尤其是金砖国家合作机制。在巴西，金砖机制发展进程问题受到越来越多研究学者的关注和重视，并且出版了许多学术成果和专业性报告。巴西智库就巴西本国参与金砖组织机制的决策、方案、前景等提出了许多具有前瞻性和高效的观点意见。换句话说，巴西联邦政府之所以坚持推动金砖国家合作机制，在一定程度上是受到巴西智库对金砖机制分析报告的影响。

在金砖国家合作不断深入发展并取得相应的成果，巴西智库由于其研究成果的成功在巴西政府决策进程中越来越受到重视，政府相关政策咨询需求不断扩大，并且不断加强与智库之间的互动合作。目前金砖机制并不完善，存在成员国关注重点不同、合作成效不高以及动力不足等问题，为了解决这些问题，巴西智库度多年专注于金砖合作问题研究，努力寻求促进金砖国家之间合作以及推进金砖机制发展的有效政策建议。

为了促进金砖机制的完善，巴西智库认为成立金砖国家理事会势在必行，各成员国理事会的代表研究机构不但在其国内综合所有智库资源来进行金砖相关议题的合作研究，而且与成员国之间各智库通过相关议题项目的合作交流，搭建金砖学术合作平台，有利于促进金砖国家间交流了解，促进金砖机制化发展进程。金砖国家成员国之间成立智库理事会，在一定程度上给予智库更多接触政府决策的可能和机会，可以通过参加金砖国家智库论坛或其他学术交流会议，已经进入金砖国家机制化合作的最高决策层，为金砖国家开展机制化合作提供建议。巴西应用经济研究所是金砖智库理事会巴西代表，作为金砖国家智库合作机制化运作平台"金砖国家智库理事会"五成员之一，其在金砖国家智库合作事务中扮演着牵头人的角色，主要负责加强金砖国家合作交流与深化金砖机制发展。

2. 加强金砖国家民众对金砖组织的了解与关注

巴西有部分学者对于金砖国家偏离中心、在政治安全合作上的方向分歧提出质疑，许多巴西民众对金砖国家组织不太了解，甚至会产生不赞成的消极态度。巴西外交型智库扮演着推动外交决策主体和巴西民众良性互动的角色。通过一列讲座报告等方式向民众传达关于金砖组织的理念和作用，此外像瓦加斯基金会、巴西国际关系研究中心和金砖国家政策中心都在网络社交各大媒体上开通了官方账号，以传递智库思想，解答民众相关疑问。在外交政策的实施过程中，增强民众对于金砖组织的了解，增加巴西民众对巴西外交政策的理解和信任，从而促进金砖组织机制的不断发展与完善。巴西经济研究所和联邦公共管理机构通过督促政府公民提供公开透明的网页，旨在为公众提供更加准确透明的国际政策数据和信息，此外巴西经济研究所设立国际政策期刊中分析金砖国家与巴西间相关政策和问题。

  由于金砖国家之间的差异以及地理分布在不同大洲，相隔较远，导致金砖国家民众互相了解不够，交流机会较少。巴西智库通过与国内知名媒体的合作，以节目访谈或出版书刊及政策分析报告的形式，为民众传播巴西政府决策以及介绍金砖国家合作提供了渠道和机会，有利于金砖各国下到民间上到政府层面的了解并凝聚成一股巨大的金砖力量。在巴西国内，智库联合媒体深入且客观地报道金砖国家新闻和相关信息，加深了巴西国内民众对金砖国家的印象和好感，以及对金砖合作发展持有一定的信心。在国外，智库通过与其他金砖成员国的研究机构或媒体联系合作，向中国、俄罗斯、印度以及南非国家的民众宣传金砖理念以及相关信息报道，从而促进其他四个金砖国家民众对金砖政策的认知，最终双向促进金砖国家民众之间的了解以及对金砖机制的认同。随着公共外交在巴西外交战略中越来越受到重视，巴西政府大力鼓励智库对金砖成员国家进行交流，以"智库外交"方式促进巴西公共外交，并取得了较好的成绩。巴西智库与金砖其他成员国的政府、学术、媒体等部门合作宣传，有利于金砖国家民众通对世界有更全面深刻的了解，同时有利于民众理解金砖国家的政策立场。

3. 促进金砖国家与西方国家间的沟通

金砖国家应与其他发达国家创立的国际组织机制合作，通过加强联系并开展相关国际项目合作，提高西方发达国家对金砖机制的了解与联系。金砖成员国应该共同合作、对外交流，增强金砖对外的影响力，不仅是与发展中国家，也应该重视与西方发达国家的联系，增强西方发达国家对金砖机制的了解和认同，鼓励其参与金砖机制的进程，从而让西方国家在全球事务上尊重金砖立场，有利于金砖国家更好地在全球事务中发挥作用。此外，由于巴西与西方国家的友好关系，其在向西方发达国家传达"金砖理念、方案"中发挥着不可替代的作用。金砖国家不应局限于成员国之间，这样不利于金砖机制在国际社会中影响力的提升，更不有利于整个国际社会的发展。

巴西应用经济研究所在一份国际政策报告书中提出，金砖各成员国之间政治文化等各方面存在差异，巴西的民主政治体制普遍受到西方国家的认同，巴西长期的"无核国"身份与"不谋求特殊军事存在"的立场，与其他金砖国家相比，更易得到西方世界的认可。巴西的西方文化属性使其在与西方沟通时具有一定优势，巴西在金砖与西方之间发挥着十分重要的作用。巴西应充分利用其与美国等西方国家的战略关系和地理位置优势，作为金砖与西方的沟通桥梁，处理金砖组织与西方的了解合作问题。巴西智库建议巴西政府通过峰会积极安排金砖国家领导人与南美国家领导人对话，如南非召开的峰会其安排金砖国家领导人和非洲各领导人进行交谈，2014 年在巴西召开的峰会，巴西应用经济研究所精心安排金砖国家领导人与南美国家联盟的一些领导人对话环节，积极促进金砖国家与南美之间的联系，增强拉丁美洲对金砖的了解与认同。这一举措不仅服务于巴西通过分享金砖国家发展机遇提升本国在拉丁美洲地区领导力的战略目的，也为金砖国家领导人加强与南美国家领导人的互动提供了舞台。①

◆ 第五节　小结 ◆

巴西作为新兴经济体国家和发展中国家的重要成员之一，具有改革国际秩序以及全球治理的责任和义务。随着金砖国家机制的发展，巴西政府越来越重视金砖机制的发展，从而导致巴西智库研究方向的转型，出现了越来越多世界知名的外交型智库，它们通过各种方式和渠道影响巴西外交决策。虽然金砖国家合作日益加强，但由于其五个成员国之间存在较多的差异，客观地说，金砖机制的发展面临的合作问题和挑战也是越来越多、越来越复杂。目前巴西智库对金砖机制的研究取得了一定的成果，在金砖机制内，要注重成员国之间的整体利益，而非单个国家的眼前利益，通过金砖国家间双边或多边的交流合作，增强金砖国家之间的凝聚力；此外，金砖国家不能局限于机制内部，应该以金砖成员国的身份与西方发达国家以及广

---

① 牛海彬：《巴西的金砖战略评估》，《当代世界》2014年第8期，第21页。

大发展中国家沟通交流意见,积极参与到全球治理以及国际秩序改革中,为金砖发声,对外传达金砖国家的观点和国际社会的健康发展做出突出贡献。

第三章　俄罗斯的金砖国家研究智库

◆ 第一节　导论 ◆

一、概念和内涵：从俄罗斯智库到俄罗斯金砖智库

1. 俄罗斯智库的现状

智库是现代国家决策机制的重要一环，他们从事政策研究，参与决策过程，提出替代方案或选择设计，供政府决策之用，在国家发展与外交战略、国际政治与经济气候等各项政策形成中，扮演着领袖"外脑"的角色。智库建设的绩效，直接反映出国家对于社会智力资源的动员、采集与利用的能力，是衡量国家治理能力的一项重要参考指标，也关乎国家发展及在国际体系中的博弈实力，世界各主要大国无不重视智库建设，俄罗斯也对此倾注了大量精力。俄罗斯智库性质复杂，有官方的有民间的，有营利的有非营利的，有

综合性的也有专业的。因此本书将俄罗斯智库定义为：在俄罗斯境内，一般由专家组成，为决策者在处理国际国内社会、经济、科技、军事、外交、生态等各方面问题时出谋划策的研究机构。经过较长一段时间的发展，俄罗斯涌现了一大批专注于不同领域的智库，并形成了具有鲜明转型社会特点的智库体系，但囿于社会发展水平，俄罗斯的智库建设水平还有待提高，整体仍处于定位与摸索阶段。

俄罗斯疆域辽阔，横跨欧、亚两个大洲，但在通常情况下俄罗斯仍被视为欧洲国家。在美国宾夕法尼亚大学智库研究项目研究编写的《2020年全球智库报告》中，欧洲一共有2932个智库，俄罗斯总共拥有143个智库，在所有国家智库数量排名中排第12位，在22个东欧国家中位列第一。[1] 俄罗斯智库入围全球顶级智库的有3个，分别是莫斯科卡内基中心（CMC）、世界经济与国际关系研究所（IMEMO）和莫斯科国际关系学院（MGIMO），入围中东欧顶级智库的有17个，数量较往年有所增加，其中排名前十的是莫斯科卡内基中心和世界经济与国际关系研究所。俄罗斯各大智库研究的侧重点有所不同，因此在相关研究领域中的排名也有所差异：在最佳国防和国家安全智库排名中，世界经济与国际关系研究所排第38位、美国和加拿大研究所（ISKRAN）排第40位、外交和国防政策委员会（SVOP）排第58位、莫斯科国际关系学院排第69位、俄罗斯国际事务理事会（RIAC）排第107位；在最佳国内经济政策智库排名

---

[1] James G. McGann, "2020 Global Go to Think Tank Index Report", in TTCSP Global Go to Think Tank Index Reports, 2020, https：//repository.upenn.edu/think_tanks/. （上网时间：2021年7月25日）

中，经济和金融研究中心（CEFIR）排第 29 位、财政政策中心（CFP）排第 52 名、莫斯科国际关系学院排第 57 位等；在最佳教育政策智库排名中，莫斯科社会经济科学院政策研究中心（CEPS）排第 11 位；在最佳外交政策及国际事务智库排名中，世界经济与国际关系研究所排第 38 位、外交和国防政策委员会排第 69 位等；在最佳国际发展政策智库排名中，世界经济与国际关系研究所排第 53 名；在最佳国际经济智库排名中，世界经济与国际关系研究所排第 14 位；在最佳社会政策智库排名中，俄罗斯科学院社会学研究所（SIRAS）排第 34 位、城市经济研究所（IUE）排第 44 位、社会政策独立研究所排（IISP）第 53 位。

2. 俄罗斯智库的发展历史

与南美国家巴西相比，俄罗斯的智库起步得较早，在 18 世纪初便出现了具有智库特征的研究机构——俄罗斯科学院。随着国家发展需求的进一步增加，各个不同研究领域的智库逐步兴起，当时相继成立的各类大学和学会也为相关智库的发展提供了专业人才和有利环境，成为不同类型智库的"孵化器"。俄罗斯智库一路风雨发展至今，已经取得了相当不错的成绩，其数量和质量在中东欧国家中均名列前茅，回顾其发展历程大致可以划分为三个阶段：

第一阶段是 18 世纪初的起源。1703 年 2 月 8 日，彼得大帝颁布《关于成立俄罗斯科学院》的皇帝令。于是，1724 年在圣彼得堡这个俄罗斯的新首都出现了与国家和世界科学紧密相关的专业性学术机构——俄罗斯科学院。① 与国外的科学院不同，彼得堡科学院是重要的国家机构，而不是自发的社会机构。彼得堡科学院是新的俄国科学的泉源，在18世纪俄国科学达成的所有成就几乎都出自彼得堡科学院。与此同时，该机构也重视创办大学和培养大中学校的青年学者。②

第二阶段是19世纪初至20世纪50年代。19世纪，俄国大工业发展、商业扩大、城市人口增加，在经济快速发展的条件下，大学和学会开始建立，产生了许多新的科学中心。这一时期的达尔杜斯大学（1802）、喀山大学（1804）、哈尔科夫大学（1804）、圣彼得堡大学（1814）和设在莫斯科大学的自然科学工作者协会、教学学会、历史及俄国古迹学会，以及设在彼得堡的矿物学会成为了重要而独立的科学泉源。③ 抗击拿破仑入侵的卫国战争（1812—1815年）的胜利使俄罗斯民族意识、民族自豪感空前高涨。战争期间，与法军作战的俄国官兵，看到了西欧的繁荣和先进，反观自己的国家仍旧是落后不堪，开始对专制政府感到不满，这导致了1825年元老院广场上的"十二月党人"起义。起义的迅速失败成为俄国思想界的一大转折：贵族精英们认识到，推翻外在制度的"法国大革命"方式不适合俄罗斯，俄国当下真正需要的是思想和心灵的进步，是立

---

① 中华人民共和国驻彼得堡总领事馆、俄罗斯科学院圣彼得堡科学中心，2013年11月25日，http://www.fmprc.gov.cn/ce/cgstp/chn/kjhz/SPBKJ02/t1036511.htm。（上网时间：2022年1月27日）

② 余元盦：《苏联科学院》，中国科学院出版社1951年版，第7页。

③ ［俄］Г. А. 科尼亚捷夫、А. В. 阔尔佐夫：《苏联科学院简史》，科学技术出版社1959年版，第24页。

足民族传统文化、面向西方的开放性变革。① 加之，资本主义发展、法国大革命和启蒙思想的影响，这些思想中心快速地成长。彼得堡科学院仍保持着与政府一致的立场，甚至与其他思想中心分庭抗礼，但由于政府在卫国战争投入了大量资金，科学院在严重的财政问题中艰难地发展。

19 世纪末 20 世纪初，在沙皇统治下的俄国进入了资本主义发展的最后阶段，然而落后的经济、独裁政治在教育和文化方面采取的反动政策阻碍了国内的科学研究发展，研究成果几乎不能被采用。沙皇企图将科学院纳入政府控制之下，而彼得堡科学院竭力停止自己的孤立状态、消除进步人士与科学院之间的障碍。在自然科学和精密科学方面，科学院的科学家做出了巨大的贡献；而在社会科学方面，则在科学院外得到了发展。②

十月革命后，苏维埃政权十分重视科学院的发展，投入大量资金支持。旧的科学院从一个附属于博物馆和文献库的小小研究机构，逐渐变成了规模庞大且拥有良好设备和优秀人才的科学研究所。

第三阶段是 20 世纪 50 年代至今。直到 20 世纪 50 年代，赫鲁晓夫上台后进行大刀阔斧的改革，国内迎来"解冻"时期，这成为新的智库诞生的温床。一是由于斯大林长期以来的个人专断的弊端变得明显，二是由于在与资本主义国家竞争和对抗的过程中，对资本主义经济和政治的了解变得重要起来。在这样的背景下，世界经济和国际关

---

① 季明举：《民族主义话语及其表述实质——19 世纪上半叶俄国文化运动及其历史影响》，《俄罗斯研究》2011 年第 4 期，第 48 页。
② [俄] Г. А. 科尼亚捷夫、А. В. 阔尔佐夫：《苏联科学院简史》，科学技术出版社 1959 年版，第 62 页。

系研究所建立起来。随着苏联和东欧关系日趋复杂和紧张,苏中关系持续恶化,科学院建立了新的研究机构:社会主义世界经济研究所、拉丁美洲研究所、非洲研究所、远东研究所、美国和加拿大研究所等。这一时期建立的智库具有以下特点:一、几乎全由官方(俄罗斯科学院)成立,二、几乎按照马克思列宁主义思想成立研究项目,三、在密不透风和管控严格的苏联社会,它们几乎是信息的唯一来源。[1]

在戈尔巴乔夫时期,政府试图依靠和积极聘请改革派、学术智囊团中间派成员。20世纪90年代,第一批独立的经济智库建立起来,其中比较突出的有经济政策研究所,后改名为"盖达尔研究所",现在仍然发挥着作用。[2] 这一时期智库发展的特点为:一、涉及学术领域外的新智库,二、智库领导者大多为高级政府官员或他们的顶级顾问。这些智库在叶利钦时期得到继续发展,但后来因为经济和"颜色革命"等问题,许多智库都消亡了,只有一些亲政府的存活下来。[3] 苏联解体之后,大量西方资本涌入建立了许多智库。例如乔治·索罗斯开放社会基金会、俄罗斯卡内基中心、美国传统基金会。从俄罗斯智库的发展历程来看,正是俄罗斯国家的历史变革决定了当今俄罗斯智库的特点。

3. 俄罗斯智库的类型

第一,按照研究方向可以把俄罗斯智库归纳为政治和外交研究

---

[1] Vladimir B. Yakubovsky, "A Short History of Russian Think Tanks", NIRA Review, Winter, 1995.

[2] Anders Aslund, "Rise and Fall of Russia's Economic Think Tanks", The Moscow Times, Dec. 19, 2012.

[3] 欧阳向英:《俄罗斯主要智库及发展情况》,《对外传播》2010年第5期,第56—57页。

智库、经济研究智库、社会问题研究智库等。在政治和外交研究方面杰出的智库有俄罗斯战略研究所、卡内基莫斯科中心、外交与国防政策委员会、政治与军事分析研究所、俄罗斯公共政策研究所；在经济研究方向的代表智库有现代发展研究所、转型经济研究所、经济专家小组、中软研究所、全俄罗斯市场研究所；社会研究方面的代表智库有全俄民意研究中心、信息社会研究所。

第二，按照智库资金来源可以把俄罗斯智库归纳为政府出资的智库、资金独立的国内民间智库和海外基金会支持的智库等。政府出资的智库包含了由政府部门直属的智库、俄罗斯科学院系统的智库和依附于大学的智库。由政府直属的智库代表是俄罗斯战略研究所。它根据1992年2月29日的联邦总统令成立，是"在保障国家安全和国家战略利益方面负责想俄罗斯联邦国家权利上层机关提供情报分析保障的国家科研机构"。尽管对战略所的隶属关系未做明确规定，但实际上它直接服务于安全会议与总统办公厅。俄罗斯科学院是一个自治的非营利组织（机构），具有官方地位。它的资金大部分来源于政府财政预算拨款。它包括的智库主要有：世界经济与国际关系研究所、世界经济与政治研究所、美国加拿大研究所、欧洲研究所、远东研究所、非洲近东研究所、东方学研究所、斯拉夫研究所等。依附于大学的智库为国家预算组成机构或者国家预算单位或者国立教育机构。例如：莫斯科国际关系学院是俄罗斯外交部创办的，为国家预算单位。类似的智库还有：莫斯科大学国际政治系、外交学院、莫斯科人民友谊大学等。

资金独立的国内民间智库。独立的信息中心最早形成于1980年代末。这类智库的资金来源各异：约稿、经济合同、赞助和资助等。

代表的智库有：国家安全与战略研究所、外交与国防政策委员会、教育政策研究中心等。

海外基金会支持的智库。在20世纪90年代后期众多的国际研究机构相继登陆俄罗斯，如莫斯科卡内基中心、东西方研究所、美国传统基金会等活跃在俄罗斯内政外交分析研究领域，这些机构基本上都由西方予以资助。在其旗下工作的相当一部分俄罗斯研究人员分别来自不同的研究领域，具有十分强大的分析研究能力，在这些境外机构中他们有机会发表各自不同的看法，从不同的角度去分析俄罗斯的内外政策，与政府部门构成了十分有效的学术交流平台。

第三，按照对外智库的隶属关系可以把俄罗斯智库归纳为官方对外政策智库、科学院系统对外政策智库、独立对外智库和国际智库驻俄机构等。苏联解体后，直接隶属于总统以及各对外政策官僚部门的对外政策智库，或在继承传统衣钵的基础上改头换面、或在新的基础上建立起来。在这些智库中，最引人注目的是俄罗斯战略研究所。俄罗斯战略研究所有"俄罗斯的兰德公司之称"，它在学术机构、外交部门、强力部门的专家和政治领导人的参与下，对国家俄安全战略问题进行形势分析，主要研究国家安全保障经济进程问题，还负责对相应的国家和地区危机局势进行分析与预测。战略所在对俄罗斯国家安全的分析与评估方面积累了大量经验，其研究成果以科研报告、专家评估等形式提供给总统办公厅，以及安全会议、联邦政府办公厅、执行权力部委、联邦委员会以及国家杜马的相应委员会。尽管战略研究所成立的时间不长，但"其在对外政策决策系统中的地位及其所从事问题的重要性使其成为俄罗斯重要的对外政策智库之一"。

目前，俄罗斯科学院系统的对外政策智库主要包括：世界经济与国际关系研究所、世界经济与政治研究所、美国和加拿大研究所、欧洲研究所、远东研究所、东方学研究所、非洲近东研究所、远东研究所、斯拉夫研究所、社会政治研究所、民族与人类学研究所、社会科学信息研究所、世界历史研究所和俄罗斯历史研究所等等。它们除公开发表研究成果外，还向总统机构、政府部门、联邦会议两院相关委员会和其他国家机构提供研究分析材料与决策咨询。

近年来，在科学院系统的对外政策智库中发生的一个引人注目的现象就是：一些院所之间以及其与商业团体和大众传媒在协作的基础上组建了新的对外政策智囊机构（如由世界经济与国际关系研究所联合科学院固体物理研究所、科学院国际地震预测理论与地球物理研究所、莫斯科国际关系学院以及其他社会和商业机构创立的国家安全与战略研究所）。这些机构尽管规模不大，但它们凭借综合性的资源优势以及与政界、学术界和大众传媒的广泛联系，在对外政策决策中发挥着不小的作用。

近十年来，俄罗斯国际关系学界一个全新的现象是：对外政策独立智囊机构的广泛出现与迅速发展，其中最具影响力的是外交与国防政策委员会。外交与国防政策委员会成立于1992年2月，是由著名政治家、企业家、国家公务人员强力部门与军工综合体代表、大众传媒人士与学术界专家组成的非政府联合体。委员会的宗旨是"促进俄罗斯国家发展战略构想、外交与国防政策的制定与实施"。自成立以来，该委员会起草并发表了一系列有关俄罗斯国家利益、国家安全和国家发展战略的重要研究报告。《俄罗斯战略》《俄罗斯战略—2》《俄罗斯战略—3》《俄罗斯战略：总统的议事日程—

2000》《冷战后的俄美战略利益：新的议事日程》和《恢复联盟吗？后苏联空间的未来》等不仅在社会各界引起广泛反响，而且还引起了国家最高决策层的高度重视。在近年来俄罗斯发表的官方文件以及实际的政策调整当中，都不难发现这些研究报告所提意见的痕迹。特别是1992年的《俄罗斯战略》，第一次在俄罗斯国内提出统一的经济、外交与国防战略构想，仅此一点，就使外交与国防政策委员会"成为俄罗斯非政府分析中心中工人的权威之一"。外交与国防政策委员会成员均是俄罗斯社会各界的精英，其人员组成的广泛性和权威性使其在俄罗斯国内享有很高的声誉，在对外政策决策中发挥着不可忽视的作用。这些社会精英"希望达成政治妥协的愿望以及未来在俄罗斯不同政治阶层中形成对外政策共识的可能性，成为建立一个有效的对外政策决策机制的重要条件"。

近年来，一些世界著名的国际问题研究机构，如卡内基国际和平基金会、东西方研究所、美国传统基金会等也纷纷在俄罗斯设立代表处或研究中心。其中，活动最为活跃、影响最大的就是莫斯科卡内基中心。该中心成立于1993年10月，其宗旨是"促进俄罗斯等苏联国家乃至世界其他国家学者与政治家的智力合作；从事有关俄罗斯内政、经济、国际关系等广泛问题的独立性分析；为讨论俄罗斯、欧亚发展以及国际安全的迫切问题提供自由论坛"。莫斯科卡内基中心目前主要从事苏联国家的转轨经济、俄罗斯内政与政治体制、俄美关系、核不扩散、移民问题等项目的研究。出版有关俄罗斯外交与内政问题的《赞同还是反对》，有关核武器、生化武器以及军事改革问题的《核扩散》以及《苏联的核遗产》《俄罗斯政治简报》等刊物。该中心每年还出版几十部专著、论文集。此外，莫斯科卡内基中心还经常举办各种形式的学术会议、研讨会和讲座。这些活动吸引着俄罗斯政界、军界、财界、外交界、学术界的精英参加，并就俄罗斯内政外交的重要问题交换意见。尽管表面上该中心与俄对外政策决策机构没有直接联系，但作为俄罗斯政界与外交界精英任务聚会与交流的一个重要场所，卡内基中心无疑对俄罗斯外交决策发挥着一定的幕后影响。

二、关于俄罗斯智库和俄罗斯金砖智库的研究综述

中国对智库的研究始于20世纪70年代，从研究美国智库开始了对智库的探索。然而，对俄罗斯智库的研究只有一本由中国现代国际关系研究院俄罗斯研究所编著的《俄罗斯外交思想库》。书中，编者详细地介绍了俄罗斯智库的分类与活动、智库的功能及其影响外交决策的方式；还详尽地说明了俄罗斯的外交智库和智囊的研究方向和思想主张。[1] 除此之外，还有少数关于俄罗斯智库的期刊文章。上海社会科学院欧亚所副研究员张建荣发表的《纵谈俄罗斯智库》[2] 中将俄罗斯智库划分为四大系统：政府系统、科学院系统、独立系统、海外基金会系统。前两者脱胎于前苏联，后两者始于俄罗斯独立后。文中谈到，苏联解体后出现一批研究中心，这些中心的领导为前政府要员，其建议或报告为政府当局当作重要参考。如盖达尔领导的过渡经济研究所、亚夫林斯的经济与政治研究中心、

---

[1] 中国现代国际关系研究所编：《俄罗斯外交思想库》，时事出版社2005年版，第1—12页。

[2] 张健荣：《纵谈俄罗斯智库》，《社会观察》2006年第8期，第13—14页。

以戈尔巴乔夫为名的戈尔巴乔夫基金会等。中国外文局对外传播研究中心副议审欧阳向英发表了《俄罗斯主要智库及发展情况》。文中介绍了俄罗斯智库的历史流变，提到早在彼得一世时，智库作为科学院便已经出现了，沙皇俄国时智库大量存在，直到苏联解体后，公共智囊团才出现。笔者在搜索文献过程中发现，关于俄罗斯智库研究的文章很少，并且作者都系政府工作部门，这表明在这一领域的研究还不广泛，并且目前还没有文献表明既有的研究已经深入到了金砖国家的领域。[①]

相比较国内，国外关于俄罗斯智库研究的文献就有很多了。其中，研究俄罗斯智库发展历程的的有马来娜·拉鲁尔（Marlène Laruelle）写的《克里姆林宫黑匣子的里里外外：俄罗斯新民族主义智库》[②]，这本书介绍了俄罗斯智库结构的简要框架以及俄罗斯智库从政府机构到爱国俱乐部扩展的历史过程。在2003年，芬兰国际事务研究所作出的《俄罗斯对外政策智库2002年报告》[③]中用大量的数据说明了国家对智库建设的投入减少，使得外国资金涌入智库建设领域，促成了如卡内基和平基金会名下的卡内基莫斯科中心的外来资金支持的智库的形成。安德斯·阿斯隆德（Anders Aslund）在2012年发表的一篇文章《俄罗斯经济智库的起起落落》[④]中讲述了

[①] 欧阳向英：《俄罗斯主要智库及其发展情况》，《对外传播》2010年第5期，第56—57页。

[②] Laruelle M., "Inside and Around the Kremlin's Black Box: the New Nationalist Think Tanks in Russia", Stockholm Papers, October, 2009.

[③] Katri K K, Pynnöniemi Atri, "Pynnöniemi Atri Pynnöniemi", Russian Foreign Policy Think Tanks in 2002, polis, 2003.

[④] Anders Aslund, "Rise and Fall of Russia's Economic Think Tanks", The Moscow Time, 2012.

从苏联时期到现在俄罗斯经济智库发展的过程。20世纪90年代是俄罗斯经济智库建立和不断发展的时期，大多数由外来资金建立。从2000年到2003年，俄罗斯寡头用大量资金扶持非政府组织，经济智库因此得到迅速蓬勃发展，来到历史上的颠峰时期，成为仅次于美国的世界最好经济智库。但这之后，从2003年到目前，俄罗斯经济智库面临了三次打击，现在正在经历第四次。在分析智库作用方面，由埃琳娜·彭斯卡亚写的《智库和俄罗斯当局的关系："思想市场"的隐喻》[1]，作者借用了经济学中的"思想市场"的观念，认为开放的思想交流才能达到民主自由。文中分析了智库的研究成果与决策制定间不对称的原因：1. 关于社会和政治环境的研究太少；2. 专家们将自身定位为意识形态宣传的工具；3. 俄罗斯当下的不明朗的战略增加了智库在发表政策意见时不得不面对的前途的不确定性。卢久德（Kyug Deok Roh）的博士论文《斯大林的智库：瓦尔加研究所和斯大林世界经济与政治思想的形成（1927－1953）》[2] 一方面分析了斯大林时期瓦尔加研究所的秘密文件，这些研究文件主要关于资本主义世界的经济危机，在当时为政策制定提供了重要参考，另一方面将瓦尔加研究所作为例子分析了学术机构在决策制定中扮演的角色并且得出"当时的学术机构是在斯大林的庇护下发展，与斯大林以及他的政党不分你我"的结论。

但是从笔者所搜集到的资料来看，对俄罗斯智库和金砖国家两

---

[1] Elena N. Penskaya, "'Marketplace of Ideas' as Metaphor of Asymmetry in Relations between Think Tanks and the Russian Authority", Form and Symmetry: Art and Science, Buenos Aires Congress, 2007, http://www.mi.sanu.ac.rs﹥vismath﹥sym80.

[2] Roh K D., "Stalin's Economic Advisors: The Varga Institute and the Making of Soviet Foreign Policy", 2018.

个领域交叉范围的研究几乎没有，因此对这一领域的深入探究势在必行。

三、研究材料和方法说明

从研究方法来说，对于智库的定义，多可以采取比较研究法和层次分析法，其中比较研究法是开展智库定义研究的一个好方法。具体来说，就是在定义智库时进行三个层面的比较：第一，是将一国智库与其他国家的智库进行比较，发现其中的异同，总结关于智库定义的普遍性和特殊性。实际上，已有一些智库成果致力于智库的国别比较，如詹姆斯·麦甘、黛安·斯通（Diane Stone）等人着召集的国际智库研讨会，汇集多国的智库研究专家，进行交流与讨论，最后出版的论文集，就有关于各个国家智库的比较分析。第二，是在某个国家内部，将智库与其他国家相似机构比较。如通过是否从事政策相关的研究，可以将智库与利益集团、学会协会等组织区分开来；通过是否以影响政府的政策选择为目标，可以将智库与慈善团体、基金会区分开来；通过是否属于盈利性组织，可以将智库与咨询公司区分开来；通过是否属于独立机构，可以将智库与个人行为的智囊区分开来。第三，可以将不同类型的智库，如完全独立自主的、依附于政府的、半依附于政府的、附属于大学的、附属于政党的等各类智库进行比较，这其实也是对智库的一种分类。

第二节　俄罗斯的金砖国家研究智库概况

一、俄罗斯的金砖国家研究智库

1. 俄罗斯科学院

俄罗斯科学院是彼得一世根据参议院法案于1724年在圣彼得堡成立。1917年，圣彼得堡帝国科学院根据科学家大会的决定，正式将其更名为俄罗斯科学院。俄国十月革命胜利后，科学院成为国家科学组织，并1925年更名为苏联科学院。1991年苏联解体，苏联科学院将其重新更名为俄罗斯科学院。俄罗斯科学院是俄罗斯联邦的最高学术机构，是全国自然科学和社会科学基础研究的中心，在苏联时期，拥有全苏联最著名的科学家，属苏联部长会议直接领导，负责协调全国科学活动，以便按照国家计委编制的国民经济发展计划要求，确定国家科学研究的总方向。同时，全面指导各加盟共和国科学院、高等院校和国家其他研究单位重大自然科学和社会科学的研究工作。

俄罗斯科学院是国家科学院，是在俄罗斯联邦对科学研究进行科学管理和开展科学研究的科学组织，是一个法人实体——以联邦形式创建的非盈利组织。俄罗斯科学院科研经费的来源包括：从联邦预算中获得的补贴、从公共和私人基金会收到的资金、学院根据俄罗斯联邦立法和本章程开展的创收活动获得的资金，包括与俄罗斯联邦和其他国家的法人实体和个人签订有偿民法合同，州和市政合同、因使用学院财产和财产权而收到的资金、自愿性现金和其他捐助，法人和个人（包括外国）的捐赠，法人和个人（包括外国）的赠款，以及在其领土上获得赠款权的国际组织的赠款、从俄罗斯联邦法律未禁止的其他来源收到的资金。① 俄罗斯政府拨款采用年度预算拨款制度，俄议会根据全国整体经费情况确定俄罗斯科学院科研预算经费比例。俄科院各研究所按照其所需经费于前一年向所在学部提出第二年经费预算申请报告，该预算申请报告包括研究所人员总数及工资总额，院士、教授、博士、副博士和其他人员工资等级与工资挂钩，数额明确，科研经费数额、科研仪器经费以及研究所日常开办费等，科学院主席团根据政府拨款总经费核定各学部的经费申请，并通过科学院财经局按比例下拨各研究所，各科目需按其预算草案严格执行下拨经费，没有使用下拨经费的自主权和机动权。

俄罗斯科学院开展活动的主要目标是发展基础科学研究和探索性研究，旨在获得关于自然、社会、人类发展规律的新知识，并为俄罗斯的技术、经济、社会和精神发展做出贡献；为国家机关和组织的活动提供专家科学支持；协助俄罗斯联邦的科学发展；传播科学知识，提高科学的声望；加强科学与教育之间的联系；协助提高科学工作者的地位和社会保护。学院活动的主题是确保在自然、技术、医学、农业、社会和人道主义科学等最重要领域进行的基础科学研究和探索性研究的连续性和协调性，为科学活动提供专家科学支持以及为当局政府、科学组织、高等教育机构的科学技术活动提

---

① 俄罗斯科学院官网，http：//www.ras.ru/about/rascharter/finances.aspx。（上网时间：2021年8月12日）

供科学的方法指导。

俄罗斯科学院的主要任务是：制定和实施国家科技政策的建议；从事由联邦预算资助的基础科学研究和探索性研究，长期参与俄罗斯联邦基础科学研究计划的制定和批准；科技计划和项目的审查（将科学技术计划和项目送交学院进行审查的要求以及提交此类审查的程序由俄罗斯联邦政府制定）；向国家机关和组织提供科学和咨询服务，执行专家职能；对世界和俄罗斯科学成就的研究和分析，为俄罗斯联邦的利益提出有益建议；加强与科学和（或）科学技术活动主体的科学联系和互动；拟定旨在发展科学的物质基础和社会基础，提高科教融合程度，有效发挥基础科学的创新潜力，加强对科学家的社会保护的提案；科学、科学知识、科技成果的普及和宣传等。

俄罗斯科学院是俄罗斯联邦的最高科学机构，学院的结构包括学院的区域分支机构、学院的区域科学中心和学院的代表处，13个分支机构（按科学领域和领域）和3个地区分支机构。科学院设有科学理事会、委员会、委员会，其组织方式由俄罗斯科学院主席团设立。主席团包括：世界海洋研究国际科学委员会全国委员会、太平洋科学协会全国委员会、联合国教科文组织人与生物圈计划俄罗斯全国委员会、俄罗斯帕格沃什委员会、系统分析委员会。俄罗斯科学院主席团在最重要的科学研究问题领域设有以下科学委员会：空间委员会、世界海洋问题科学理事会、北极和南极研究科学委员会、关于复杂问题"水物理学"的科学委员会、复杂问题科学委员会"海洋研究的放射物理方法"、关于"协调时间和导航支持"问题的科学委员会、科学委员会"世界文化史"。科学委员会（委员会）的任务包括分析相关科学领域的研究状况，参与协调开展科学研究的各大机构、组织及部门之间的隶属关系。为了解决需要多个部门共同努力的重大问题，学院和相关部门共同成立了跨部门理事会，其中包括俄罗斯科学院和俄罗斯原子能公司放射化学部际委员会、俄罗斯科学院跨部门协调委员会"欧亚大陆的跨国发展"和俄罗斯科学院农业工业综合体研究部门间协调委员会。此外，主席团设有职能委员会，包括科学出版委员会、计量支持和标准化科学委员会、俄罗斯科学院宪章委员会、青年事务委员会、反伪科学委员会、联邦国家教育标准和中小学教育文献科学内容分析和评估专家委员会等。同时，俄罗斯科学院也一直与各科学学会保持着密切的联系，例如1817年创建的矿物学会、1845年创建的俄罗斯地理学会、全俄古生物学会等。这些学会在俄罗斯各地区设有分支机构，在最重要的科学分支发展科学研究，协调科学家和从业者参与解决基础和应用问题，普及和传播有关最新科技成果的知识，制作视频和电影、出版杂志、专题合集等作品，为俄罗斯各地区科学中心的科学和文化发展做出了重要贡献。

2. 莫斯科国际关系学院

莫斯科国际关系学院是于1944年10月14日在莫斯科大学国际关系系的基础上建立的。该学院最初只有三个系：国际系、经济系和法律系。1954年学院与莫斯科东方语言学院合并后开设了东方语言教研室。莫斯科国际关系学院是俄罗斯培养国际领域专家的专业教育机构。1958年，苏联对外贸易学院并入莫斯科国际关系学院，从而使经济系得到扩充，培养对外贸易和对外经济活动人才的能力得以加强。1959 年，国际系增加西方和东方教研室，并更名为国际关系系；经济系增加了商贸教研室、外汇贷款关系和国际交通运输教研室，此外还设立了国际经济系夜校，1969 年创建了国际法系和国际新闻系。1991 年开设了国际贸易和实业行政管理系，1998 年创建了政治理论系。

莫斯科国际关系学院目前一共有 16 个院系部门，分别是：国际关系学院、国际法学院、国际经济关系学院、国际新闻学院、国际工商管理学院、应用经济与商业学院、治理与政治学院、国际能源政策与外交研究所、语言学与跨文化交流学院、金融经济学院、欧洲研究所、国际关系与管理学院（政府与国际事务学院）、大学预科培训学院、商学院和国际能力学院、军事训练中心、经济与反垄断监管司，各学院内又设有不同系部。值得一提的是国际关系学院下的国际关系和俄罗斯外交政策系，是一个综合性的教育和科学中心，研究历史问题和国际关系的发展。俄罗斯国防部和军事事务部是莫斯科国际关系学院历史最悠久的分析部门之一，它的历史可以追溯到 1944 年。该系保留了从莫斯科大学的第一批教授和教师以及经常参与教学和科学工作的外交部员工那里继承的传统。俄罗斯国防部和军事事务部几十年来的科学和教育活动确定了国际关系学院工作的主要方向。

莫斯科国际关系学院在 2021 年科学研究的优先领域为国际关系、安全、政治，以及国际创新关系；国际能源研究；国际经济研究；国际金融研究；社会发展与国际关系法；高等教育的学术发展；商业、专业和学术交流；公共政策的新趋势：网络通信中的权力和社会转型；社会科学大数据分析；生态学的全球挑战及其对现代社会和国际关系的影响；作为国际关系因素的宗教和新意识形态；大众媒体和社交网络；在信息社会/大众媒体和社交网络中操纵公众意识的问题；州、市政和公司治理；文化在当代国际关系中的作用等。莫斯科国际关系学院经常以条约和协议的形式与美国、法国、德国、英国、日本、中国等其他许多国家建立学术联系，通过互换讲师、进修生、大学生，共同举办研讨会、学术讨论会等方式进行深入学术研究交流。

3. 莫斯科卡内基中心

卡内基莫斯科中心成立于1994年，现已成为有关俄罗斯和苏联国家的最权威的分析信息来源之一。该中心的研究涵盖广泛的问题：外交政策议程、安全问题、国内政治、经济、社会发展趋势。专家遵循科学方法和客观分析的原则，他们不仅对当地的具体情况有深入的了解，而且还以全球视角看待问题，提出现实而有效的建议。

早在2011年莫斯科卡内基中心就对当时的金砖四国展开研究，指出与外部问题相比，金砖四国内部的矛盾很小，这使得这些国家之间的关系有可能在未来成功发展。2011年《在金砖四国——后危机时代的新机遇?》一文中莫斯科卡内基中心分别从金砖四国概念的初始结构、改变金砖四国的概念、金砖四国内部三个层面展开分析：[1]

（1）金砖四国概念的初始结构。2001年，美国高盛公司首次提出BRIC概念，用巴西、俄罗斯、印度、中国四个新兴市场国家英文名称首字母组成编写词。高盛称，在不久的将来，金砖四国在全球

---

[1] 莫斯科卡内基中心：《金砖四国——后危机时代的新机遇?》，https：//carnegie.ru/2011/03/24/ru-event-3215。（上网时间：2021年3月3日）

经济中的作用将会增加，七国集团（世界上最富裕的国家）将失去经济领导地位。

（2）改变金砖四国的概念。自2008年全球金融危机爆发以来，有关金砖四国的话语开始在媒体活跃起来。金融危机前，俄罗斯和巴西专家使用"金砖四国"一词，没有重大的语义变化或对该词有特别的解释。然而，在危机之后，来自俄罗斯和巴西的专家开始将金砖四国视为一组能够影响全球金融体系决策的国家。现在，金砖四国被认为是"多极世界秩序"的中心之一。印度专家探讨的主要问题是印度应该如何履行其新职责。正如莫斯科国际关系学院研究员考克缇什（K. Kotsysh）指出的那样，金砖四国的概念使印度的孤立主义合法化：对于印度而言，金砖四国作为一个政治实体很有意思，印度扮演着"明天的领导者"的角色，能够独立应对外部环境的变化，通过开拓国内市场来抵消外部困难。在金融危机前，只有经济专家在中国谈到金砖四国的概念，但在危机之后，考克缇什认为，"金砖四国"一词在中国具有全新的含义，这与高盛分析师的原意无关。

（3）金砖四国内部。谈到金砖四国之间可能发生的冲突，莫斯科国际关系学院研究员谢尔盖耶夫（K. Sergeev）指出：与外部问题相比，金砖国家内部的矛盾很小。这使得这些国家之间的关系有可能在未来成功发展。①

---

① 莫斯科卡内基中心，《金砖四国——后危机时代的新机遇？》，https：//carnegie.ru/2011/03/24/ru-event-3215。（上网时间：2021年3月3日）

4. 金砖国家大学联盟

包括俄罗斯高等经济大学在内的一批中国和俄罗斯高等教育机构已经开始建立金砖国家大学联盟。该联盟旨在成为学术和专家合作，比较研究和国际教育项目的平台。创建联盟的倡议于2013年7月6日在上海签署。在俄罗斯方面，该倡议得到了莫斯科国际关系学院，乌拉尔联邦大学和远东联邦大学的支持。中国的大学由复旦大学、清华大学、华东师范大学、四川大学和浙江师范大学代表。大学联盟还汇集了圣彼得堡国立大学的代表以及来自印度、巴西和南非的一流大学。

5. 文明对话研究所

俄罗斯文明对话研究所是一个研究和制定解决国际社会面临的关键挑战的智库。它的愿景植根于这样一种理解，即开放、相互尊重和公平的对话是不同文明之间有效合作和建立伙伴关系的基本前提。文明对话研究所提供了一个独立的平台，使世界各地的人们能够通过对话为国家、国际政策制定者和机构提供适用的分析与实用的解决方案。举办的活动包括发布分析报告、组织圆桌会议和会议，以及由知名学者和行业专家组成的国际网络从提供专家评论和分析。文明对话研究所侧重于三个主要领域：一是文化与文明，旨在促进各国人民、文化和文明之间的理解与合作；二是经济，主要研究适用于所有人的包容性、创新性和公正的发展模式；三是全球治理与地缘政治，主要是为国际行为者制定政策建议并探索新的外交途径。

文明对话研究所对金砖国家的跟踪研究较为丰富，但以英文文献居多，以下列举该研究所在官方网站上公布的主要研究文献名录（英文）①：

（1）以金砖国家为主题的主要研究：《金砖国家：建立新的国际金融秩序？》（The BRICS: Building A New International Financial Order?）、《金砖国家发展战略的基石：概述未来世界》（Cornerstones of the BRICS Development Strategy: Outlining the World of the Future）、《金砖国家：多边主义的另一个平台？》（BRICS: An Alternative Platform for Multilateralism?）、《数字时代的金砖四国媒体系统？》（BRICS Media Systems in a Digital Age）、《金砖国家的经验教训：印度和中国推动太阳能外交》（Lessons from the BRICS: India and China Push Solar Diplomacy）、《文明对话研究所计划在开普敦大学共同主办金砖国家研讨会》（DOC Research Institute Plans to Co-Host BRICS Symposium at the University of Cape Town）等。

（2）与金砖国家相关的主要研究：《数字化与全球文明对话》（Digitalization and a Global Dialogue of Civilizations）、《印度处于"亚洲世纪"：像霸权一样思考？》（India in the "Asian Century": Thinking Like a Hegemon?）、《丝绸秩序：一种哲学观点》（The Silk Order: A Philosophical Perspective）、《超越僵局》（Beyond The Impasse）、《世界会有秩序吗？》（Will There Be Order in the World?）、《G20的有争议未来》（The G20's Contested Future）、《阿拉伯世界和全球化：批评性言论》（The Arab World

---

① 文明对话研究所官方网站，https://doc-research.org/language/ru/。（上网时间：2021年3月3日）

and Globalization: Critical Remarks)、《养老金：二十世纪最大的社会收益风险》(Pensions: Risking the twentieth Century's Biggest Social Gain)、《和平共处：发展模范欧非关系》(Living Together in Peace: Developing Exemplary Euro-African Relationships) 等。

二、金砖国家智库合作理事会——俄罗斯金砖国家研究国家委员会

1. 委员会的成立

俄罗斯金砖国家研究国家委员会是为落实三亚（中国）金砖国家峰会达成的协议，在时任总统梅德韦杰夫的指示下于2011年5月建立的研究金砖国家及贯彻金砖国家组织峰会政策的智库机构。它是"俄罗斯世界"基金会下辖的一个机构，领导人是基金会的执行总裁和董事会成员。委员会研究的焦点是金砖国家的角色及地位和在经济和政治领域的新兴力量。该委员会是一个金砖国家研究的信息库，帮助协调和领导相关研究机构及专家在金砖国家研究领域的工作。[1]

2. 组织结构

俄罗斯金砖国家研究国家委员会的创始机构包括：俄罗斯科学院和俄罗斯世界基金会。[2] 俄罗斯联邦国家科学院是该国最大的基础

---

[1] 俄罗斯金砖国家研究国家委员会，"委员会结构"，http://nkibrics.ru/pages/commitee-structure。（上网时间：2021年7月25日）
[2] 俄罗斯金砖国家研究国家委员会，"委员会结构"，http://nkibrics.ru/pages/commitee-structure。（上网时间：2021年7月25日）

研究中心。① 俄罗斯世界基金会是由俄罗斯总统普京于 2007 年 6 月 21 日颁布法令设立的。该基金会的目标是普及俄语，俄语是俄罗斯的国宝，是俄罗斯和世界文化的重要组成部分，俄罗斯世界基金会也是俄罗斯联邦外交政策人道主义方面的专家支持团队。②

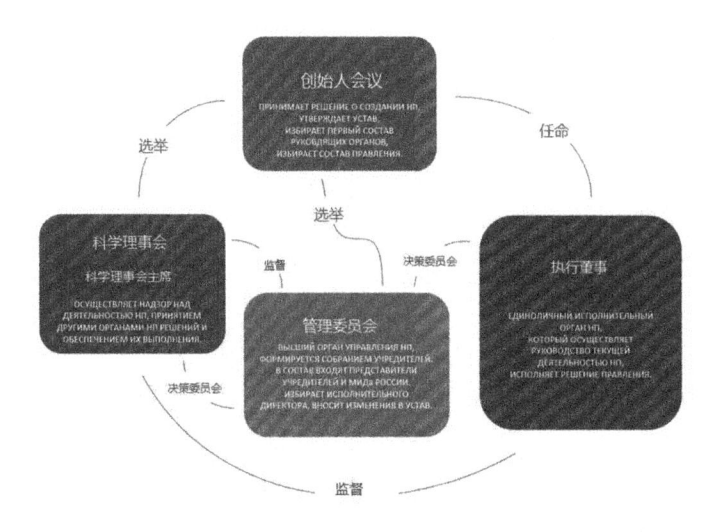

图 3 - 1　委员会结构图

资料来源：俄罗斯金砖国家研究国家委员会官网：http://nkibrics.ru。

3. 委员会成员

表 3 - 1　科学理事会

成员	简介
达维多夫·弗拉基米尔·米哈伊洛维奇（ДАВЫДОВ Владимир Михайлович）	金砖国家科学理事会主席团主席、拉丁美洲研究所所长

---

① 俄罗斯科学院，http://www.ras.ru/about.aspx。（上网时间：2021 年 7 月 25 日）
② 俄罗斯基金会，http://www.russkiymir.ru/fund/。（上网时间：2021 年 7 月 25 日）

续表

成员	简介
格林伯格·罗斯兰·塞米诺维奇 （ГРИНБЕРГ Руслан Семенович）	俄罗斯科学院经济研究所科学主任
拉布科夫·谢尔盖·阿列克谢耶维奇 （РЯБКОВ Сергей Алексеевич）	俄罗斯联邦外交部副部长
巴扎诺夫·叶夫根尼·彼得罗夫维奇 （БАЖАНОВ Евгений Петрович）	俄罗斯外交部外交学院院长
托尔库诺夫·阿纳托利·瓦西里耶维奇 （ТОРКУНОВ Анатолий Васильевич）	特命全权大使、俄罗斯联邦外交部莫斯科立国际关系学院（大学）校长、俄罗斯科学院院士、《莫斯科国际关系学院学报》主编
尼古拉·瓦切斯拉夫·阿列克谢耶维奇 （НИКОНОВ Вячеслав Алексеевич）	俄罗斯金砖国家研究国家委员会董事会主席、俄罗斯世界基金会董事会主席、俄罗斯联邦国家杜马教育和科学委员会主席、莫斯科国立大学公共管理系主任、政治基金会主席
伊戈尔·弗拉基米罗维奇 （МОРГУЛОВ Игорь Владимирович）	俄罗斯联邦外交部副部长、特命全权大使
戴金·亚历山大·亚历山德罗维奇 （ДЫНКИН Александр Александрович）	俄罗斯科学院院士、俄罗斯外交事务委员会科学委员会主席

资料来源：俄罗斯金砖国家研究国家委员会，http://nkibrics.ru。

表3-2 金砖国家董事会

董事会主席	简介
尼古拉·瓦切斯拉夫·阿列克谢耶维奇 （НИКОНОВ Вячеслав Алексеевич）	俄罗斯金砖国家研究国家委员会董事会主席、俄罗斯世界基金会董事会主席、俄罗斯联邦国家杜马教育和科学委员会主席、莫斯科国立大学公共管理系主任、政治基金会主席

续表

董事会主席	简介
董事会成员	
托洛里亚·乔治·达维多维奇（ТОЛОРАЯ Георгий Давидович）	俄罗斯金砖国家研究国家委员会执行董事、俄罗斯世界基金会设计与分析部主任、俄罗斯科学院经济研究所亚洲俄罗斯战略中心主任、莫斯科国立外交学院东方研究系教授、外交部特命全权代表特使
格里戈里耶夫·列奥尼达·马尔科维奇（ГРИГОРЬЕВ Леонид Маркович）	俄罗斯联邦政府分析中心主任、高级经济学院正教授
达维多夫·弗拉基米尔·米哈伊罗维奇（ДАВЫДОВ Владимир Михайлович）	俄罗斯金砖国家研究国家委员会会科学理事会主席团主席、俄罗斯科学院拉丁美洲研究所所长、俄罗斯科学院通讯会员

资料来源：俄罗斯金砖国家研究国家委员会，"委员会结构"，http：//nkibrics. ru/pages/committee – structure。

表3–3 机构设置

	成员		成员
执行董事	托洛里亚·乔治·达维多维奇（Толорая Георгий Давидович）	专家分析师	图尔贾尼特萨·达莉亚·安德鲁娜（Туряница Дарья Андреевна）
方案主任	维亚佐夫·斯卡亚纳·阿纳托利耶夫娜（Вязовская Льяна Анатольевна）	专家分析师	瓦西连科·波利娜·伊戈韦列娜（Василенко Полина Игоревна）
行政主任	阿法纳西瓦·斯维特拉娜·亚历山大罗娜（Афанасева Светлана Александровна）	分析师	叶夫提克维奇·纳塔莉亚·瑟吉耶夫娜（Евтихевич Наталья Сергеевна）俄罗斯金砖国家研究国家委员会公报编辑组负责人、俄罗斯外交事务委员会项目主任
顾问	戈尔巴乔夫·瓦莱里娅·奥勒克里娜（Горбачева Валерия Олеговна）		

资料来源：俄罗斯金砖国家研究国家委员会，"委员会结构"，http：//nkibrics. ru/pages/committee – structure。

表3-4 合作伙伴

俄罗斯	
俄罗斯联邦外交部（Министерство иностранных дел Российской Федерации）	俄罗斯联邦外交部是俄罗斯联邦的联邦执行机构，负责在俄罗斯联邦与外国和国际组织的关系领域行使国家行政管理。官方网站：http://www.mid.ru/ru/home
俄罗斯世界基金会（Фонд Русский мир）	俄罗斯世界基金会于2007年6月21日根据俄罗斯联邦总统普京的法令成立。该基金会的目标是普及俄语，俄语是俄罗斯的国宝，是俄罗斯和世界文化的重要组成部分，该基金会也是俄罗斯联邦外交政策人道主义方面的专家支持团队。官方网站：http://russkiymir.ru/
俄罗斯科学院（Российская Академия Наук）	俄罗斯科学院是俄罗斯联邦的国家科学院，是该国最大的基础研究中心。官方网站：http://www.ras.ru
民事金砖国家（Гражданский БРИКС）	民事金砖国家是一个创新的政治进程，该进程首先在2015年的俄罗斯金砖国家峰会上实施。民事金砖国家的主要目标是确保不仅金砖国家成员国民及社会代表之间的建设性对话，而且还要确保他们与决策者一起就重大社会问题即：卫生、教育、文化、发展、城市化、金融等领域的冲突得到解决。官方网站：http://www.civilbrics.ru/gr-brics/

资料来源：俄罗斯金砖国家研究国家委员会，"合作伙伴"，http://www.nkibrics.ru/pages/partners。

4. 委员会活动

俄罗斯金砖国家研究国家委员会会定期或不定期开展一些与金砖国家机制相关的活动，包括与民间社会和青年组织合作；为学生组织比赛和国际实习项目；参与金砖国家专家委员会的工作；支持年轻研究人员并协助培训人员储备；参与有关金砖国家问题的国际组织和活动；专家支持俄罗斯在金砖国家的外交和对外经济政策；形成综合科学和信息空间；出版活动；开展和协调有关金砖国家在世界政治和经济中的作用的研究；在国际专家界推广俄罗斯对金砖国家问题的立场和评估；与金砖国家以及其他国家和国际组织建立专家和政治磋商渠道；支持俄罗斯科学家和科学组织在金砖国家领域的研究工作；与各国协会开展多边和双边研究交流等。

第三节　俄罗斯智库的金砖国家研究

一、俄罗斯金砖国家研究文献的整体分析

近年来，国际形势日趋复杂，国家之间的竞争也变得越来越激烈，俄罗斯所面临的国际国内发展环境异常严峻。经过对国际大环境、来自欧美国家的压力、自身的发展结构、金砖国家的发展潜力等因素的综合考量，俄罗斯将金砖国家视为自己积极参与全球化进程、与西方国家力量抗衡的主要平台之一，进而将金砖国家定位为未来俄罗斯外交战略发展的优先方向之一。尽管俄罗斯已经认识到了金砖国家的重要性，但国内关于金砖国家的研究还十分有限，只有很少一部分学者对这一议题进行了少量研究。在为数不多的研究中，研究内容主要集中于俄罗斯如何更好地参与金砖国家合作以及如何通过金砖国家合作机制这一平台实现本国的外交战略目标。在研究俄罗斯如何更好地参与金砖国家合作的相关文献中，大都研究了俄罗斯与其他金砖国家在经济方面的合作潜力。此外，俄罗斯国内对金砖国家的研究还涉及到了金砖国家对世界秩序的影响、金砖

国家的合作潜力与发展前景、金砖国家合作在俄罗斯外交战略中的定位等方面。

二、俄罗斯金砖研究的专题分析

1. 积极参与全球经济治理

提升参与全球治理的影响力是俄罗斯与金砖合作的根本原因。在贸易领域,加入世界贸易组织是俄罗斯积极参与全球经济治理的体现之一。历经18年艰辛谈判,俄罗斯终于在2012年成功加入世界贸易组织。世贸组织为各成员国间的相互投资和贸易带来更多机会,这也是俄罗斯积极争取加入的主因。但近年来,由美国主导重建的、维护其自身经济霸权的跨太平洋伙伴关系协定和跨大西洋贸易与投资伙伴协议进展较快,对世贸组织的多边贸易机制和框架带来较大冲击,使得俄罗斯与其他金砖国家维护自身利益的形势更加严峻,为此,俄罗斯与其他金砖国家抱团取暖不失为一种良策。在金融领域,倡导国际金融公平、公正、透明的监管,符合俄罗斯参与全球经济治理、维护自身利益的需要。近年来历次经济、金融危机表明,现有的国际金融市场和经济运行监管机制效率低下,存在缺陷。第十任国际货币基金组织总裁多米尼克·施特劳斯—卡恩曾指出,必须对全球经济治理结构进行改革,为了更真实地反映当今国际社会的关切,需要加强对国际金融行业的监管。近年来,俄罗斯对美国主导的国际金融和货币体系的批评从未间断,普京曾在不同场合多次呼吁改革现有的国际金融和货币体系,包括建立新的储备货币体系、加强对证券衍生品的风险控制等,并积极倡导建立全球经济治理机制。

2. 加强金砖国家经济合作

俄罗斯的金砖国家研究智库通过对比分析俄罗斯与其他金砖国家的合作,及其与七国集团等发达经济体的合作,观察俄罗斯在"向东还是向西"问题中的系统压力、自身定位和利益平衡的张力。单是从经济层次上看,相比与七国集团国家的合作,俄罗斯与金砖国家的合作具有更大的发展空间和潜力。国际处境是俄罗斯制定对外战略的重要依据,结合国际环境影响作出对外决策的过程,也是一个对全球系统环境适应与学习的过程。在学习和适应系统环境的同时,也离不开对自身国情的充分了解。只有结合国情和世情,这个适应和学习的过程才能够做到"持两端而守中庸",防止对外决策远离国内真实需要,或是不了解外部环境就轻率作出对外决策,这就需要充分认识个体国家对外部环境具有的敏感性和脆弱性。俄罗斯作为一个资源型大国,需要为其国内丰富的石油、天然气、矿产等资源寻求国际市场,而金砖国家中的中国恰好有购买意愿和能力,两国能够在金砖国家合作机制的基础上实现战略资源对接。但同时我们也应该认识到俄罗斯资源丰富,经济发展严重依赖自然资源,超过1/4的国内生产总值是通过原材料或者初级加工产品在世界市场上换来的。从俄罗斯的出口构成来看,2014年上半年其出口到独联体以外国家的商品构成中,燃料动力依然是最主要的出口品,占出口的73.0%,其中主要为石油、天然气和其他矿产品。由此可以看出，俄罗斯的出口结构依然是资源依赖型的。经济的原材料导向是俄罗斯在全球经济中地位的重要特点。如果不实现结构性改革，俄罗斯经济在严重依赖国际原料市场的情况下，必然存在一定的经济风险。在充分认识到金砖国家合作的巨大成效和潜力的同时，我们也应该重视目前金砖国家合作与发展中所面临的困难和挑战。金砖国家合作自身面临的问题与挑战主要来自政治、经济与机制建设。在政治层面上，作为代表新兴经济体的合作平台，金砖受到来自西方国家的压力；在经济层面上，金砖国家的经济贡献与之所享有的全球金融治理份额不对等；在机制层面，金砖银行意向已经达成，但具体执行机制的安排上还需要不断探索。

乌克兰危机后，西方国家的制裁使得外国投资者对俄罗斯的投资热情降低。俄罗斯中央银行发布的数据显示，2014年第一季度外逃资本为620亿美元，第二季度增加了123亿美元，达到743亿美元。上半年资本外逃累计近750亿美元，超过2013年全年的627亿美元。面对如此僵局，俄罗斯在维护自身利益的基础上开始将目光转向东方，更加重视与上合组织、金砖国家等的经济往来与合作，以积极营造有利于自身发展的外部国际环境。与此同时，中国提出的"一带一路"倡议，将其经济合作的主线贯穿中亚国家和俄罗斯等，将中国、俄罗斯与其他国家的经济发展紧密连接，这为俄罗斯对冲外部国际环境恶化的不利影响、再次融入全球经济提供了良好的契机，也与俄罗斯寻求新的对外合作经济增长点不谋而合，拓展其与中国乃至其他金砖国家的合作深度与广度。

3. 改善本国对外贸易结构

从俄罗斯与金砖国家的贸易联系来看，一是俄罗斯与金砖其他国家的贸易额明显低于与七国集团的贸易额，但其与前者贸易额的同比增长趋势明显好于与后者的，这预示着俄罗斯对其他金砖国家的贸易依赖性正在不断增强。二是俄罗斯对金砖国家的贸易额占其对外贸易总额的比重逐年递增，但增加的幅度不大，说明俄罗斯与金砖国家的贸易往来仍有很大发展潜力和拓展空间。三是俄罗斯对金砖国家的贸易存在不平衡。其中，俄罗斯对中国的贸易额占其对其他金砖国家总额的85%左右。俄罗斯与中国贸易的紧密程度，将对其与金砖国家贸易总额的变化产生举足轻重的影响。从俄罗斯与其他金砖国家的金融合作来看，整体水平不断提升。主要表现在：金砖国家新开发银行筹建工作稳步推进。这预示着俄罗斯与其他金砖国家的合作正从一个"侧重经济治理、务虚为主"的对话论坛向"政治经济治理并重、务虚和务实相结合"的全方位协调机制转变；建立应急储备安排，目的是在学理上，改变不确定性可能带来系统不稳定的重要途径，是建立信任机制。建立逐步交换的信任机制也是一个积累信誉的过程，博弈学里的一报还一报（Tit for Tat）就是一个典型案例。

◆ 第四节 俄罗斯智库对金砖国家合作的影响 ◆

2008年经济危机以来，全球经济受到严重冲击，在国际经济中占主导地位的西方国家受到的冲击尤为严重，但在同时，有许多经济体逐渐兴起，成为扭转经济现状的重要力量。中国、俄罗斯、南非、巴西、印度便是这些新兴经济体中的一部分。中国高速发展的经济、巴西富饶的农产品、俄罗斯是最大的碳氢化合物出口国、印度囊括全球的智力资源、南非有丰富的资源，当这五个国家在一起成为金砖国家组织一同发力时，对全球经济的拉动作用不言而喻。而俄罗斯作为曾经的超级大国苏联的合法继承者，又曾经加入过发达国家俱乐部（G8）和当代新兴经济体多重身份的国家，在金砖五国中具有特殊的地位，因此它对金砖国家的政策主张很大程度上影响了金砖国家乃至世界经济的未来发展走向。随着金砖国家合作机制越来越完善、成效越来越显著，为了加强与其他金砖国家的紧密合作，深入挖掘未来发展的潜力，俄罗斯国内出现了一批以金砖国家合作为研究重点的新型智库，这批智库对金砖国家组织的改革和发展产生了重要影响。

一、智库影响的途径：从学术论坛到首脑峰会

一个国家的对内对外政策不仅由政治制度决定，还在很大程度上受智力资源的影响。尤其是在当今国际交往密切且广泛的时代背景下，快速获取对外政策信息，充分扩展对外战略思维，准确做出国际形势判断，及时提出可行的决策方案已经成为对外决策机制定必不可少的环节，而这些任务的完成很大程度上有赖于这个国家外交智库的能力。智库一般是各领域人才的聚集地，俄罗斯也不列外。俄罗斯智库汇集了该国各大知名高校和科研机构的精英人才，拥有丰富便捷的学术资源，凭借"旋转门"等机制参与或影响国内外重

大公共政策的制定与实施。随着信息交流方式的多元化，俄罗斯智库影响政府决策的途径也变得多种多样。

金砖国家合作机制大致由三级平台构成：第一级为金砖国家领导人会晤，主要负责商讨并设置金砖国家之间合作的重大议题，同时对合作中的重大战略性问题进行交流对话并作出相应决策，对整个金砖国家合作的开展起到规划和引导的作用。第二级为政府部长级会议和各种专业论坛，部长级会议包括"财长+行长"会议、外长会议、文化部长会议等；论坛包括工商理事会论坛、智库论坛、金融论坛等。与首脑峰会负责的宏观规划作用不同，上述的这些部长级会议和专业论坛主要负责首脑峰会的前端和后端工作，为首脑峰会提供智力支持。第三级为专业委员会及项目机构，主要负责对首脑峰会上达成的合作协议以及部长级会议上作出的具体工作安排提出建议并妥善落实。这些机构主要是由各国各政府部门或机构下设的专门委员会、项目机构及其他平台构成，具体如大学合作委员会、金砖国家智库理事会等。毫不夸张地说，金砖国家合作机制的每一级交流平台都有智库参与的痕迹。在每年金砖国家首脑峰会召开以前，有关负责部门就会召集国内杰出高校、研究机构、知名智库来共同为首脑峰会上应该探讨的主要议题出谋划策，也就是为金砖国家领导人峰会提供智力支持。在首脑峰会确定了重大战略方向后，金砖国家之间会相继召开部长级会议和各种专业论坛，其中就包括智库论坛，各大智库平台可以借此机会将自己的研究成果公布于众，并争取能够影响有关金砖国家合作的决策。在专业委员会和项目机构落实和执行相关政策或决议的时候，有时候也会听取专业智库的想法和意见，这也是智库影响金砖国家合作机制的途径之一。

二、俄罗斯金砖研究智库的贡献

俄罗斯作为金砖国家合作的主要发起国之一，对金砖国家合作投入了大量的精力和资源。为了更好地服务于国家的对外战略，俄罗斯国内成立了一大批以金砖国家为主要研究对象的专业性智库，这些智库为俄罗斯的经济发展、外交战略推进、国际地位提高作出了重要贡献。

当代俄罗斯国家安全决策机制是一个以总统高度集权并直接领导有关权力执行机构为根本特征、各安全政策部门横向联系较弱、立法机构制衡权有限的单向垂直结构。在这一结构中，总统掌握着根本性的决策权力，处于决策"金字塔"的顶端。一般而言，他既是政策议题的首倡者，同时也是政策方案的最终决策者。总统可能在亲信智囊、官僚机构的建议或在院外集团、公众舆论的影响下形成某种政策原始构想，甚至产生一些具体方案的雏形，也可能根据自己对国际环境、国家战略目标等问题的判断与设想提出政策概念，交由下一级决策领导层讨论。形成较为系统化和理论化的基本政策后，送交总统拍板，再经过正式渠道下达指示，交由有关各部门执行。在这一体系中，总统所处的核心地位使其个人认知成为影响政策制定的最主要因素之一，国家的核心利益、总体目标和战略手段等在很大程度上取决于总统的考虑。在俄罗斯对外决策制定过程中产生重要影响的国家机关为：联邦总统、总统机构、联邦政府、立法机构。而司法机构作为三权分立中的重要一权——最高法院法院在行使司法权时是被动的，即只有在受理案件，或是接到起诉书时，方可行使司法权,如果法官在案件到达法院之前就对某问题发表意见,则有干预行政权、侵犯立法权和破坏三权分立原则的嫌疑。① 因此它对外交决策制定这个黑匣子里进行的一切产生的影响几乎为零。

对外政策智库是一个国家对外政策思想的发生器和对外政策决策的育种机。特别是对处于深刻转轨进程中的俄罗斯来说,其对外政策智库不仅为对外政策决策提供了信息保障和决策方案,而且还承担着许多其他功能。第一,寻求新的国家思想、拓展对外政策战略思维。苏联解体后,国际关系体系的巨大变化和俄罗斯国内深刻的社会转轨进程不仅使其对外政策本身面临巨大挑战,也使其对外政策思想陷入深刻的危机。第二,促进精英之间的对外政策共识。"精英是民族思想的发生器、是外来思想者的传播者、是领袖与公众之间的重要中介。在新国家特性与民族自我确立的阶段、在对各种对外政策构想激烈碰撞的时期,俄罗斯精英的对外政策意识尤为重要,它是培育新俄罗斯对外政策幼苗的土壤。"第三,为国家对外政策决策提供咨询与决策方案。为国家对外政策决策提供咨询与决策方案是对外政策智库的基本职能,这些咨询与决策方案有的关系到国家的长远利益与战略方针,有的则只具备个案性质。对外政策智库的咨询与提供决策方案的效果取决于内外诸多因素:(1)该智库的人才资源与综合素质是否可以使其及时地发现国际形势的变化,是否能使其对国际形势的变化做出迅速反应与准确判断。(2)该智库与对外政策决策机构的性质关系与紧密程度能否使其所做的咨询及决策方案受到足够的重视。(3)决策机制的整体环境与氛围是否

---

① 冯玉军:《俄罗斯外交决策机制》,时事出版社2002年版,第15—35页。

允许对外政策智库对与对外政策有关的问题做出独立而理性的思考与研判。(4) 发挥对对外政策决策的专家监督职能,形成专家压力。对外政策智库在国家对外政策决策中不只是一个被动的服务工具,同时也担负着相应的专业监督职能。对外政策智库的专业知识与职业素养可以在一定程度上弥补与纠正官僚机构的工作遗漏与思维定式。特别是在当代俄罗斯对外政策决策缺乏有效、正规的监督机制条件下,智库可以利用自己的专业知识、幕后关系以及大众传媒等,对对外政策决策过程发挥相应的监督职能。(5) 为利益集团提供专家咨询和进行院外活动。随着俄罗斯利益集团作为独立利益主体的出现以及俄罗斯对外政策智囊系统结构与行为方式的变化,双方产生了相互的利益需求。海外利益的日益显现不仅需要利益集团就国际贸易、国际法、国际关系等专业性问题向对外政策智囊机构进行专家咨询,还需要通过对外政策智囊机构来影响国家的对外政策决策,从而保护和扩张自身的海外利益。

◆ 第五节 小结 ◆

综上所述,可以作出以下几点小结:

一是俄罗斯的金砖研究智库的历史悠久、性质多样。从俄罗斯科学院到莫斯科国际关系学院,从莫斯科卡内基中心到俄罗斯金砖国家大学联盟,从俄罗斯金砖国家研究国家委员会到文明对话研究所,有不少俄罗斯的智库将关注的目光投入到金砖国家的研究之中。2013年3月在南非德班举行的金砖国家领导人第六次峰会上,决定成立金砖国家智库理事会。俄罗斯的成员单位是俄罗斯金砖国家研究国家委员会。实际上，2011年5月，三亚（中国）金砖国家峰会后，在时任总统梅德韦杰夫的指示下，即成立了这个研究金砖国家及贯彻金砖国家组织峰会政策的智库机构。它是"俄罗斯世界"基金会下辖的一个机构，领导人是基金会的执行总裁和董事会成员。委员会研究的焦点是金砖国家的角色及地位和在经济和政治领域的新兴力量。委员会是一个金砖国家研究的信息库，便利专家研究，该委员会帮助协调和领域相关研究机构及专家在金砖国家研究领域的工作。

俄罗斯金砖国家研究国家委员会会定期或不定期开展一些与金砖国家机制相关的活动，包括与民间社会和青年组织合作，为学生组织和举办比赛和国际实习，参与金砖国家专家委员会的工作，支持年轻研究人员并协助培训人员储备，参与有关金砖国家问题的国际组织和活动，专家支持俄罗斯在金砖国家的外交和对外经济政策，形成综合科学和信息空间，出版活动，开展和协调有关金砖国家在世界政治和经济中的作用的研究，在国际专家界推广俄罗斯对金砖国家问题的立场和评估，与金砖国家以及其他国家和国际组织建立专家和政治磋商渠道，支持俄罗斯科学家和科学组织在金砖国家领域的研究工作，与各国协会开展多边和双边研究交流等。

二是俄罗斯的金砖研究针对俄罗斯的国情，提出了一些具有一定见解的政策主张。首先是俄罗斯要积极参与全球经济治理。提升参与全球治理的影响力是俄罗斯与金砖合作的根本原因。在贸易领域，加入世界贸易组织是俄罗斯积极参与全球经济治理的体现之一。但近年来，由美国主导重建的、维护其自身经济霸权的跨太平洋伙伴关系协定和跨大西洋贸易与投资伙伴协议进展较快，对世贸组织的多边贸易机制和框架带来较大冲击，使得俄罗斯与其他金砖国家维护自身利益的形势更加严峻，为此，俄罗斯与其他金砖国家抱团取暖不失为一种良策。其次，俄罗斯要加强金砖国家经济合作。俄罗斯的金砖国家研究智库通过对比分析俄罗斯与其他金砖国家的合作，及其与 G7 等发达经济体的合作，观察俄罗斯在"向东还是向西"问题中的系统压力、自身定位和利益平衡的张力。单是从经济层次上看，相比与 G7 国家的合作，俄罗斯与金砖国家的合作具有更大的发展空间和潜力。最后是改善俄罗斯的对外贸易结构。从以往数据看，俄罗斯与金砖其他国家的贸易额明显低于与 G7 的贸易额，但其与前者贸易额的同比增长趋势明显好于与后者的，这预示着俄罗斯对其他金砖国家的贸易依赖性正在不断增强。另外俄罗斯对金砖国家的贸易额占其对外贸易总额的比重逐年递增，但增加的幅度不大，说明俄罗斯与金砖国家的贸易往来仍有很大发展潜力和拓展空间。

三是俄罗斯的金砖智库对于金砖合作机制态度积极，贡献较多。首先，俄罗斯实际上是金砖合作机制的最早倡导者和先行者。在高盛经济学家提出"金砖"这一概念后，是俄罗斯国内的智库专家率先想到将"金砖"转型为一个政治概念。在俄罗斯的大力推动下，才有了 2009 年 6 月在叶卡捷琳堡举行了金砖国家第一次首脑会议，其后，金砖合作的概念才开始不断延伸和拓展。

其次，俄罗斯一向推动金砖国家机制化建设，但他把握节奏，不使金砖其他国家感受到压力，并准备继续保持这种循序渐进的节奏和方式。金砖国家的参与者有很多相似性，彼此间合作没有束缚和压力，没有预先设定的目标，每一项举措都通过不同层次的相互协商达成，如果该提议不被其他国家所支持，就会放弃。俄罗斯一般会采取适当措施，以温和的手段促进金砖国家的机制化，包括虚拟秘书处的创立、政府间和专家间互动的网络建设等。另外2015年7月在俄罗斯召开的第七次金砖国家乌法峰会上，俄罗斯充分运用轮值主席国身份，对峰会精心设计，将议题领域从经济向更为宽广的范围扩展，其策划和组织的活动之多超过其他国家担任主席国期间。此次会议还成为金砖国家新开发银行走向实际运作的起点。

最后，2014年7月在巴西福塔莱萨举行的金砖峰会期间，俄罗斯提出成立"金砖能源联盟"，并建议在此联盟框架下设立"金砖能源储备银行"和"金砖能源政策研究院"，针对全球能源市场进行综合分析，旨在保障金砖国家的能源安全。在2017年通过的金砖国家领导人厦门峰会宣言，金砖国家支持俄罗斯提出的关于建立"金砖国家能源研究合作统一平台"的建议，为此将成立相应的机构共同促进能源效率和合作研究。宣言中还特别指出，世界能源的稳定开发、准入及安全性将是各国共同繁荣的关键因素。

第四章 印度的金砖国家研究智库

◆ 第一节 导论 ◆

一、概念和内涵：从印度智库到印度金砖智库

1. 印度智库的现状

印度智库致力于印度对发展问题研究，其知名智库特别关注公民以及公共问题研究，与其发展中大国地位相匹配。根据美国宾夕法尼亚大学智库研究项目研究编写的《2020年全球智库报告》，亚洲一共有3389个智库，印度共拥有612个智库，在所有国家智库数量排名中位居第三，在亚洲地区的智库数量排名中位居第二，仅次于中国。[①] 在《2020年全球智库报告》中，印度共有9家智库入围

[①] James G. McGann, "2020 Global Go to Think Tank Index Report", in TTCSP Global Go to Think Tank Index Reports, 2020, https://repository.upenn.edu/think_tanks/. （上网时间：2021年7月21日）

全球顶级智库排名，分别是印度观察家研究基金会（ORF）、印度国防分析研究所（IDSA）、印度公民社会中心（CCS）、印度国际经济关系研究委员会（ICRIER）、印度能源与资源研究所（TERI）、德里政策集团（DPG）、陆战研究中心（CLWS）、政策研究中心（CPR），智库的总体排名水平与之前相比有所上升。

印度智库主要集中研究发展问题，提供社会经济发展问题的综合化解决方案，社会影响力大且运作机制灵活，独立型较强。其中，最具代表性的是印度能源与资源研究所，它采取了一体化全流程的发展模式，在绿色环保方面提供一揽子的专业研究、国际会议研讨、环境人才培训、环保产品开发、绿色理念宣介、国家绿色战略规划制定、绿色示范区建设、绿色科普教育等，进而全方面、立体化、全链条式地对国家政府部门、民间团体、企业、环保组织、青年学生、绿色生产者和消费者等产生直接或间接影响，奠定了印度在可持续发展领域的领先地位。

2. 印度智库的发展历史

印度智库的建立最早可追溯到20世纪30年代，距今已有近百年的历史，其诞生和成长对印度摆脱殖民统治、实现自我发展具有重要意义。从印度智库建设的发展历程来看，大致可分为以下四个阶段：

第一阶段是20世纪30年代至20世纪50年代初。印度的首家智库是于1930年在浦那成立的戈卡莱（Gokhale）政治经济研究所，其主要任务是开展经济、政治等方面的研究。在有了这一先例之后，印度国内陆陆续续又出现了更多的智库，其研究范围不断扩大，研究领域也不断丰富，从最初的政治、经济领域逐步扩大到国际关系、医疗卫生、教育等领域。如1936年成立的多拉吉·塔塔社会工作研究生院（Sir Doraji Tata Graduate School of Social Work）（后更名为塔塔社会科学研究所），自成立起就主要从事社会教育及社会工作研究。再如在印度国内乃至国际社会上都具有较大影响力的印度世界事务委员会（ICWA）也是在这一时间成立的，其主要专注于本国的外交事务和国际关系问题的研究，旨在为印度的对外政策提供智力支持。由于该时期的印度正处于黑暗的殖民时期，存在资金短缺、自主权丧失等一系列问题，所以国内的智库发展十分缓慢。

第二阶段是20世纪50年代至20世纪70年代。1950年印度共和国正式成立，国内智库迎来了自主建设的机遇，实现了较大程度的发展。印度国内的智库在维护民族独立、促进社会发展等问题上发挥了重要和积极的作用，印度政府在给予肯定的同时，采取了一系列相关措施来加强对国内智库的保护，比如管控外国资金对国内智库研究及建设的影响，增强国内智库的独立性。在这一政策的影响下，洛克菲勒基金会、福特基金会等国外基金相继减少或停止了对印度国内智库的资助。外国基金会资金的有序退出为国内智库的独立自主发展让出了广阔空间，印度国内的官方智库、高校智库、社会智库等各类智库开始蓬勃发展起来。

第三阶段是20世纪80年代至20世纪90年代。经过半个多世纪的发展，印度国内的智库实现了数量上和质量上的双重增长，其发展也呈现出了多元化趋势，主要体现在：资金来源的多元化。印度国内早期成立的智库大多依赖国外基金会的支持，但为了保护国内智库研究的独立性与客观性，减少外国势力的干预，印度政府和社会上的信托基金都加大了对国内智库的财政支持；研究范围的多元化。随着印度对外交往需求的不断扩大，国内出现了一批以国际问题研究为主要任务的新兴智库，同时部分已经存在的智库也凭借原有的研究力量和研究经验开展了国际关系及相关领域的研究；研究领域的多元化。印度智库除了关注传统的政治、经济领域，还逐步开展了海洋生态、环境治理等方面的研究。1984年，印度建立了研究和信息系统，该系统加强了印度国内与国际社会之间互动与交流，促进了如英迪拉·甘地发展研究所（IGIDR）等众多智库的发展。

第四阶段是21世纪至今。21世纪以来，印度智库的数量逐年攀升，2020年度更是以612家智库跻身全球智库总数排名前三，成为继美国和中国之后智库数量第三多的国家。印度智库取得长效发展与国内外环境的变化密不可分。其一，经济全球化与信息全球化使得各国之间的联系变得更加密切，印度国内巨大的发展潜力吸引了众多国家的关注，许多外国资本流入印度并投入到相关智库的建设当中。其二，为了满足自身及所在国家的发展需要，国际上一些知名度较高、影响力较大的智库相继在印度设立研究机构并开展实地研究，如布鲁金斯学会（Brookings Institution）、卡内基国际和平基金会（Carnegie Endowment for International Peace）、阿斯彭研究所（Aspen Institute）等。其三，印度自20世纪90年代开始经济改革以来，国内经济秩序得以重大调整，一些私营资本也开始进入智库建设行列，为整个智库行业的发展注入了新的活力。经过近百年的发展，印度智库已经形成了完整且成熟的发展模式，在国内外取得了令人瞩目的成就，打造了一批以观察家研究基金会为代表的世界知名智库，为印度乃至全球的发展做出了重大贡献。

3. 印度智库的类型

对于智库的划分标准多样，综合研究领域、研究地域、资金来源及机构归属、研究方向、资源、效率和影响力等方面因素，印度智库可以有多种分类。

以研究领域为标准划分，既有像政策研究中心、德里政策集团这样的综合性智库，也有大量从事定向研究的专业型智库，例如致力于国防安全领域研究的国防分析研究所、印度三军协会（USI）；致力于科技与能源领域研究的能源与资源研究所、科学与政策研究中心（CSSP）；致力于经济与发展研究的经济增长研究所（IEG）、国家应用经济研究委员会（NCAER）。

以研究地域为标准划分，大致可分为从事国内、国外问题研究的智库两大类。一类为从事国内问题研究的智库。例如国防分析研究所，主要研究印度外交政策及国防安全政策，包括核武器、军费开支、传统及非传统安全威胁等重要问题。另一类为从事国外问题研究的智库。如侧重研究中国及东亚问题的中国问题研究所（ICS）、研究印巴冲突的和平与冲突研究所。

以资金来源为标准划分，印度智库可分为政府部门直属的外交智库、高校外交智库和民间外交智库三类。政府部门直属的外交智库。此类智库独立性较小，对政府依赖性较强。例如国防分析研究所的运作资金绝大部分由政府承担，印度世界事务委员会原为外交部的下属部门。高校外交智库。如尼赫鲁大学国际关系学院（SIS/JNU），是印度独立后为促进国际问题研究和培养外交外事人才而由印度世界事务委员会创办的，最初隶属于德里大学，1970年并入尼赫鲁大学。与大学建立流畅人员流动渠道，接受不同学术环境的熏陶和学术观点的碰撞，无疑是开拓科研人员的学术视野和见识的一条捷径。民间外交智库。印度政府鼓励私人基金会等机构增加研究活动投资，建立私人非盈利智库。此类智库大多是注册为非营利机构的独立智库，不与政党挂钩，建立一切以学者为核心的运作机制，力求学术交流的充分自由。而在由企业所属或者由企业出资的智库中，塔塔集团（Tata Group）资助实力首屈一指。

以隶属关系为标准划分，主要有官办型智库和独立型智库和高效型智库和企业附属型智库四类。一是官办型智库。如印度数据统计研究所、印度国家应用经济研究委员会、国防研究和分析研究所。20世纪80年代初，随着经济全球化的逐步推进，第三次信息化浪潮的兴起，为推动印度经济发展，促进印度更好地融入全球经济，成立了印度经济增长研究所、国际经济关系研究院以及信息技术研究所等政策研究中心，这些机构很快发展为印度的主要智库。同时，印度各中央政府下属部门还设有一些智库，如印度科学与工业研究理事会、印度农业研究理事会、印度社科理事会等，大都侧重于本部门的专业研究。二是独立型智库。独立智库扎根于民间，奉行客观、独立、公正的原则，研究不受政府、利益团体、资金捐赠者的影响。印度知名智库印度政策研究中心、印度公民社会中心都是独立的、非营利性的智库。三是高校型智库。如尼赫鲁大学的国际关系学院、社会科学学院社会体系研究中心（CSSS）等机构，主要侧重于政治、经济、文化等研究。印度德里大学和尼赫鲁大学共同组建了中国研究所。印度科学学院、印度理工大学、印度德里大学等大学也都有智库。四是大企业附属型智库。印度的一些大企业也设立了一些智库，如塔塔财团设立的塔塔能源研究所（Tata Energy Research Institute，TERI）等。

二、关于印度智库和印度金砖智库的研究综述

对于印度智库的研究，国内还处于起步阶段，正式出版的文献资料也十分稀少，主要文献资料包括几篇核心期刊论文和少量硕士学位论文。基于此，对于印度智库对金砖国家组织的研究的相关文献就更少。关于印度智库的期刊文献，最早的资料有张洪贵、冯涛的《印度主要思想库的初步考察》[1]，文章通过对印度外交和安全方面的九个主要智库的述评，分析印度智库的主要特点、功能和发展趋势，为国内研究印度智库提供了大致方向。毛晓晓的《印度智库：学术自由与独立立场》[2] 基于采访有关印度智库的负责人，总结了印度智库的发展体制和关注问题。随着近些年金砖国家组织的建立，国内学者对印度智库的研究略微深入了一些，有了一些对印度个别智库进行阐述的文献，如楼春豪的《国防研究与分析所：印度战略

---

[1] 张洪贵、冯涛：《印度主要思想库的初步考察》，《南亚研究季刊》2006 年第 4 期。
[2] 毛晓晓：《印度智库：学术自由与独立立场》，《瞭望》2010 年第 43 期。

思想领军者》[1]和李国强的《印度智库如何影响政府决策》[2],从印度智库的资金、人员、运营方式等角度来阐述印度智库是如何影响政府决策的,之后发表的《印度智库发展状况概略》[3]也是对印度智库的介绍。当然,这些文献资料大都停留在简介层面,没有深入分析印度智库及其对金砖国家组织的研究。2009年刘蕴锋的硕士学位论文《印度智库及其对华政策主张研究》[4]做出了大胆尝试,作者摈弃了从政府等官方部门视角进行研究的局限与诟病,从智库本身出发,通过研究印度主要智库的成果,客观分析各智库对华政策和主张,提供了一个全新的观察中印关系的视角,算是迄今为止国内对于印度智库考察较为深入的一篇文章。另外还有一篇是张君瑶的硕士学位论文《地缘政治视角:印度智库与媒体的互动关系》[5],文章对印度智库有比较深入的分析,主要阐述了印度智库与印度媒体的互动及其产生的舆论影响,并列举了一些案例。

对于印度金砖智库的研究,文献数量也较为稀缺。周余云和栾建章主编的《金砖在失色:"金砖国家治理体系和治理能力现代化建设国际研讨会"论文集》[6]中收录了几位印度观察家研究基金会的杰出研究员的会议发言,从他们的发言中可以看出印度智库对金砖

---

[1] 楼春豪:《国防研究与分析所:印度战略思想领军者》,《学习时报》2013年第2期。
[2] 李国强:《印度智库如何影响政府决策》,《现代人才》2014年第1期。
[3] 李国强:《印度智库发展状况概略》,《党政视野》2015年第1期。
[4] 刘蕴锋:《印度智库及其对华政策主张研究》,复旦大学2009年硕士学位论文。
[5] 张君瑶:《地缘政治视角:印度智库与媒体的互动关系》,暨南大学2015年硕士学位论文。
[6] [印度]哈里哈拉·维斯瓦纳坦,《全球治理中的金砖国家务实合作》,载周余云和栾建章主编《金砖在失色:"金砖国家治理体系和治理能力现代化建设国际研讨会"论文集》,中央编译出版社2016年版,第62—68页。

国家组织的主要研究领域。谭玉等人写的《金砖国家顶级智库建设的比较及对中国的启示》[1]对印度顶级智库有所提及，简要阐述了印度智库多为独立型智库，且顶级智库水平较高。王灵桂著的《中国推动金砖国家合作第二个黄金十年　国外战略智库纵论中国的前进步伐》[2]里有较长的篇幅对印度金砖智库关于"金砖国家"的主要观点进行了分析。

国外方面，对于印度智库的研究，拉赫尔·辛哈（Rahul Singh）[3]等人发表的《印度的智库、研究影响力和公共政策》这篇文章旨在讨论印度的智库的存在和地位，印度智库对作为利益相关者的公共决策过程的作用和影响。研究结果表明，印度的智库与西方相比，仍相对较为年轻。虽然近些年印度智库发展较为迅速，但印度政策制定仍在很大程度上取决于社会力量。尼希特·戈亚尔（Nihit Goyal）和基杰·萨金（Kidjie Saguin）的《能力、控制和内容：印度智库政策建议的提供》[4]对政策建议的性质如何以及为何变化知之甚少，故假设在这方面检查政策咨询系统内的政策能力和控制是有用的。研究了政府、智库能力和智库自治如何影响印度政策建议的内容。根据对来自印度智库的60种知识产品的内容分析编制政策建议，并根据各自的实力和预算估算政府部门和智库的政策

---

[1] 谭玉：《金砖国家顶级智库建设的比较及对中国的启示》，《情报杂志》2018年第4期。
[2] 王灵桂：《中国推动金砖国家合作第二个黄金十年　国外战略智库纵论中国的前进步伐》，社会科学文献出版社2017年版，第151—257页。
[3] Rahul Singh, "Think Tanks, Research Influence and Public Policy in India", Vision, Vol. 18, 2015, pp. 289-297.
[4] Nihit Goyal, Kidjie Saguin, "Capacity, control, and content: the supply of think tank policy advice in India", Policy Studies, Vol. 40, 2019, pp. 337-352.

能力。发现政策建议的性质，不管是长期还是短期，根据智库和政府能力而有所不同；高效智库倾向于为高效政府提供更多长期建议。由于发展中国家的考绩制度提供战略政策咨询的能力较弱，因此发展中国家考绩制度提供的政策咨询与经合组织国家相比可能存在差异。因此，通过研究建议，通过研究政策建议的内容、能力和控制之间的动态变化，将规划咨询服务扩展到发展中国家。苏巴·钱德朗（Suba Chandran）的《印度智库的崛起》[1]一文对大多数印度智库进行了简要介绍。

目前尚无专门研究印度金砖智库的文献。对于印度智库和印度金砖智库最为全面的英文详细介绍，多为印度金砖智库官网简介和相关研究报告。目前只能从相关的印度智库官网上获取较为具体的信息，故文末附有印度的金砖国家智库名录及相关网站，以供大家参考。

三、研究材料和方法说明

在研究材料方面，主要采用原始文献与二次文献相结合的方式开展研究。原始文献主要包括：印度著名智库网站公开发布的研究报告、政策简报、论文、文章、访谈、演讲、著作等。二次文献主要包括：《全球智库报告 2020》《全球智库报告 2019》等近期智库报告，国内外专家学者有关印度智库和印度金砖智库研究的文章、著

---

[1] D. Suba Chandran, "The Rise of Think – Tanks in India", http://eprints.nias.res.in/1103/1/2016 – DSubaChandran – IPCS – 21June.pdf?tdsourcetag = s_pcqq_aiomsg.

作等。这些研究材料数量较大,但是对分析印度金砖智库研究现状十分有效。

在研究方法方面,主要运用文献分析、案例分析、比较分析等方法。文献分析：系统梳理了2010—2020年印度著名金砖智库网站公开发布的金砖国家研究成果、有关新闻报道等,以及国内外新闻媒体刊载的智库高管、专家学者撰写的文章、评论、访谈等,参阅了大量国内外专家学者有关印度智库研究和印度金砖智库的文章、著作等,形成了对印度金砖智库的系统认识,并将进一步推进我国金砖智库建设、创新发展金砖智库研究。案例分析：在论述印度著名智库（印度观察家研究基金会、政策研究中心、尼赫鲁大学国际关系研究学院、国防分析研究所等）对金砖国家的研究特色时分别对其主要研究成果进行梳理,尽量做到全面分析。比较分析：对印度观察家研究基金会、政策研究中心、尼赫鲁大学国际关系研究所、国防分析研究所等印度顶级智库金砖研究的成果观点、做法特点等进行了梳理比较,以找出异同,总结规律,寻求启示。

◆ 第二节　印度的金砖国家研究智库概况 ◆

一、印度的金砖国家研究智库

金砖国家虽然各自所处的经济发展阶段不尽相同,但都面临一些在发展过程中的共性问题,如怎样实现可持续和包容性的经济发展、如何促进技术创新、如何处理城镇化过程中伴生的一系列问题、如何跨越中等收入陷阱、如何改革国有企业等。金砖国家各自采取的政策措施及其效果也值得总结经验，相互学习、借鉴，以便针对各自的国情提出切实可行的政策建议。金砖国家合作机制的建立过程中也离不开各国研究机构的智力贡献，故加强金砖国家间的智力合作十分有必要①。金砖国家的各自发展和相互合作都离不可各国研究机构的智力贡献。"金砖国家智库理事会"作为金砖国家研究机构及学者间交流的重要平台，担负召开金砖国家学术会议的任务，为金砖国家组织发展作出了巨大贡献②，对印度金砖国家智库的发展也功不可没。

1. 观察家研究基金会

印度的金砖国家研究智库的先驱当数观察家研究基金会，早在2009年，印度观察家基金会就在促进金砖国家机制化的构建。这主要是由于观察家基金会是印度的顶级综合性智库，特别是在外交政策和国际事务领域，更是印度的顶尖智库，在全球也具有较强的影响力。此外，在外交政策和国际事务领域表现不错的智库还有德里政策集团、和平与冲突研究所、印度全球关系委员会（Gateway House），分别在全球顶级外交智库中排在第43、第86、第118位。

印度观察家研究基金会是一家位于新德里的独立智库，名列全球最佳智库第118位、中日韩印四国最佳智库第4位，并在14个专项排名中榜上有名，堪称印度水平最高、发展最全面的智库之一。

---

① 清华大学中国与世界经济研究中心：《"金砖国家"如何从概念走向务实合作?》，http://www.ccwe.tsinghua.edu.cn/upload_files/file/20150604/1433392547348021881.pdf。
② 清华大学中国与世界经济研究中心：《"金砖国家"如何从概念走向务实合作?》，http://www.ccwe.tsinghua.edu.cn/upload_files/file/20150604/1433392547348021881.pdf。

基金会成立于1990年印度开启改革开放之际，20多年来一直致力于影响和参与印度经济改革，通过开展深度政策研究、提供包容性交流平台、培养下一代思想家，为政府提供政策思想、推动印度声音参与全球讨论，对印度形成参与全球发展的政治与政策共识具有创造性的作用。印度与国际经济新秩序接轨时，出现了若干挑战，迫切需要建立独立论坛来批判性地审查该国面临的问题，并有助于制定连贯一致的对外政策。在这样的时代背景之下，观察家研究基金会应运而生，并首次将印度经济学家和政策制定者们聚集在一起，提出了印度经济改革的议程。观察家研究基金会是半官方性质的学术研究机构，下设战略与安全、政治与管理、经济与发展等多个研究所，多由退休或退役的政府、议会、法院和军队高官负责。基金会现有研究人员50余人，其中多名专家从事中国及印中关系研究，定期出版发行一些有关中国研究的刊物。

在20世纪90年代发起的改革进程推动下，观察家研究基金会在过去25年中有效地参与了印度的政策制定，足迹已经遍布全球。从最初着眼国内，参与国内改革，到逐步建立全球伙伴关系，今天的观察家研究基金会在建立政治和政策共识以及促进印度与世界互动方面发挥了重要作用，已经取得了举世瞩目的成绩。

随着新力量重新出现在全球舞台上，现有的国际体系面临挑战，即商定一套新的规则来管控新兴领域，诸如海洋、互联网等。此外，世界各国还保持着对安全和战略、经济和发展、能源和资源有关的持久关切。随着印度在21世纪开始发挥更大的作用，观察家研究基金会继续推动规制的构建，把新的想法纳入政策讨论，并为新一代思想家提供一个平台并得到了社会精英、学者、决策者、商界领袖、各类机构和民间社会人士的支持。

观察家研究基金会鼓励来自不同地域的声音。这种多元的思想和声音不仅在印度国内传播,观察家研究基金会还将其传播到国外,也将全球关注的问题带回印度国内。

观察家研究基金会的主要任务是寻求关于援助政策的制定和领导印度人民,在公正和公平的世界上建立一个强大和繁荣的印度。它认为印度是一个准备在知识时代发挥主导作用的国家,并将向世界宣告印度的选择,将印度的声音和想法带到全球论坛上。它为各国政府、企业界、学术界和世界各地的社会组织提供非党派的、独立的、专业的分析和深入的研究,并提供包容性的平台。目前,观察家研究基金会的成员包括政府官员、军方人士、学者、商人、媒体人士等。

在印度众多智库中,观察家研究基金会关于中国研究成果是颇为丰富的。由于该智库属于独立的、非营利性的民间机构,其研究人员往往从自身的经历、背景出发,不会刻意与政府保持一致,对中国的研究比较全面,对中国的看法也较为客观。但在某些具体问题上,观察家研究基金会的对华态度会出现一定的反复。目前观察家研究基金会设有金砖国家智库论坛,有许多对金砖国家组织的观点,在众多观点中也不乏质疑之声。[①]

观察家研究基金会对金砖国家组织研究出版的专著有 2017 年出版的《实现金砖国家的长期目标:路线图和路径》 (*Realising the*

[①] 观察家研究基金会官网:"观察家研究基金会对金砖国家的看法",http://www.orfonline.org/? s = BRICS。(上网时间:2020 年 3 月 3 日)

BRICS Long – Term Goals: Road – Maps and Pathways）和 2016 年出版的《金砖国家重建家园》（"BRICS" to Rebuild the House）。随着研究者的深入，大多数印度人民还是赞同通过金砖国家组织这个平台加强印度与其他国家的经贸合作。

观察家研究基金会有关中国研究的成果主要有《中国年度报告》（China Annual Report）、《中国周报》（China Weekly Report）、《中国军事观察》（China Military Watch Archives）等。其中最具代表性的研究成果是《中国年度报告》，该年度报告是一个关于中国的重要的研究成果。报告主要从中国的经济状况、外贸关系、社会问题、军事力量、科技水平、网络、能源和国际关系 8 个板块对当年的中国做了一个全方位的专业分析。而在这 8 个板块下，该报告又将每个板块细分为许多具体的小板块，如仅在分析年度中国经济状况时，报告就从中国的经济增长、工业状况、债务状况、银行业以及经济改革 5 个方面进行分析。在分析其他 7 个板块时也同分析经济状况一样，从不同的方面具体分析不同的问题。该报告对于了解中国年度的各项发展具有很高的参考价值。

《中国周报》是印度观察家研究基金会关于中国研究的一个常规性项目。该项目每周会固定发行关于中国的研究报告，涉及中国的内政、外交、军事、经济、科技、国际关系和社会发展等各个方面的最新动态，是十分重要的中国研究成果。该报告对于及时了解中国的各项动态，及时为印度决策者制定对华政策具有十分重要的意义。

《中国军事观察》是针对中国军事发展进行定期报告的专业性研究项目。该项目从世界各大报社搜集有关中国的军事力量发展、对外军事交流动态、军事演习、解放军军队动向等方面的信息,对中国的军事进行及时的报导,对于了解中国军事发展有很大的帮助。

观察家研究基金会的成功源自四个方面:一是广纳英才。基金会秉持开放的人才观念,以能够就广泛的政策问题进行高质量的研究、建议和分析为标准,吸纳来自世界各国政界、学术界、商界的著名专家和青年学者。目前,基金会共有各类研究人员80多人,大多具有国内外名校学习经历和丰富的研究经验,一些政府、军队的前高官和大学退休教授在其中担任领导职务。二是研究领域广泛。涵盖气候、食物和环境、国防与安全、发展、发展伙伴、国内政治与治理、经济与财政、能源、卫生、国际关系、媒体和互联网等广泛的问题,研究活动以研究所和研究项目的形式开展,大部分政策类别的研究都位居全球最佳之列。基金会还将研究对象按地域划分为美洲、欧盟、非洲等七部分,特别是中国被单列出来作为重点研究对象,其研究观点和动向值得注意。三是重视交流宣传。基金会国际化程度很高,经常参加和举办各种国际国内论坛和交流活动,积极对全球事务发表观点。基金会十分高产,常年出版和发布大量的专著、期刊、报告、简报、评论和视频,其中不乏创造性的、有重大政策价值的成果。基金会被评为全球最善于使用互联网、社交网络、新闻媒体的智库之一。基金会还与印度国防部、世界银行、微软公司等不同性质的组织建立了稳定的合作关系,其经费也主要来自于国内外大财团的资助。

2. 尼赫鲁大学国际关系学院

尼赫鲁大学国际关系学院成立于1955年,是印度独立后印度世界事务委员会为促进国际问题研究和培养外交外事人才而创办的。印度世界事务委员会是当时隶属于印度外交部的唯一一个关注外交事务的机构，它意识到要有效促进印度的国际事务研究，就需要培养更多年青人关注当前全球经济、社会和政治领域的发展。最初尼赫鲁大学国际关系学院隶属于德里大学，1970年并入尼赫鲁大学，是该学校最早的学院之一。①

尼赫鲁大学国际关系学院没有本科生，只招收硕士和博士研究生。到2002年初，已有527人获得博士学位，1734人获得硕士学位。国际关系学院现有75名教员，其中教授40名，副教授27名。学院设有九个研究中心，每个中心又有若干个研究项目。学院出版《国际研究》和《南亚纵览》两本学术刊物，在美国和英国发行。

该学院在推动印度国际关系研究方面做出了开创性的贡献，并在跨学科视角提升了对国际事务的认识和理解。该学院也是印度第一个推广"区域研究"并在各个地区发展专业知识研究的机构。它还作为高级学习中心赢得了国际声誉。

近年来，该学院已设立了几个教席。分别是阿帕多拉伊（Appadorai）教席、纳尔逊·曼德拉（Nelson Mandela）教席、印度国家银行教席和环境法与空间法教席等。该学院的成员通过教学和研究监督为促进国际关系研究和知识传播做出了贡献，还出版了具有较高国际声誉的书籍和期刊文章。学院的教师也被邀请担任各种政府和非政府组织的顾问，传播他们的专业知识，并参与有关国际事务的

---

① 尼赫鲁大学国际关系学院官网："简介"，http：//www.jnu.ac.in/sis/。（上网时间：2018年3月3日）

广播讨论和电视节目。学校经常以国际关系为主题举办国内和国际研讨会。

学院每年还举办一系列有关当代国际关系的拓展讲座。根据1989年2月学术委员会的决定，这些讲座现在统称为"赫里迪·纳特·昆兹鲁国际关系纪念讲座"。2000年这个系列讲座的主题是"国际关系的区域动力"。该学院出版的《国际研究》季刊，成立于1959年7月，发表关于国际关系的原创研究文章，包括广泛的国家间关系和地区研究，作为该领域领先的印度学术期刊获得了良好的国际声誉。

在对金砖国家研究方面：国际关系学院助理教授克里斯蒂安德拉·米纲（Krishnendra Meena）主要研究领域是地缘政治、批判地缘政治、金砖国家、边界问题。他曾获得2012年11月20日至12月22日到里约热内卢罗马天主教大学国际关系学院金砖国家政策中心访问的奖学金，负责编撰《"区域"和金砖国家的概念化：一个关键的地缘政治分析》（Conceptualization of "Region" and the BRICS: A Critical Geopolitical Analysis，2013年金砖国家政策中心出版的有关金砖国家和区域化的书）。经济学教授苏拉吉特·马祖姆达尔（Surajit Mazumdar）著有《印度资本主义的连续性和变化》（Continuity and Change in Indian Capitalism）和《比较视角下的金砖四国和新兴经济体：政治经济学，自由化和制度变迁》（The BRICs and Emerging Economies in Comparative Perspective: Political Economy, Liberalization and Institutional Change）。国际政治教授瓦任·萨尼（Varun Sahni），主要研究领域：新兴市场国家、印度-巴西-南非论坛和金砖国家、印度外交政策、国际关系理论、拉丁美洲政治、教育技术。2017年1月3日，阿比纳夫·格多弗（Abhinav Grover）博士作为印度代表团团长出席了2015金砖国家和欧亚经济联盟国际青年论坛，并获得了"医学突破技术奖"第一名。

3. 国际消费者团结与信任社会组织

印度国际消费者团结与信任社会组织（CUTS International）成立于1983年，该组织源于一项农村发展传播计划，处于印度乃至全球消费者运动前沿。今天，国际消费者团结与信任社会组织拥有约150名员工，该组织每四年选举一次理事会/执行委员会，秘书长负责秘书处。该组织获得信誉联盟的认可，并隶属于联合国贸易和发展会议（贸发会议）以及其他一些政府间和非政府组织。国际消费者团结与信任社会组织的愿景是在社会公正的氛围下保护消费者权益，维持经济平等和环境平衡，维护内部和跨国界的消费者主权。

该组织的目标是直接或通过其附属机构发起开展促进消费者和公共福利的计划，传播知识和信息。组织和协助商品和服务的可用性研究、消费者的公共利益/福利问题研究，发布与消费品和服务有关的研究、期刊、报告和其他文献，承担关于消费品和服务的公共利益/福利方面的研究建议，并在必要时协助政府和有关当局制定和执行法律政策，保护消费者和公民的利益。

2012年3月27日，国际消费者团结与信任社会组织在新德里邀请中国、南非、巴西等国智库召开以"金砖国家与全球治理"为主题的研讨会，会议通过了一份包含8点内容的决议。经过国际消费者团结与信任社会组织会前和会后的运作，此决议在一定程度上影响到了参加金砖国家峰会的各国领导人。[1] 它对金砖国家组织的研究主要集中在金融领域，有舍奈·本库巴（Chenai Mukumba）写的《金砖国家新发展银行和市民社会的当务之急》（*The BRICS New Development Bank & Civil Society Imperatives*）[2] 分析了金砖国家新开发银行和民间社会联系的必要性。文中表示如果想要了解基础设施投资对当地社会经济和环境的影响，民间社会团体和专家的参与是必不可少的。金砖国家内部的民间社会团体、媒体和学者需要共同努力，确保金砖国家新开发银行以可持续发展的贷款，促进包容性经济增长，并将其业务建立在良好的公司治理基础之上。

4. 政策研究中心

印度政策研究中心是由印度社会科学研究委员会认可的27所社会科学研究机构之一。它成立于1973年底，其建立的初衷是对有关的政策问题进行研究并在政策制定方面形成一套独特的知识体系，以便为国家政策的制定提供一系列可行的建议。政策研究中心在它诞生后的30多年里多次参与政治、经济、社会领域内重要政策的制定工作。为政府以及其他公共机构提供建议性的服务，其涉猎范围非常广泛，包括经济发展、工业发展、公共行政、财政管理、金融、农业农村发展等领域。该中心聚集了一大批经验丰富的涵盖各领域

---

[1] 复旦大学金砖国家研究中心：《民间研究机构如何影响国际决策——以印度 CUTS International 为例》，《复旦大学金砖国家研究动态（第3期）》，2012年4月8日。

[2] Chenai Mukumba, "The BRICS New Development Bank & Civil Society Imperatives", http://www.cuts-citee.org/pdf/Briefing_Paper-The_BRICS_New_Development_Bank_&_Civil_Society_Imperatives.pdf. （上网时间：2020年3月3日）

的政策制订者、行政人员、管理人员以及专家学者专门从事研究工作。政策研究中心作为一个经登记注册的私人机构，得到社会各界的资助。该中心还通过经营由官方或非官方资助的项目研究以及收取地方政府、其他公共或私人机构所交纳的会费获得收入。

政策研究中心承担了大量的研究项目，主要有五大类：第一类，政治问题和国家治理研究，如"印度议会和国家治理""印度宪法研究"等；第二类，国家对外政策研究，如"印度在以色列——阿拉伯危机中的角色"等；第三类，国内外安全研究，如"核威慑之未来""技术与安全——印度的长期利益"等；第四类，经济政策及地区合作和战略管理研究，如"印度经济改革1991—2000年"等；第五类，社会机构及其相关问题研究。政策研究中心当前主要涉及以下十个方面的研究：(1) 政治问题治理和公民社会；(2) 国际关系和对外政策及外交；(3) 国家的、双边的、地区的、全球的经济政策问题；(4) 国内外安全；(5) 水资源政策；(6) 人口、公共福利和可持续发展；(7) 科学和技术政策；(8) 管理改革的机制和行政能力；(9) 教育评估和个人政策研究；(10) 开展战略伙伴国家对话以加强与南亚及亚洲其他地区国家关系。政策研究中心先后出版了100多部著作。许多著作在国内外引起不小的反响，如《走向公元2000年的工业政策》《人口、贫穷和希望》《核武器：印度政策的选择》《核武器与印度安全》《南亚食品安全》等。

在政策研究中心官网资源库中，关于金砖国家组织的专题评论有32篇，专著2部，简明政策报告2篇，有关事件报道3篇，相关新闻信息5篇。如下表4-1。

表4-1 政策研究中心官网资源库中关于金砖国家的文献

文献类型	中文名称	英文名称	发表日期
文章	留心洞朗事件带来的教训	Beware of the wrong lessons from Doklam	2017年9月4日
文章	随着环孟加拉湾多领域经济技术合作倡议取代南亚区域合作联盟，区域优先事项将发生变化	Regional priorities change as BIMSTEC replaces SAARC	2017年10月14日
文章	受中国影响的金砖国家组织	BRICS falls under China's sway	2016年11月24日
文章	金砖国家组织已经沦为一个"谈话市场"？	BRICS reduced to a "talk shop"？	2016年10月18日
文章	金砖国家组织的本地化成本	The cost of localizing BRICS	2016年10月21日
文章	金砖国家组织是我们造就的	BRICS is what we make of it	2014年7月30日
文章	金砖国家组织：寻求新的范式	BRICS: Search for new paradigm	2013年4月4日
文章	金砖国家没有发挥作用	BRICS not pulling their weight	2013年4月3日
文章	金砖四国和讣告：德班峰会应该为国际发展合作制定一套新的有利于受援国的规范	BRICS and premature obituaries: The Durban summit should lay out a new set of recipient-friendly norms for international development co-operation	2013年3月25日
文章	将"金砖"扔进二十国集团？	Throwing BRICS at G20？	2012年4月3日
文章	金砖峰会：中国味儿的印度咖喱	BRICS summit: Chinese flavours in an Indian curry	2012年4月3日

续表

文献类型	中文名称	英文名称	发表日期
文章	金砖国家：未来的挑战	BRICS: The challenges ahead	2011年4月28日
文章	金砖在长城	BRICS in the Great Wall	2011年4月28日
文章	三亚峰会：一砖一瓦造"金砖"	The Summit in Sanya: Building 'BRICS' brick by brick	2011年4月27日
文章	一袋"金砖"	A bag of BRICS	2011年4月21日
专著	塑造新兴世界印度和多边秩序	Shaping the Emerging World India and the Multilateral Order	2013年1月
专著	知识产权的侵权与纠正	Intellectual Property Rights Infringemental Remedies	2012年1月

资料来源：政策研究中心，http://www.cprindia.org/search/site/BRICS。

5. 国防分析研究所

国防分析研究所成立于1965年，是一家位于新德里的军方智库，由印度国防部拨款，致力于研究国家安全和国防政策对国家经济、安全和社会生活的影响问题，是印度军方乃至全印度最重要的国家安全和战略研究机构，为政府和军方提供各类研究报告、政策建议和战略规划，政策影响力显著。研究所的领导机构为执行委员会，其人员配置级别很高，由内阁、国防部和外交部的首席文官、退役将领和资深外交官担任兼职委员。所长和副所长是执委会成员，负责日常管理并向执委会报告工作。该所专职研究人员有70余人，规模不大但结构合理、素质较高，主要有来自军队的研究人员、国防部和外交部借调的公务员以及编制外的文职人员，这些文职人员大多是名校毕业的博士或对特定问题具有丰富的研究经验。此外，研究所还招收一些访问学者和实习生。研究所设有13个研究中心，按地域可分为对东亚、南亚、北美等地区的研究，其中中国和南亚研究是重中之重，反映了印度对周边安全的重视。按议题可分为对军事、核战略、国防经济等广泛问题的研究。研究所每年出版若干专著，并定期出版四种刊物，其中《战略分析》公开发表该所最重要的研究成果，是印度最权威的国际关系期刊之一。该所还经常与国内外研究机构开展交流活动，也十分注重通过媒体和社交网络来发挥影响力。

国际分析研究所2013年出版的专题论文集有《金砖国家和中印关系：构建全新世界秩序？》（*BRICS and the China–India Construct: A New World Order in Making?*）[1]，分析论述了随金砖五国崛起而兴起的国际安全、经济政策等问题，其中将中印关系作为重点课题展开了全面深入的研究。在以新兴市场国家及发展中国家对话日益频繁为背景的国际环境下，金砖国家崛起势在必行。文章认为，金砖国家在南部的合作能否取得建设性成果很大程度上取决于中印两国双边外交政策是否"理性"。

文章围绕金砖国家动态，下分三大板块，分章论述了中、印两国的多边发展趋势与金砖国家成长的密切联系。文章第一部分指出，金砖国家的崛起本身意味着世界秩序处于过渡时期，它推动了世界政治的多极化转型趋势。这种转型需要三大力量——"政治转型"

---

[1] 国防分析研究所官网："简介"，http://www.idsa-india.org/。（上网时间：2020年3月3日）

"经济转型"和"结构转型"。其中,"政治转型"结构化多级世界秩序,使诸如中、印此类的发展型大国占据主导地位;在"经济转型"的模型中,全球政治经济命脉掌控在南方世界的手中;"结构转型"意味着世界政治的风云变幻不仅取决于全球机构,也与国家未来发展规划息息相关。在世界政治的多极化转型过程中,金砖国家处于领导地位。在第二、三部分中,文章通过比较中、印两国为例以提供一个金砖国家研究方案。在世界政治的立场上,中印两国态度有别,但在"金砖国家"这一枢纽下,两国势必建立起对话机制及统一政策。文章认为,中国仍是金砖国家权力分配的最大股东,其话语权和影响力的膨胀仍是一个未知数。虽然致力于构建自由化全球秩序仍是金砖国家的首要目标,但中印两国可否放弃威斯特伐利亚"辎重",携手引领金砖向前目前看来难度较大。然而,在以金砖领导的新的世界秩序下,发展始终关乎中印合作,并非独立运作。金砖国家的身份定义在很大层面上关乎中印两国的政治走向,这也恰好证明了在大国间呈现两极分化的同时,世界格局不断呈现多极分化趋势。

6. 和平与冲突研究所

和平与冲突研究所。和平与冲突研究所成立于1996年8月,是一个致力于南亚和平与安全问题研究的私人思想库。其受到来自社会各界的资助,包括军方外事部门、福特基金会、日本基金亚洲中心、洛克菲勒基金会、美国和平研究所、联合国基金等。

和平与冲突研究所的设立主要是为了对南亚地区传统及非传统

安全问题开展独立研究，进而为决策层及公众提供研究成果和其他相关信息；开展有关战略问题的论坛活动，从而论证国家当前政策的可行性并及时为政策决策层提供反馈信息；为广大青年学者提供研究空间，为他们更深入地研究南亚安全问题创造更大的舞台。和平与冲突研究所主要从事南亚地区安全问题的研究，具体包括：裁军和军备控制问题、大规模杀伤性武器不扩散问题、非传统安全威胁、治理与安全、人的安全、恐怖主义等。

近年来，和平与冲突研究所承担了大量的研究课题，主要有："联合国和新威胁：反思安全""中印德三边对话""欧印美三边对话""核阴影下的有限战争""恐怖主义及其对国际政治的影响""南亚地区核稳定"等。

该研究所出版的主要成果有：《印度、中国、德国三边对话》《印度能源安全》《南亚地区核稳定》《生化武器：威胁与关注》《南亚地区人的安全：能源、性、移民和全球化》。同时，该研究所主办一系列刊物，主要有《和平与冲突》《问题与政策简报》和《研究文集》等，最新出版的刊物《战略评论》也非常有影响。

和平与冲突研究所官方数据记录了共 19 份有关"金砖国家"（BRICS）的研究文献，如下表所示。

表 4-2　和平与冲突研究所官方数据中关于 BRICS 的研究文献

文献类型	中文名称	英文名称（作者）	发表日期
评论	金砖国家：海洋的联系	BRICS: The Oceanic Connections (Vijay Sakhuja)	2014 年 8 月 4 日

续表

文献类型	中文名称	英文名称（作者）	发表日期
评论	金砖国家峰会与印中关系	BRICS Summit and India-China Relations（Dr Geeta Kochhar）	2014年7月21日
评论	金砖国家发展银行：一个游戏改变者	The BRICS Development Bank: A Game-Changer?（Sonia Hukil）	2014年7月7日
评论	概述当代问题和关系	An Overview of Contemporary Issues and Relations（Maj Gen Dipankar Banerjee）	2013年10月31日
评论	习近平奥巴马会面	The Xi Jinping-Obama Summit（Jayadeva Ranade）	2013年6月11日
评论	和平与冲突研究所讨论：尼泊尔的当代问题	IPCS Discussion: Contemporary Issues in Naya Nepal（Sohan Prasad Sha）	2013年5月14日
评论	和平与冲突研究所讨论：印尼社会、政治、治理和安全	IPCS Discussion: Society, Politics, Governance & Security in Indonesia（Aparupa Bhattacherjee）	2013年5月9日
评论	中印和布拉马普特拉河：河岸竞争	India, China & the Brahmaputra: Riparian Rivalry（Roomana Hukil）	2013年3月31日
评论	南亚地区的水资源冲突：艾瓦江议会的教训	Water Conflicts in South Asia: Lessons from the Alwar River Parliament（Roomana Hukil）	2013年1月15日
评论	"烈火-5"洲际导弹：何谓其战略意义？	Agni-V: What is its Strategic Significance?（PR Chari）	2012年4月23日
评论	2012金砖国家峰会：中国的意义？	2012 BRICS Summit: What is China's Significance?（Tilak Jha）	2012年4月3日

续表

文献类型	中文名称	英文名称（作者）	发表日期
评论	2012 金砖国家峰会：挑战是什么？	2012 BRICS Summit: What are the Challenges? (Alok Kumar Gupta)	2012 年 4 月 3 日
评论	中印：追求更紧密的信心	China – India: Courting Closer Confidence (Swaran Singh)	2012 年 2 月 8 日
评论	金砖国家峰会：一个范式转变？	BRICS Summit: A Paradigm Shift? (Swaran Singh)	2011 年 4 月 11 日
评论	金砖峰会：一个评估	BRIC Summit: An Assessment (Gunjan Singh)	2009 年 6 月 29 日
评论	胡锦涛印度之行：双边关系的影响	Hu Jintao's India Visit: Implications for Bilateral Relations	2006 年 11 月 17 日
特别报道	建立全球安全	Building Global Security (Ranjan Mathai)	2012 年 4 月
问题摘要	中印战略经济对话：如履薄冰	Sino – Indian Strategic Economic Dialogue: Treading a Cautious Corridor (Bhavna Singh)	2012 年 3 月

资料来源：印度国防分析研究所官网，http://www.idsa-india.org/。

二、金砖国家智库合作理事会——观察家研究基金会

1. 委员会的成立

观察家研究基金会作为印度最具影响力、综合性最强的外交智库，为金砖国家组织的建立和发展都作出了卓越的贡献。2013 年 3 月 9 日，在南非德班智库会议上，与会各方签署了《成立金砖国家

智库理事会宣言》(*Declaration on the Establishment of the BRICS Think Tanks Council*)，决定启动成立金砖国家智库理事会。2013年3月28日，各金砖国家领导人会晤通过《德班宣言》，并在第42条正式宣布欢迎成立金砖国家智库理事会。理事会成员由五国智库合作的牵头单位组成，印度的牵头单位是观察家研究基金会。作为智库理事会印方的牵头单位，观察家研究基金会是金砖国家智库开展对话交流的统筹机构，一方面致力于推动金砖国家智库在学术研究、知识共享、能力建设、政策建设等方面的深化合作；另一方面积极协助金砖国家领导人会晤的东道国承办好智库会议和学术论坛。同时本着协商一致的原则，讨论决定智库合作中的一些重大议题。金砖国家智库论坛是成员国间发展时间最长、积累经验最丰富的合作途径之一，为推动各国政治、经济、安全、人文、科技等领域深度合作作出了应有贡献。当前国际金融危机阴影未散，世界经济复苏乏力，面临种种新挑战，五国智库专家学者需要共商合作发展大计。

　　观察家研究基金会认为金砖国家组织成员能借该机制各取所需，特别是经贸、人文交流层面。印度观察家研究基金会副主席萨米尔·萨兰认为，金砖国家乌法峰会发表的成果声明是一个能够满足各成员国预期和愿望的清单。俄罗斯将金砖国家视为能够抗衡其所认为的大西洋联盟向东扩展行动的力量。金砖平台对中国国家计划有多项关键性好处，包括助推人民币国际化、实现自由贸易区、产品市场多元化等。金砖国家为巴西提供了一个实现自身伙伴关系计划的顺风车。南非将成为金砖国家进入非洲的中心点。金砖国家将为印度提供所需的灵活性，并增进其与中俄的接触，从而使印巴关系有所缓和或者有进一步提升。

2. 委员会的成员及研究

目前观察家研究基金会研究金砖国家的研究员主要有维万·莎伦（Vivan Sharan），他是一位全球访问学者，担任全球治理计划的负责人，负责全球治理相关的各种活动，如亚洲全球治理论坛（AF-GG）和金砖国家倡议。他为金砖国家智库委员会撰写了《金砖国家的长期战略》。杰瑟·森古普塔（Jayshree Sengupta）是经济与发展计划项目的资深研究员，经常应对政府面临的经济问题，致力于解决金砖国家和欧盟的经济问题。她在 2015 年 12 月的这篇《金砖国家：更好的经济前景》（BRICS: Prospects for a Better Economic Horizon）文献中，描述了金砖国家的兴起以及巩固其不断增长的经济和政治共同利益。她认为，虽然金砖国家的目的仍然在于促进凝聚力，但是成员国的经济放缓减少了他们的相互关联的重要性，金砖国家的潜力仍未实现。鲁米·艾亚兹（Rumi Aijaz）是观察家研究基金会的高级研究员，具有地理和区域规划专业的背景。他获得了德里规划与建筑学院城市治理专业的博士学位，之后成为伦敦政治经济学院的博士后访问学者。他于 2007 年 9 月加入观察家研究基金会，并与罗莎·卢森堡基金会（RLS）、德国国际合作机构（GIZ）、奥斯陆和平研究所（PRIO）和南非人类科学研究委员会（HSRC）等机构合作从事城市研究和协调项目。他的出版物关注印度和金砖国家城市化的各个方面。鲁米·艾亚兹在《金砖国家的智慧城市运动》（Smart Cities Movement in BRICS）中记录了金砖国家改革方法的具体经验,其采用的措施使他们的城市变得智慧宜居。鲁米·艾亚兹的论文涵盖广泛的主题,包括政策和治理、研究方法、财政资源、人民的参与、公共安全、公共服务和环境的可持续性。

表4-3 观察家研究基金会对于金砖国家的主要研究成果

文献类型	中文名称	英文名称
文章	金砖国家未来十年的关系会持续多久?	The next ten years of BRICS – will the relationship last?
文章	金砖国家宣言中关于恐怖主义一节简直是无稽之谈	The BRICS declaration on terrorism is only an eyewash
文章	金砖国家对印度来说不是胜利:为什么中国不会与巴基斯坦断绝关系	BRICS was no victory for India: Why China won't break ties with Pakistan
文章	金砖宣言:中国寻求"一带一路"上阿富汗和巴基斯坦地区的和平	BRICS declaration: China seeks peaceful Af – Pak region for OBOR
文章	金砖十年:印度视角下的未来	A Decade of BRICS: Indian Perspectives for the Future
文章	洞朗事件之后,印度和中国必将在厦门金砖峰会上重遇	After Doklam, India and China must begin anew at the Xiamen BRICS meet
文章	印度机智地利用金砖国家组织这一手牌来应对洞朗事件所造成的僵局	India's clever use of the BRICS card in Doklam standoff
文章	实现金砖国家的长期目标:路线图和路径	Realising the BRICS long – term goals: Road – maps and pathways
文章	重新审视现有信用评级机构与金砖国家组织的相关性	Rethinking the relevance of existing credit rating agencies to BRICS
文章	金砖国家新开发银行:半满的杯子	BRICS New Development Bank: Glass is half full

续表

文献类型	中文名称	英文名称
文章	金砖国家智库理事会建议为研究人员放宽签证	BRICS Think Tanks Council recommends easy visas for researchers
文章	重新构想金砖国家组织	Reimagining BRICS
文章	金砖国家组织：分则能成	BRICS：Divided we stand
文章	金砖国家在未来几年仍要为更大、更有效的项目而努力	BRICS remains on course for bigger, more effective projects in the years to come
文章	在果阿，对金砖国家组织的"审判"时刻	In Goa, a moment of reckoning for the BRICS
文章	金砖国家峰会：印度对巴基斯坦手忙脚乱，必须等待时机应对中国	BRICS Summit：India's hands full with Pakistan, must bide time to deal with China
文章	第八届金砖学术论坛——果阿	Eighth BRICS Academic Forum, Goa
文章	金砖国家智库理事会会议	BRICS Think Tank Council (BTTC) meeting, New Delhi
文章	金砖国家峰会在果阿：在第八次会议上，金砖国家必须注重制度建设	BRICS Summit in Goa：Ahead of 8th conference, the bloc must focus on institution–building
文章	金砖国家2016年学术论坛	BRICS Academic Forum 2016
文章	金砖国家重建家园	"BRICS" to rebuild the house
文章	金砖国家：更好的经济前景	BRICS：prospects for a Better economic horizon
文章	新开发银行：确定战略和运营优先事项	The new development Bank：identifying strategic and Operational priorities
文章	全球化之战？金砖国家和美国在不断变化的世界秩序中的大型区域贸易协定	Battle for globalisations? BRICS and US Mega–Regional trade agreements in a Changing World Order
文章	金砖国家的智慧城市运动	Smart Cities Movement in BRICS

续表

文献类型	中文名称	英文名称
文章	金砖国家全球治理和国家利益竞争的迫切需要：一个印度人的视角	Competing imperatives of global governance and national interests within BRICS: An Indian perspective
文章	重新思考现有信用评级机构与金砖国家的相关性	Rethinking the relevance of existing credit rating agencies to BRICS

资料来源：观察家研究基金会官网，http://orfonline.org/。

3. 委员会的活动

观察家研究基金会是印度智库中最先参与金砖国家组织建设与研究的智库，并发起了印度智库的金砖研究。2009年举办了第一个活动，当时该组织在新德里主办了由20位来自金砖四国的顶尖学者参加的学术活动。2012年，在印度新德里举行的金砖国家首脑会议期间，观察家研究基金会组织了第四届金砖国家学术论坛，这是一个供金砖国家组织第二轨道专家讨论的普遍而创新的形式，这一模式已在每一个总统任期之后被复制，并正式在金砖国家智库理事会的主持下继续发展①。2012年3月4—6日，观察家研究基金会在新德里主办了金砖国家第四次智库会议，会议通过了《金砖国家第四次智库会议对金砖国家领导人会晤的建议》。随后举办了金砖国家领导人第四次会晤，会议通过的《新德里宣言》提出"探讨建立一个

---

① 观察家研究基金会官网：《第四金砖国家学术论坛在新德里举行》，http://www.orfonline.org/research/study-setting-up-development-bank-investment-fund/。（上网时间：2020年3月3日）

新的开发银行的可能性"。2012年9月,金砖国家智库论坛在重庆达成共识,通过创建金砖国家开发银行这一议案,使金砖国家在全球金融治理方面的作用进一步增强。

2014年2月28日,观察家研究基金会在印度新德里召开经济政策论坛,着重讨论资源政策。这一次论坛被看作是金砖国家组织经济合作研究平台建立的铺垫。2014年7月9日,观察家研究基金会举办"印度与全球治理的挑战"圆桌会议。2014年11月6日,首届金砖国家经济智库论坛在北京国际饭店召开。此次论坛由清华大学中国与世界经济研究中心和重建布雷顿森林体系委员会联合主办,由金砖国家经济智库承办,论坛也得到了巴西瓦加斯基金会、巴西应用经济研究所、俄罗斯财政部顾问机构、俄罗斯国立高等经济大学、印度观察家研究基金会和南非前沿咨询公司的支持。

观察家研究基金会的《金砖国家组织论坛》是一项二轨道外交举措,在论坛成立以来,为推动金砖四国合作议程发挥了重要作用。认识到这一点,印度政府便不断向观察家研究基金会提供支助。[1] 2015年6月18日至19日,观察家研究基金会和国家公共财政与政策研究所在新德里联合主办了一个关于新开发银行的金砖国家专家研讨会。该研讨会旨在汇集关于银行运作的战略和运营方面的多元化和准确观点,此次研讨会还得到了印度外交部的支持,可以看作是印度对金砖国家组织的支持。2016年9月19—23日,由印度观察家研究基金会、印度发展中国家信息与研究中心共同主办的第八届

---

[1] 观察家研究基金会官网:《金砖论坛》,http://www.orfonline.org/research/brics-forum/。(上网时间:2020年3月3日)

金砖国家学术论坛和第五次智库理事会分别在果阿、德里召开，金砖五国的学者专家和政府官员共100多人参会。[①] 一年一度的金砖国家学术论坛是五国学者讨论对金砖国家至关重要的问题，并为金砖国家领导人峰会提出想法和建议的一种广泛而创新的形式，主要讨论了从金砖国家内部贸易、中小企业和国际金融和技术转移到能源、健康和安全威胁等问题。

2017年4月28—29日，印度观察家研究基金会在新德里召开了金砖国家数字峰会。作为金砖国家论坛的一部分，金砖国家数字峰会汇集了来自政府、企业和民间社会的利益攸关方，就互联网政策的四个主题展开了讨论：网络空间的机构合作、准入和包容、互联网和多元治理，以及数字经济。2017年8月17—19日，印度观察家研究基金会在斋浦尔召开了金砖国家智慧城市会议。为期两天的会议由观察家研究基金会、印度外交部和萨达尔帕特尔警察局、安全和刑事司法大学联合组织。来自政府、教育和研究机构、智囊团、民间社会和私营部门的跨学科专业人士会面，就智能城市交换意见，并确定将现有城市转变为智能城市的解决方案。2017年10月26日，由印度观察家研究基金会研究员阿洛克·迪米里（Alok Dimri）举办大型讲座，题为《金砖国家的未来：机遇和挑战》。

2018年万寿论坛时，印度观察家研究基金会研究员达沃·德赛（Dhaval Desal）认为，金砖国家人文交流合作存在身份危机、不平等危机和意识形态危机，建议在政府层面，尊重各国政治决策，支

[①] 中华人民共和国驻印度共和国大使馆：《金砖国家第八届学术论坛和第五次智库理事会在印度成功举办》，https：//www.fmprc.gov.cn/ce/cein/chn/sgxw/t1400343.htm。（上网时间：2020年3月3日）

持各自发展道路和发展模式；在发展层面，金砖国家应建立一个投资与贸易研究机构，实现技术共享和共同研发，取长补短；在环境层面，金砖国家应作为一个整体，在联合国千年发展目标框架下成立一个金砖气候联盟，共同商讨相关问题；在全球治理领域，金砖国家要加强各个领域合作，比如海洋、外太空等；在人文领域，金砖国家的合作只有建立在牢固的文化理解、相互尊重和相互信任的基础上，才能实现共同进步和繁荣。印度观察家研究基金会研究员乔杜里认为，加强金砖国家间卫生疾病的研究与合作是促进民心相通的重要方式。印中两国都面临着公共卫生问题，应加强两国医疗卫生合作，尤其是在中印交界的边境地区，通过双边合作改善可能出现的情况，避免疾病传播。

◆ 第三节　印度智库的金砖国家研究 ◆

印度智库对金砖国家的研究主要是立足于印度的国家利益，以印度智库研究专长为基础，服务于印度外交政策。印度对金砖国家机制的态度和政策根植于印外交原则，包括：与所有国家建立友好关系；以和平手段解决冲突；坚持所有国家主权平等；在不结盟原则中宣示思想及行动独立性；公平处理国际关系等。印度参与金砖国家合作的总体目标可以归纳为：为印度追求其大国梦想提供了一个平台和机遇，使印可以在这样一个合适的时间和空间参与全球经济治理，并逐步在全球经济和政治领域同其他新兴经济体进行全方位、长期性、机制性的协调。① 随着自身经济实力的不断增强,印度的外交政策近年来出现了积极动向,对多边合作机制表现出浓厚的兴趣。② 印度对金砖机制的总体利益考量包括:一是增进金砖国家之间的互补与合作;二是在发展中国家推进基础设施建设;三是解决全球治理的低效问题,因为"六十多年前确立的全球政治经济治理机制已与当今变化了的国际政治现实不合拍"。③

印度是亚洲的重要力量和全球参与者,有成为全球大国的雄心壮志。印度智库最关注的领域就是经济发展,这也是当前印度的首要任务。印度的外交政策也在尽一切可能确保这一总体目标。它通过确保印度国内及周边的和平与安全,利用国家间伙伴关系来获得促进经济发展所需的一切(市场、投资、技术、人员流动),积极营造有利于经济增长的稳定和有利环境。总理瓦杰帕伊最先考虑克服印度在核领域的脆弱性。辛格总理继续推动加强与美国和其他西方大国的关系,同时推行与俄罗斯和中国保持平衡关系的政策。自2014年以来,印度莫迪政府已经做出了持续和成功的努力,以建立与美国、日本和欧盟的密切合作关系,吸引更多外国直接投资和技术流向印度。此外,无论是在全球层面,还是在区域、次区域和小型横向层面,印度都极为重视多边主义。有鉴于此,金砖国家不仅受到政府的关注,而且受到印度的战略和学术界以及媒体的关注。

---

① 张贵洪、王磊:《印度政治大国梦与金砖国家合作》,《复旦学报(社会科学版)》2013年第6期。
② 李冠杰:《试析印度的金砖国家战略》,《南亚研究》2014年第1期。
③ Prime Minister's Statement at the Plenary Session of the Fourth BRICS Summit, New Delhi, Speeches and Statements, Ministry of External Affairs: Government of India, March 29, 2012.

一、印度金砖国家研究文献的整体分析

首先,从整体上看,印度金砖国家研究文献主要立足于印度国家利益,对金砖国家组织和印度作为金砖国家组织成员两个层面进行研究,主要代表智库有观察家研究基金会和政策研究中心。以观察家研究基金会和政策研究中心官网公开的研究文献来看,在44篇金砖国家研究文献中有27篇是对金砖国家组织的研究,其余的文献多为从印度视角出发。如观察家研究基金会发表的《印度机智地利用金砖国家组织这一手牌来应对洞朗事件所造成的僵局》(*India's Clever Use of the BRICS Card in Doklam Stand Off*) 一文,便是从印度视角出发的。

印度智库学者对金砖国家的态度已经有所转变,从最初的质疑到如今的结合自身国家利益积极融入金砖国家组织,以发挥自己的优势。巴西、俄罗斯、印度和中国的领导人于2009年6月16日在俄罗斯叶卡捷琳堡举行会议。这是第一次金砖国家峰会,俄罗斯是东道国。所涉及的国家,已经对这次聚会进行了大量宣传,特别是俄罗斯,但是从第一次会议的结果看出人们对此持怀疑态度。问题是这些不同的国家能否走到一起,找到各种问题的根本所在及问题的共同解决方案。这些国家需要合作解决许多问题,主要是领导力问题。在经济上,中国是明显的领导者,但俄罗斯还没有准备好起到第二的作用。同时存在各国相互合作而产生的问题。印度和俄罗斯在防务领域的合作历史悠久。但俄罗斯和巴西并未就任何战线进行谈判。如果必须建立这种合作,有关国家需要在它们之间建立更

多的合作。

中国、俄罗斯和印度等三个主要合作伙伴之间仍然存在未解决的问题。印度也非常关注中国在地区中日益增长的影响力。目前中国是俄罗斯和印度最大的贸易伙伴。

虽然这些国家间有分歧，但也有学者认为金砖国家集团可以在国际政治中发挥重要作用且不应低估这一点的重要性，因为世界上最大的经济增长体聚集在同一平台上。另外，由于围绕气候变化和《京都议定书》的辩论仍在进行，人们认为金砖国家是最受影响的国家，而且应该在新的发展中发挥重要作用。但问题是这些国家是否能够发展另一个世界秩序？他们能否降低美国在自己地区的存在水平？

其次，印度金砖国家研究文献在国别研究的选取对象上主要是以印度本国为视角，对中国、俄罗斯、巴西、南非的研究侧重点各不相同。对金砖国家所包含的巴西、俄罗斯、印度、中国、南非进行比较研究，主要以印度国际经济关系研究委员会为代表。如《巴西、中国、印度、马来西亚、墨西哥及尼日利亚的食品安全：发展中国家的启示》（Approaches to Food Security in Brazil, China, India, Malaysia, Mexico, and Nigeria: Lessons for Developing Countries）就是对巴西、中国、印度等国家在食品安全治理方面的成功经验的介绍。除自身以外，印度智库对中国的研究更加深入且多元化。

吉塔·科赫哈（Geeta Kochhar）博士的文章《金砖国家峰会与印中关系》（BRICS Summit and India – China Relations），通过金砖国家的视角分析印中双边关系，并确定未来的潜在道路。中国积极同印度发展友好关系的主要原因在于莫迪被视为支持发展的领导者，中国想加强同印度纯粹的商业合作关系。重点将放在双边合作建设工业发展园区，加强相互投资，扩大贸易篮子，以及新丝绸之路等区域合作项目。区域合作将成为一个亮点，因为两国都需要能源资源。金砖国家为非对抗性合作战略伙伴关系指明了方向，可以改变双边、区域、多边以及全球关系的蓝图。

金砖国家研究始于国别研究，直到如今国别研究仍是这一领域研究的重要组成部分。金砖国家作为一种国家类别，国别研究议题主要集中在国别比较研究，将金砖国家之间以及金砖国家与其他经济体加以比较，找出它们的异同点并对其长期以来突出的经济表现寻求解释。在奥尼尔提出"金砖四国"概念后，越来越多的学者注意到金砖国家在国际经济与政治领域中所发挥的日益重要的作用，金砖国家概念下的国别研究是金砖国家问题研究中的基础性组成部分之一。这些研究既涉及金砖国家的经济增长与发展议题，也涉及对外经济交往及其影响。其中很多研究侧重于金砖国家之间以及金砖国家与其他国家之间经济、社会等领域的比较。

最后，印度金砖国家研究文献的专题主要可分为全球治理、经济和金融等领域。这些专题在印度金砖研究智库所公开的文献资料当中都有所涉及，既完全符合印度对金砖国家的总体利益考量，也是金砖国家各国之间所达成一定共识的议题。纵观印度智库对金砖国家的研究文献，无外乎大多都是这三类专题的相关研究。这三个专题都有所涉及的智库当数观察家研究基金会了，从它公开发表的文献即可看出。如《金砖国家的全球治理和国家利益竞争的迫切需要：一个印度人的视角》（*Competing Imperatives of Global Governance and National Interests within BRICS: An Indian Perspective*）、《金砖国家：更好的经济前景》（*BRICS: Prospects for a Better Economic Horizon*）、《新开发银行：确定战略和运营优先事项》（*The New Development Bank: Identifying Strategic and Operational Priorities*）。

二、印度金砖研究的专题分析

第一，在全球治理领域，印度金砖智库研究成果颇丰，几乎所有印度金砖智库都有所涉及。印度金砖智库积极推动融入金砖国家机制，不断加强与各成员国合作伙伴关系，为印度在全球治理中谋求更重要角色。在全球化和全球治理面临挑战的当下，印度想凭借自身不断增强的实力，在全球治理中发挥更大作用。从全球治理的创新能力层面来讲，金砖国家已成为全球化和全球治理的新源泉和新动力。金砖机制在十余年间，迸发了巨大的活力和创新能力。金砖国家能够为创新全球治理新机制贡献一份力量，提供更多国际公共产品，在全球治理和国际事务中发挥更大作用。印度金砖智库的大多数研究人员已经看到金砖机制这一重要平台的前景，故导致印度对金砖机制态度的不断转变。

2019年6月26日，2019金砖国家智库国际研讨会在北京第二外国语学院举行。[①] 与会专家学者围绕"全球治理与多边主义"这一主题，深入研讨了在当今国际变局中金砖国家如何进一步开展务实合作。印度观察家研究基金会杰出研究员哈利哈拉·维斯瓦纳坦

---

① 北京第二外国语学院：《坚持多边主义 完善全球治理——2019金砖国家智库国际研讨会在北二外举行》，http://www.bisu.edu.cn/art/2019/6/27/art_9922_225450.html。（上网时间：2020年3月10日）

(H. H. S. Viswanathan)谈到一个有效的全球治理体系在形成价值观、制定标准与规则方面的重要性,其构建需要国际社会最广泛的参与,新兴经济体在过去几十年来飞速发展,世界经济发展中心从发达国家转移到发展中国家。但当今国际治理体系却没有反映出这一点,许多国际规则和国际体系仍由少数发达国家制定。维斯瓦纳坦指出,全球治理必须是公正公平的,国际秩序不应由少数发达国家决定。金砖国家代表着广大发展中国家人民的利益和诉求,需要共同努力,增加发展中国家在多边场合的代表性和话语权。维斯瓦纳坦还指出,现在一些国家试图越过国际机制单独行事,面对单边主义的抬头,仅仅维持第二次世界大战以来的多边主义还不够,金砖国家需要改善旧的多边主义,使发展中国家和发达国家都享有平等权利,推动世界进入"多边主义2.0"时代,从而实现更好的全球治理。

第二,在经济领域的研究,印度金砖智库一直十分积极致力于推动金砖国家内部经贸关系的发展,并在一定程度上想借此提升其在亚洲的地位。一方面,印度金砖智库推动印度加强与金砖国家各成员国之间的经贸往来。金砖国家组织成立的主要原因就是经济因素,故经济合作一直是金砖国家的优先议题,也是取得进展最大的领域。在乌法会晤期间,金砖国家领导人通过了《金砖国家经济伙伴战略》,全面规划了金砖国家"一体化大市场、多层次大流通、陆海空大联通、文化大交流"的互联互通发展格局,进一步夯实了金砖国家经济伙伴关系。金砖国家不是封闭的俱乐部,金砖合作的影响也远远超出五国范畴。金砖机制不仅已成为新兴市场和发展中国家加强团结合作、维护共同利益的重要平台,也对国际和平与发展事业发挥着日益重要的作用。金砖国家秉持开放的理念,金砖国家迄今的一条有益经验,就是同其他新兴市场和发展中国家开展对话合作。

另一方面,印度金砖智库在促进金砖国家经贸规则制定、加强学术研究和企业合作等领域也起到一定的作用。自金砖智库理事会正式成立以来,每次在领导人会晤之前,都会由金砖国家智库理事会召开学术论坛,商讨具体的议题,为提升金砖国家组织开展合作的效率,这一方法确实可行。印度金砖智库在经济方面进行的研究主要包括:可再生能源、农业政策与市场、食品安全等。可见其研究领域是十分贴合印度国情的经济发展问题。

金砖机制目前已进入"三轮驱动"新阶段[1],金砖五国怀着共同发展的目标走到一起,经济合作一直是金砖合作的主线,为五国人民带来了实实在在好处。随着合作的不断拓展,政治安全合作逐渐成为金砖合作的重要组成部分。五国依托安全事务高级代表会议、外长会晤等机制,就重大国际和地区问题加强沟通协调,为世界和平稳定发挥着独特和积极的作用。在各金砖国家成员的通力合作之下,各国在加强传统的经济、政治安全合作的同时,精心打造人文合作成果,使人文交流成为金砖合作的第三支柱。人文合作的重要意义,在于夯实金砖合作的民意和社会基础。以此为依托,金砖机制由之前的"双轨并进",进入"三轮驱动"的新阶段,合作架构更加平衡,合作布局更加完善。这将为金砖机制未来发展奠定更为全面和坚实的基础,使金砖合作在第二个10年走得更快、走得更

---

[1] 《王毅:金砖机制进入新阶段'金砖+'模式释放积极效应》,人民网,2017年8月30日,http://world.people.com.cn/n1/2017/0830/c1002-29504520.html。(上网时间:2020年6月20日)

稳、走得更远。

和平与冲突研究所的索尼娅·哈基尔（Sonia Hukil）研究员的文章《金砖国家银行：一个游戏转换者》（The BRICS Development Bank: A Game-Changer）写道，为什么金砖国家新开发银行虽然看似有希望，但并非完全无懈可击。在巴西举行的2014年7月14日至16日金砖国家峰会上，五个成员国同意建立金砖国家新开发银行和应急储备安排（CRA）。资本基础将资助金砖国家的基础设施和可持续发展项目，并最终为其他发展中国家提供资金。应急储备安排是帮助各国对冲短期流动性压力的基金库。与新开发银行相比，应急储备安排将由金砖国家提供不平等的资金，中国占据41%的份额。预计这些安排将产生巨大的经济和政治影响。金砖国家新开发银行的成立宗旨为公正、包容和前瞻性。它为创始成员提供平等的投票地位，并提供无附加条件的援助贷款。这是为了加深金砖国家之间现在和长期的合作，并进一步加强南南经济合作。

显然，金砖国家这些举措背后的主要动机是在国际经济秩序中发挥更大的作用，而国际经济秩序则以国际货币基金组织和世界银行为中心。新开发银行打算补充，甚至可能在以后取代这些多边机构以建立新的金融架构。金砖国家渴望更多地控制自己的资源以及具有更多的代表性，以使多边筹资体系框架民主化。

金砖国家拥有世界十大经济体中四个金砖国家创始成员中国、印度、巴西和俄罗斯的金融能力，然而现实充满了复杂性。与世界银行相比，新开发银行认购的资本基础和授权贷款微不足道，新开发银行的贷款不足以对新兴经济体的发展进程产生实质性影响，因此很难挑战现有机构的影响范围。

同时，金砖国家新开发银行将继续使用美元开展业务，从而使其经济按照美国制定的政策和程序运作。结构性差异可能是金砖国家之间差异的转折点，这仍然是影响金砖国家结构稳定的核心问题。中国不仅是世界第二大经济体，而且还远远超过所有金砖国家经济体的总和。中国对应急储备安排的贡献将远远超过其他成员国。

金砖国家成员国的经济预计在可预见的未来会出现衰退。由于持续的经济问题，如通货膨胀，与过去相比他们未来的增长将不那么显著。有人甚至推测下一次金融危机将来自金砖国家。如果不能维持高增长率，将会阻碍金砖国家的贷款能力，进而加剧对世界银行和国际货币基金组织的依赖。

金砖国家间的不同利益、优先事项和治理体系进一步引发了其对挑战西方主导金融体系的能力的质疑。金砖国家内部动态似乎也很微妙。印度对金砖国家新开发银行抱有很高的期望，但其政策制定者不应对其在银行内的地位感到自满，必须在金砖国家的道路上谨慎果断地行事。

◆ 第四节　印度智库对金砖国家合作的影响 ◆

金砖国家合作的发展完善离不开各成员国智库的努力，在2013年南非德班金砖峰会中提出建立金砖国家智库委员会后，于2014年在北京成立了金砖国家经济智库。2014年11月6日，由清华大学中国与世界经济研究中心和重建布雷顿森林体系委员会共同主办、金砖国家经济智库承办的金砖国家经济智库论坛暨金砖国家经济智库成立仪式在北京国际饭店举行。印度观察家研究基金会高级研究员格桑贾利·纳塔拉吉（Geethanjali Nataraj）共同参与启动了金砖国家经济智库成立仪式。①印度金砖智库对推动金砖国家组织的建立与机制化起到了不容小觑的作用，对促进金砖国家间经贸往来、人文交流都有一定的积极影响。

一、智库影响的途径：从学术论坛到首脑峰会

在对内层面，印度智库作为信息的传递者，凭借其对于外界的研究，形成属于自己客观公正的观点，能够在必要时刻向政府传达更为准确的信息，从而对政府的外交决策产生一定的影响。有的智库会通过媒体发布观点，向社会公众传递信息，影响社会舆论，从而影响决策。当前印度智库参与决策的重要方式主要是通过间接方式，在媒体上刊登文章、参与电视新闻访谈、网络访谈评论等，并对当前社会政治、经济、文化、军事、外交等热点问题展开深入讨论，亮明自己的观点，从而引起社会的广泛关注，进而影响政府决策。特别是对一些突发性事件，通过媒体影响应急决策的方式十分有效。比如，一些智库在发表了针对印度武器装备方面的几篇文章后，在印度及国际上引起极大的反响，导致需要印度外交部门出面解释。

另外，作为决策理论与方法的提供者，印度智库利用其对于国

---

① 清华大学中国与世界经济研究中心，"金砖国家经济智库论坛在京举行"，http://www.ccwe.tsinghua.edu.cn/info/jzzkdt/1196。（上网时间：2018 年 3 月 3 日）

内外优秀学科理论并结合本国国情，为决策者提供一些合理的建议。印度智库一般针对当前或未来的重大问题出版专著或专题研究报告，这是印度智库影响政策最常见的方式。如近年针对中国与印度的比较研究，一些智库的专家学者出版了如下著作，考尔（T. N. Kaul）的《外交官回忆录（1947—1999）》、狄伯杰（B. R. Deepak）的《印度与中国：1904—2004 年》和白蜜雅（Meera Sinha Bhattacharya）的《中国和印度》等。印度学者认为，这是学术开明，也是研究自信，更是印度智库市场化竞争生存的必然选择。对于世界国家尤其是大国而言，能否做出正确的外交决策往往攸关其外交行动的成败，而及时、果断、正确的外交决策有赖于通畅、有效、迅速的外交决策机制。印度的一系列对外决策一般都要经过充分的调研和论证，各层次精英在外交决策方面发挥着重要作用。目前印度智库关注三大挑战：全球性政治、经济和安全问题；新兴市场的崛起以及可能引起的安全问题；有关国际和地区机制的斗争以及大国间的政策共识问题。[①] 随着其关注点的不断扩大与延伸，智库在印度国家安全、对外政策和经济社会发展等方面的重要参谋作用也引起了国家高度重视。当今社会，智库的质量与数量越来越成为一国实力的组成部分，智库在大国决策中的影响力可见一斑。

在对外层面，印度金砖智库成员通过参加金砖智库学术论坛，对金砖智库会议形成的总的议题产生一定影响。一般来说，金砖国家智库会议提出的会议议题与领导人会晤主题几近一致，如 2012 年

---

① 郑文浩：《印度"买"出个世界第一》，《中国军转民》2012 年第 6 期，第 30—33 页。

金砖国家领导人德里会晤主题是"稳定、安全、增长",印方把金砖智库会议主题定为"致力于稳定、安全、增长的金砖国家伙伴关系",在此主题下讨论了8个议题。2013年金砖国家领导人德班会晤主题是"金砖国家与非洲:致力于发展、一体化和工业化的伙伴关系",德班智库会议主题与此完全一致,并下设5个分议题。金砖国家各成员国普遍重视智库的交流合作,就是要通过发挥智库会议的二轨作用,达到增信释疑,提供智力支持的目的。

二、印度金砖研究智库的贡献

金砖国家合作机制的建立过程中离不开各国研究机构的智力贡献。目前,金砖国家经济智库已经建立,为金砖国家领导人会晤提出了众多建议,丰富和深化了金砖国家的合作。未来,金砖国家的大学、研究机构、智库之间的交流与合作将进一步加强和深化。各国研究人员和研究机构之间的交流、合作、会议和论坛将会碰撞出思想的火花,为金砖国家的发展和相互合作贡献更多更好的建议。金砖国家合作走过了十年的发展历程,金砖国家智库也形成了多层次、多类型、多功能的现代网络,包括政府附属智库、政党附属智库、准政府性质智库、大学附属智库、准独立智库及独立智库等。十年来,金砖国家以经济合作为引领,经济总量占全球比重从12%增加到23%左右,成为全球经济的主力军。十年来,金砖国家在政治和人文等方面的交流与合作都迈上了新台阶,已经成为国际政治和全球治理的重要力量。其中,智库合作发挥着独特作用。

第一,印度金砖智库推动了金砖国家组织合作机制的建立。金砖国家智库合作对推动金砖国家合作起到了重要的推动作用。作为金砖国家合作的重要机制，金砖国家智库合作也取得了成果。各金砖国家都拥有一批高水平的智库，在研究金砖国家相互合作、金砖国家与全球治理机制以及金砖国家各自发展中出现的新问题和新任务方面做出了贡献，金砖国家智库之间的合作交流与研究也很活跃，初步形成了金砖国家智库理事会的长效沟通平台。目前典型的金砖国家智库包括中国中联部金砖国家智库中方理事会、俄罗斯金砖国家研究国家委员会、印度观察家研究基金会、巴西应用经济委员会、南非人文与社会科学研究国家研究院等。随着研究的深入，金砖国家智库已形成较为长效的合作机制，每年都在轮值主席国举办金砖国家学术论坛和金砖国家智库理事会议。2016年金砖国家学术论坛和第五次智库理事会分别在印度果阿、德里召开，吸引了金砖国家政府、企业及研究机构的参与。金砖国家智库理事会就每年的金砖国家峰会相应议题进行沟通、交流与合作研究，为金砖国家峰会合作成果的取得做出了卓有成效的前期工作，许多智库研究共识纳入到当年峰会的宣言中。

印度观察家研究基金会作为金砖国家智库理事会牵头单位之一，在推进金砖国家智库之间机制化的合作方面也做了突出贡献。金砖国家机制包括的会议已有上百种，其中一个重要的机制是金砖国家学术论坛，这是目前金砖五国智库之间交流的主要平台。实际上又依托于金砖国家智库理事会，是一个沟通学界、智库界、政策界的桥梁或轨道，通过这个平台把智库研究的成果和建议反馈给决策层，由此希望金砖五国的决策层为深化金砖国家的合作、加强国际政治经济秩序的改革与发展及金砖国家自身机制建设提供一个智库沟通的渠道。

第二，印度金砖智库丰富了金砖国家组织务实研究的成果。金砖国家智库在推动金砖国家发展"金色十年"、深化金砖国家务实合作过程中都发挥了各自的作用。印度智库偏重于对经济发展、全球治理、人文交流等方面的研究,取得大量的对金砖国家组织务实研究的成果,这是对金砖组织十分有意义的。

印度智库在推动金砖国家金色十年发展中的作用,首先是智库自身功能的发挥。这主要体现在促进政策创新、推动思想进步、引导观念更新、加深对话交流等方面,研究政策方面的印度智库突出代表是政策研究中心。印度智库进行了大量政策创新研究,定期交流政策观点,比如促进贸易投资便利化、加强能源与环境合作、为国际和地区提供新型公共产品、改革全球经济治理结构等,研究能源与资源的代表智库是印度能源与资源研究所。另外还有对中国问题研究比较深入的中国问题研究所和观察家研究基金会。

第三,印度金砖智库提升了印度在金砖国家组织中的话语权。金砖国家成员当中,印度是当之无愧的大国,印度智库凭借金砖国家这个舞台,积极加强与其他金砖国家的经贸合作、人文交流。并且,在建设金砖国家合作机制、国家安全以及全球治理等层面,都发挥了重要作用。

印度参与金砖国家合作的总体目标可以归纳为:为印度追求其大国梦想提供了一个平台和机遇,使印可以在这样一个合适的时间和空间参与全球经济治理,并逐步在全球经济和政治领域同其他新兴市场国家进行全方位、长期性、机制性的协调。[①]

[①] 张贵洪、王磊:《印度政治大国梦与金砖国家合作》,《复旦学报(社会科学版)》2013年6期,第167—174页。

第四，印度金砖智库加强了印度同金砖国家各成员国之间的伙伴关系。随着自身经济实力的不断增强，印度的外交政策近年来出现了积极动向，对多边合作机制表现出浓厚的兴趣。[1] 印度政府发现观察家研究基金会在金砖国家组织当中发挥的重要作用，便增加对该智库的资金资助。印度智库的主要立场还是维护印度的国家利益，印度对金砖机制的总体利益考量包括：一是增进金砖国家之间的互补与合作；二是在发展中国家推进基础设施建设；三是解决全球治理的低效问题，因为"60多年前确立的全球政治经济治理机制已与当今变化了的国际政治现实不合拍"。[2] 金砖国家智库在推动金砖国家发展金色十年中起到了重要作用，智库在整合研究力量、促进金砖国家政策沟通、推动思想创新、有效引导舆论、增进彼此友谊等方面发挥着越来越重要的作用。尤其在国际上不断出现"唱衰金砖合作""逆全球化"杂音的情况下，金砖国家智库在推动自由贸易、反对保护主义、唱响金砖合作未来等方面都起到了积极作用。

第五，印度金砖智库促进了金砖国家银行的建立。金砖银行议题阐述的"金砖银行"是对"金砖国家新开发银行"和"金砖国家应急基金"的统称。金砖银行的成立经历了一个不断协商，不断发展的过程。全球经济版图的现实变迁对国际金融格局提出了新要求。金砖银行这一概念最初是2012年提出的。2013年3月，在南非德尔班的金砖国家领导人第五次峰会上，同意成立金砖国家新开发银行，

---

[1] 李冠杰：《试析印度的金砖国家战略》，《南亚研究》2014年第1期，第119页。
[2] 金砖国家信息中心官网，"Prime Minister's Statement at the Plenary Session of the Fourth BRICS Summit", http://www.brics.utoronto.ca/docs/120329-singh-statement.html。（上网时间：2020年3月8日）

同时提议建立金砖国家应急基金。2014年7月16日，在金砖国家领导人第六次峰会上，中国、俄罗斯、印度、巴西和南非五国领导人，在巴西签署《福塔莱萨协议》，成立"金砖银行"，提供1000亿美元初始资本。"金砖银行"总部设在行长由五国轮流担任，任期一年，首任行长为印度人。金砖国家新开发银行印度籍行长卡马特称，虽然金砖国家经济增速放缓，但合在一起对全球增长的贡献仍超过其他国家，五国都仍有增长空间；目前中国6.1万亿美元的银行间债券市场是金砖银行目前唯一可行的债务市场融资选项。金砖国家新开发银行的主要战略是通过利用当地货币贷款来限制借贷成本，以便为其他金砖国家的项目提供贷款。

与世界银行不一样的是，金砖国家新开发银行的投票权并不是基于资本份额，金砖国家新开发银行的每个参与国都有一票投票权，而没有国家拥有否决权。"金砖国家应急基金"目前只是出资承诺。基金的主要功能是在当金砖银行成员国出现短期外汇收支困难，或遭遇国际金融冲击时，提供应急短期外汇支持。在观察家研究基金会智库中，以"New Development Bank"或"Brics Development Bank"为关键词进行全文搜索，共有11篇，8篇为详细的分析报告，其中1篇为金砖合作关系的专门年度报告，其余均为分析报告，从报告中可以看出智库的报告大量是针对中国在金砖银行中扮演的角色的分析和讨论。

在印度国际经济关系研究委员会智库中，以"New Development Bank"或"Brics Development Bank"为关键词进行全文搜索，有15篇相关文章，2篇是金砖国家研究员介绍，2篇出版及报道列表，3篇政策研究报告，1篇为印度国际经济关系研究委员会年度报告，1

篇为会议论文,仅有1篇是关于金砖银行的专门研究报告《阐明进步的金砖国家开发银行的愿景》(Articulating a Vision for a progressive BRICS Development Bank),5篇转载其他研究机构的相关报告。印度智库在金砖银行议题上的关注点如前文所述,主要集中于对布雷顿森林体系的挑战上。但在这个问题上,由于金砖国家在许多问题上持有不同的观点看法,导致较大的政治分歧,印度智库十分关注这是否会对金砖银行的发展前景带来阴影。而金砖银行要想真正重塑世界金融秩序则需要金砖国家在各项重大国际议题上达成共识。

印度智库认为,国际金融秩序的改革绝不是经济领域的问题。观察家研究基金会的阿马蒂亚·拉希里(Amartya Lahiri)在"国际金融机构与融资新动向"会议上就明确提出,国际金融机构绝不能和政治分离,尤其在目前的地缘政治环境下。印度部分智库反复强调,印度要降低对于金砖国家新开发银行的期望值,一则因为金砖联盟本身就不是一个如同北约、欧盟那样的基于完整架构的组织,而是基于对抗以美国为首的发达国家的政治霸权、经济垄断的概念性组织;而与此同时,为了挑战美国单极权力的金砖组织,在内部针对多极的看法就是完全不同的。

印度智库尽管强调金砖国家新开发银行对旧的金融体系的挑战,但同时也非常关注金砖国家新开发银行和世界银行、国际货币基金组织以及亚投行的互动。观察家研究基金会就有明确的分析报告表示尽管金砖国家新开发银行能够给印度的发展提供一些基础建设的资金,但是来自发达国家的技术基础是印度目前所急需的。因而印度也高度重视和美国在世贸组织框架内的《贸易便利化协定》,认为《贸易便利化协定》能较好地帮助印度发展。

从传播偏向上来看，印度媒体在金砖银行议题上更配合政府的主流思想，尽管也在一定程度上提出了基于金砖银行内部分歧而可能出现的影响金砖国家新开发银行发展的报道或者分析，但是总体上传播的态度上还是偏向乐观，并且高度关注金砖银行能给印度带来的发展契机。而印度智库总体上则更偏向针对地区关系和国际经济关系的深度研究。

◆ 第五节　小结 ◆

从印度金砖智库的研究立场来看，国家利益是核心，主要体现在国家安全、经济、政治利益等层面。印度金砖智库的大致立场如下，观察家研究基金会和政策研究中心是非营利性的民间机构，具有很大的独立性，其研究人员往往从其自身的背景、经历出发，敢于发出自己的声音，并不习惯性地与政府保持一致，因此很难准确地定性为务实派还是强硬派。国防分析研究所由于其隶属国防部，与军方人士交往甚密，对中国的研究多侧重在军事和国家战略方面，故经常以一种警惕的心态来看待中国，属于强硬派。国家应用经济研究理事会、印度国际经济关系研究委员会等，由于他们内部的研究人员多为退休的官员，对中印关系能够进行客观、理智地分析，且特别关注经济领域，属于务实派。尼赫鲁大学国际关系研究所聚焦于外交政策领域，对金砖国家的态度逐步转变。态度的转变体现为，从起初的质疑和批评转为后来的支持。如指责金砖国家所进行的会议和学术论坛没有将政策建议落到实处。后来金砖国家领导人会议逐步完善后，落实情况也有所改善，说明印度金砖智库对金砖国家组织的质疑和批评也对建设金砖国家组织产生了积极作用。而不同智库的研究人员在相同的问题上往往有不同的看法，甚至同一位研究人员在不同时期对同一个议题也有不同的见解和态度。总而言之，印度金砖智库还是以印度国家利益为核心，加入金砖国家的主要目标是发展印度的经济。

从印度金砖智库的构成性质来看，独立型智库占主导。印度金砖智库的性质多为独立型智库，这就决定了其具有较强的独立性。独立型智库扎根于民间，奉行客观、独立、公正的原则，研究不受政府、利益团体、资金捐赠者的影响。官方智库的研究多以政府政策为主导，受政府影响较大。此外，印度金砖智库中研究水平较高的观察家研究基金会，是一个在外交领域研究成果较为突出的综合性智库，其他智库所涵盖的研究领域主要是经济和外交领域，这也说明了印度想在金砖国家组织中达成的主要目的是为了营造有利于本国经济发展的国际环境，促进同其余各成员国之间的关系。中国也应鼓励更多非官方智库根据自身特色积极对金砖国家进行研究。

从印度金砖智库的发展经验来看，务实合作是根本。印度智库十分重视对经济领域的合作研究，自加入金砖国家组织以来，与各成员国的智库一直保持务实合作，加强互信。一定程度上也促进并加强了同各成员国间的经贸关系。在印度担任2016年金砖国家机制轮值主席国期间，印度经济在金砖国家中表现比较好，故莫迪十分赞赏金砖机制，并认为在全球充斥政治、安全、经济挑战背景下，金砖国家机制是世界希望的重要支柱。此后，印度政府更加支持印度金砖智库的研究，在建设金砖国家银行时也大力支持。智库之间的务实合作也是人文交流的一种形式。在新的历史阶段，金砖国家人文交流与合作应充分调动和整合各种资源，发挥智库的智力支持作用，推动合作机制向多元化方向发展。同时，有效发挥政府与民间机制的联动效应，并在一些重点领域打造人文交流机制建设的示范性成果。

总而言之，金砖国家智库应根据金砖国家合作机制建设的现实要求和自身实际情况，针对性地补齐金砖国家智库合作中的一系列短板，以便进一步发挥金砖国家智库合作的积极作用。一方面，要做好自己本来的研究专长，做好理论研究的同时也加强实践研究。理论也许能够较好地解释过去，但并不能精准地预测未来，理论研究与现实应用间存在差距，前瞻性研究是智库生命力所在。此外，还应建设专业特色智库，构建共享智库网络，加强智库咨询研究能力。金砖国家智库合作应跳出西方国家智库的传统强项领域，这样的话，在人工智能、共享经济和人文交流等新兴领域合作将享有后发优势。另一方面，面对市场、政府及国际层面对金砖国家智库合作提出的新要求，金砖国家智库不应单单服务于金砖国家公共政策，还应为规模日益庞大的金砖国家企业提供必要的智力支持。金砖国家应明确区分政府与市场边界，把更加关乎公共利益的问题交由非营利性智库评估，把能够通过市场机制解决的问题交给以营利为目的的咨询公司。要强化智库话语塑造能力，金砖国家智库合作不应仅表现为智库间合作，还应体现在与其他机构间合作，通过倡导独立自主研究，激发社会智库活力，提升智库独立运营能力。

印度金砖智库对于印度的金砖国家战略有一定影响，并对金砖国家组织的发展起到一定的积极作用。智库本身是一种通过对以直接决策圈为塔尖、普通大众为塔基、精英阶层参与的金字塔式结构的影响来实现的。总体而言，印度金砖智库研究取得了一定成就，但仍存在不足。可从以下五个方面进行改善。

第一，形成政策思想。在印度，遇及战争和有争议的重大社会问题时，印度政府会请智库学者牵头成立专门的委员会，对相关问题进行评估。在此过程中，印度学者可以获得政府文件，评估结果分可公布和不可公布两部分。通过充分的调研与考核后，智库会为政府的政策提供原创性的理论指导。金砖国家组织提出之初，印度智库有一部分学者对其持十分消极的态度，但随着政策理论研究逐步成熟，印度在金砖国家组织中获益不断增多，智库推动政府间合作也日益加深。

第二，提供政策建议。智库对政府的影响力体现在两个层面上。一是在政府需要立即做出的决定上，比如印美核协议谈判问题、印度全国农村就业保障计划等，如何影响这些政策设计是智库影响力的直接试金石。二是智库在潜移默化中转变政府意识。具体通过一系列成果推销机制来发挥其影响力：发表专题研究报告或著作，就重大政策问题提出政策思想和战略设计；举办高层论坛和演讲活动，为政策思想交流扩散提高场所；定期出版的期刊、成果快报、年度研究报告、学术会议论文等，广泛传播智库的研究成果；借助媒介宣传政策主张，影响社会思潮和决策环境等。

第三，引导社会思潮。智库的专家学者是研究社会问题的精英人物，他们的思想观点和研究成果对于社会思潮的形成与发展趋势起着重要的影响。智库通过出版其研究成果，召开面向公众的研讨会，与政商界团体召开小范围闭门会议，研究员被邀请进入政府工作，智库的专家学者接受各大媒体采访及在世界范围内发表评论员文章，宣扬自己的学术观点等，对社会舆论的形成起到了推进作用。印度政府部门或政界要人在推行或宣传新的外交政策时往往需要借助相关智库或著名学者专家的观点以支撑其观点。值得一提的是，在此过程中，智库与媒体的良性互动意义重大。一方面，智库为媒体提供了大量新颖的政策主张和思想观点，成为媒体的卖点；另一方面，媒体又成为智库政策主张传播的载体和主要推动者，起到放大或者缩小智库影响的作用。智库正是通过媒体形成了影响决策的社会氛围。

第四，建立民间外交。当印度与某国产生分歧或政治环境陷入僵局时，智库作为国内与国际交流的一个平台，在双边和多边外交事务中发挥着重要作用，可以发挥"第二轨道"外交功能，对政府调停和解决国家冲突起到补充作用。具体而言，智库会通过民间外交如学术交流等方式来保持国家间沟通渠道。

第五，人才储备和周转。在美国，"旋转门理论"由来已久。4年一次选举、政党轮流坐庄，每一次更迭，从总统至中上层官员的变动多达数千人次。从政府卸任后，多数美国官员选择进入各大智库从事政策研究。另外，智库核心成员成名以后，很有可能被吸纳到政府决策部门，直接作用于外交决策。可以说，智库既是政府官员的蓄水池，又是政府官员的摇篮。印度前任总理曼莫汉·辛格就是以智囊团的身份进入印度政府的，他担任过所有关键的经济职位，包括印度储备银行行长、计划委员会副主席和政府首席经济顾问等。

第五章 中国的金砖国家研究智库

◆ 第一节 导论 ◆

一、概念和内涵：从中国智库到中国金砖智库

2021年1月，美国宾夕法尼亚大学"智库研究项目"发布了最新的《全球智库报告2021》（以下简称《报告》）。《报告》指出，在过去十年中，美国和欧洲的智库增长率有所下降。与此同时，亚洲、拉丁美洲、非洲、中东和北非的智库数量和类型继续扩大。亚洲的智库数量已增至3389家（占全球智库30.3%），中美洲和南美洲则拥有1179家智库（占全球智库的10.5%），而非洲和中东的智库数量共为1278家（占全球智库11.4%）。2020年，中国拥有1413家智库，位居世界第二。印度和英国智库数量位列中国之后，分别拥有612家和515家。俄罗斯2020年以143家智库数量超过日本（137家），次于意大利（53家），跃居成为智库数量

排名第 12 位的国家。①

在此《报告》中，中国智库表现不错。改革开放 40 多年来，中国智库从官方智库"一枝独秀"到官方智库、民间智库、高校及研究机构智库"百花齐放"，智库在政府管理部门决策过程中的影响力越来越大，智库建设取得巨大成就。

《报告》榜单显示，包括中国现代国际关系研究院、中国社会科学院、清华—卡内基金全球政策中心、中国国际问题研究院、国务院发展研究中心、北京大学国际战略研究院、全球化智库和上海国际问题研究院在内的 8 家中国智库进入全球顶级智库百强。

《报告》榜单显示，在特殊成就类别中，包括中国社会科学院、中国现代国际关系研究院、中国国际问题研究院、国务院发展研究中心、中国社会科学院、上海国际问题研究院、中国台湾工业技术研究所、中共中央党校国际战略研究院在内的 8 家中国智库上榜"2020 全球最佳政府智库 73 强"；北京大学国际战略研究院、清华—卡内基全球政策中心、清华—布鲁金斯公共政策研究中心、中国人民大学重阳金融研究院、清华大学国情研究院、北京大学国家发展研究院 6 家中国智库上榜"2020 全球最佳高校智库 94 强"；全球化智库、天则经济研究所、人大重阳金融研究院 3 家中国智库上榜"2020 年度预算经费不到 500 万美元最佳智库 45 强"；清华—卡内基全球政策中心、浙江师范大学非洲研究院 2 家智库上榜"2020 全球最佳大学区域研究中心 32 强"。

---

① James G. McGann, "2020 Global Go to Think Tank Index Report", in TTCSP Global Go to Think Tank Index Reports, 2020, https：//repository.upenn.edu/think_tanks/. （上网时间：2021 年 7 月 21 日）

在数量众多的中国智库中,有少量是专门研究金砖国家组织的,如北京师范大学金砖国家合作中心、对外经济贸易大学金砖国家研究中心、广东工业大学金砖研究中心、四川外国语大学金砖研究院等;还有一些综合性的智库中有金砖研究的项目和人员,如中共中央对外联络部当代世界研究中心、中国人民大学重阳金融研究院、国家开发银行研究院(金融研究发展中心)、北京第二外国语学院"一带一路"战略研究院等。

2018年金砖国家和智库合作中方理事会共吸纳理事88名,理事单位90家,副理事长单位14家,包括中国人民大学、北京师范大学、国家开发银行、华东政法大学、对外经济贸易大学、上海外国语大学、山东财经大学、广东工业大学、四川外国语大学、北京第二外国语学院、中国传媒大学、河海大学、山东建筑大学、天津科技大学,这14家副理事长单位内的金砖研究机构,基本代表了中国金砖国家智库的实力和水平。

总的来说,中国的金砖研究智库力量还不算强大,机构分布也比较松散。有鉴于金砖国家组织的重要性,有关金砖研究的智库在未来还需要加强。

二、关于中国智库和中国金砖智库的研究综述

关于中国的金砖智库研究,目前还没有专著问世(这也是本书写作的初衷之一,即力图填补这一空白)。

文章方面,2012年12月,中国社会科学院拉丁美洲研究所的周志伟对巴西智库——金砖国家政策中心进行了较为详细的介绍。成

立于2010年11月的巴西金砖国家政策中心是由巴西里约热内卢市政府与里约热内卢天主教大学国际关系研究所合作成立的一个新的研究机构。短短几年来，金砖国家政策中心的国际影响力迅速攀升，如今已成为巴西在国际关系领域最具影响力的智库之一。在美国宾夕法尼亚州立大学公布的"2011年全球智库排名"中，金砖国家政策中心跻身全球大学智库的第20位。客观地说，金砖国家政策中心的研究人员并不多，它的重要性主要体现在其平台角色方面。首先，该中心利用里约天主教大学国际关系研究所充足的研究资源，举办了形式多样的专题会议。通过举办这些会议，该中心实际上在巴西国际关系研究领域发挥了重要的"黏合剂"或"组织者"的作用。同时，该中心与巴西联邦政府建立了紧密的合作关系，比如与巴西外交部、环境部、体育部、科技部均存在信息往来和项目合作的关系，与巴西外交部下属的古斯芒基金会和国际关系研究所也建立了广泛的对话与合作。该中心还建立了金砖国家信息与研究资料库，并针对金砖国家之间的会晤、峰会、协商等发布信息简报、评估报告等，以此保持对金砖国家连续且深度的跟踪研究。[1]

2017年1月，江西师范大学财政金融学院的骆嘉首次对金砖国家智库进行了全面梳理。他指出，智库是金砖国家发展的智力支持，也是金砖国家合作机制建设的贡献者。近年来，金砖国家智库得到迅速发展，对其经济社会发展及合作机制建设发挥着积极作用，但也面临着一些难题与挑战。未来，通过积极探索智库

---

[1] 周志伟：《金砖国家政策研究中心：快速发展的巴西智库》，《中国社会科学报》2012年12月29日，第B05版。

发展规律以及加强智库合作，金砖国家智库将得到持续稳健发展并发挥更大作用。①

2017年2月，中共中央对外联络部研究室的张镋及、索不觚在中国正式接任2017年金砖国家主席国、金砖国家合作第二个十年开启之际，提出推动新时期智库合作，助力中国"金砖年"。他们认为：十年风雨同行，金砖国家合作的各方面都在进步成长，其中，智库合作成为金砖国家合作中一道亮丽的风景线，正展现出越来越强的生命力。站在新的历史起点上，金砖智库合作必将为推动金砖国家合作、新兴经济体发展和全球治理贡献更多智慧和力量。②

2017年3月，广东工业大学金砖国家研究中心蔡春林、刘美香对金砖国家智库发展历程进行了系统梳理，并总结了相应启示。他们指出：俄罗斯、印度、巴西和南非是发展中国家的重要代表，其智库建设在全球正处于发展阶段，目前已经具备发展基础，未来发展势头良好。此外，四国也开始从政策和战略层面注重智库的国家影响力建设，以求国家在获取与区域或全球性大国地位相匹配的战略利益时能够得到智力支撑。俄罗斯、印度、巴西和南非部分智库已经跻身全球知名智库前150位，这在某种程度上反映了四国智库发展的现状及国际影响力，对此进行研究分析，可总结出一定的智库发展经验及其对中国的启示。③

---

① 骆嘉：《金砖国家智库发展状况及前景》，《中国社会科学报》2017年1月12日，第B05版。
② 张镋及、索不觚：《推动新时期智库合作 助力中国金砖年》，《当代世界》2017年第2期，第27—29页。
③ 蔡春林、刘美香：《金砖国家智库发展及其启示》，《中国社会科学报》2017年3月31日，第06版。

2017年6月，中国传媒大学赵瑞琦对智库与金砖国家网络安全进行了阐述。他提出，在多边合作低效的国际背景下，金砖五国机制要发挥作用，就需要与时俱进、协调一致，进一步增强开放、加大自由，增强互联互通能力。这个过程需要一步步地通过合作共赢的实践来"事上练"：通过试点，不断地将成功的经验总结、深化并复制、推广，塑造认知习惯、思维惯性和行为模式，最终达到团结共赢。智库的合作可以作为试点，通过在合作机制与内容建设上进行创新，并将由此形成的合作模式外溢至更广的范围，从而形成合作模式与惯性。网络安全问题的急迫性、重大性，使它可以成为金砖国家智库合作目标的首选项。①

2017年6月22日，中国传媒大学的赵瑞琦、张成岗还对金砖国家智库的议程融合问题进行了探索。他们指出，近些年来，尽管金砖五国的经济总量已堪与美国媲美，促进了国际政治经济的重新组合，尤其是为世界经济的发展做出历史性的贡献，但金砖国家未来能有多大作为，含金量到底有多少，成了国际社会越来越关注的焦点。不少质疑者认为，五国多数含金量不足，面临巨大的问题与挑战，有的甚至已经掉入"发展中国家陷阱"，彼此之间的历史恩怨、现实利益纠葛和决策过程中的"乱码"，都使他们难以发出各组成部分之和所应有的声音。针对种种质疑，来自金砖国家内部的议程融合能力建设凸显出重要性。金砖机制绝非五国的闲棋冷子，五国必须与时俱进、协调一致，进一步增强开放、加大自由，提高互联互

---

① 赵瑞琦：《金砖国家的"事上练"：网络安全与智库合作》，《公共外交季刊》2017年第2期夏季号，第99—105页。

通能力，否则，将很难应对全球新问题和新挑战。①

2018年4月，对外经济贸易大学的谭玉、朱思慧、张涛三位学者对金砖国家顶级智库的建设进行比较，并说明了其对中国的启示。他们提出，金砖国家中其他四国顶级智库与中国智库发展阶段相近，面临的国际环境相似，其发展过程与经验对中国顶级智库的建设具有一定的借鉴意义。在宏观层面，对金砖国家顶级智库的整体状况进行系统描述和客观分析。在微观层面，对金砖国家顶级智库的基本类型、研究领域、运作机制及影响力等方面展开深入调研和比较研究。总结金砖国家顶级智库建设经验与不足，针对中国顶级智库的发展现状，提出优化智库发展结构、健全人才引入机制、加强智库国际交流等建议，对中国打造一批具有国际影响力的顶级智库提供参考与依据。②

2018年4月，江西师范大学财政金融学院的骆嘉又深入分析了金砖国家智库合作的现状、困境与策略。这是迄今为止国内金砖智库研究最有份量的一篇文章。他指出，智库合作是金砖国家合作助推器，日益完善的金砖国家合作机制对金砖国家智库合作提出新要求。在梳理了智库合作对推动金砖国家合作机制不断前行的积极作用，总结智库合作面临的内外部多重因素和诸多困扰，试图推动金砖国家智库进一步合作后。他提出各成员国应采取如下针对性措施加以弥补：建设专业特色智库，构建共享智库网络，加强智库咨询研究能力；发挥协

---

① 赵瑞琦、张成岗：《金砖国家智库的议程融合探索》，《对外传播》2017年第6期，第15—17页。

② 谭玉、朱思慧、张涛：《金砖国家顶级智库建设的比较及对中国的启示》，《情报杂志》2018年第4期，第42—47页。

同合作效应，优势互补集中发声，强化智库话语塑造能力；倡导独立自主研究，激发社会智库活力，提升智库独立运营能力。[①]

总的来看，国内针对金砖国家智库的研究还比较粗浅，只有少数几位学者给予了关注。这一方面使得本章的研究相关材料较少，也为此提供了填补空白的机会。

◆ 第二节　中国的金砖国家研究智库概况 ◆

一、中国研究金砖的智库

2017年1月11日，在北京举行的"金砖国际智库合作中方理事会成立会议暨万寿论坛"上，中联部副部长郭业洲担任金砖国际智库合作中方理事会理事长、中联部研究室主任栾建章担任理事会秘书长，中国人民大学重阳金融研究院执行院长王文、广东工业大学校长陈新、国家开发银行研究院院长刘勇、四川外国语大学校长李克勇、对外经济贸易大学副校长赵忠秀等7位来自政府、学校和企业的代表当选为理事会副理事长。北京大学国际关系学院、中国国际问题研究院、国家开发银行研究院等63家国内高端智库成为理事单位。

在2018年1月31日举行的金砖国家智库合作中方理事会年会暨第15届万寿论坛上，副理事长单位扩展到14个，理事单位增加到90家。2020年1月3日，由第三届金砖国家智库合作中方理事会

[①] 骆嘉：《金砖国家智库合作的现状、困境与策略》，《智库理论与实践》2018年第2期，第47—54页。

年会暨第二届万寿国际形势研讨会上，副理事长单位扩展到 15 个，理事单位增加到 100 家，以下对主要的副理事长单位金砖国家研究智库作简要介绍：

1. 中国人民大学重阳金融研究院

2013 年 1 月 19 日，人大校友、上海重阳投资管理股份有限公司董事长裘国根先生向母校捐款 2 亿元作为基金，资助中国人民大学的发展，这笔基金的主要资助项目之一便是成立"重阳金融研究院"。自 2013 年成立以来，人大重阳金融研究院秉持"立足人大，放眼世界；把脉金融，观览全局；钻研学术，关注现实；建言国家，服务大众"的宗旨，志在发展成为一个具有中国特色的现代化智库，以实现其捐资人金融报国、知识报国、智慧报国的梦想。[1] 虽然与其他老牌智库相比，人大重阳研究院成立的时间并不长，但发展得很快。目前人大重阳研究院已有一系列称号：如"一带一路"中国智库合作联盟常务理事、中国—伊朗官学共建"一带一路"中方牵头智库、G20 智库峰会共同牵头智库等。2014 年和 2015 年连续两年，人大重阳研究院都入选《全球顶级智库排行榜》，其中 2014 年排名第 106 位（不含美国智库为 94 位），2015 年排名第 149 位（不含美国智库为 92 位），[2] 在国内众多的智库中表现出色。

---

[1] 中国人民大学重阳金融研究院简介，http://rdcy-sf.ruc.edu.cn/displaynews.php?id=973.（上网时间：2021 年 7 月 21 日）

[2] James G. McGann, "2015 Global Go To Think Tank Index Report, Think Tanks and Civil Societies Program", Jan. 2016; "2014 Global Go To Think Tank Index Report", Think Tanks and Civil Societies Program, Jan. 2015.

在金砖研究方面，重阳研究院具有较好的基础和实力，是金砖国家智库合作中方理事会的副理事长单位，并出版了不少相关研究成果。2017年在中国举行的金砖国家厦门峰会，是中国当年重要的一次主场外交。为配合此次活动，重阳金融研究院特别策划了《金砖国家：新全球化的发动机》一书，意在为金砖国家峰会的宣传提供必要的和重要的外宣支持。全书以大量扎实的资料和研究为基础，分析了在全球化与新全球化的背景下，金砖五国的格局和潜力，各自的优势以及在金融、贸易、投资领域的地位，集中笔墨于金砖五国如何引领新一轮全球化的议题深入阐述，提出金砖五国加强政治交往与合作，加强经济贸易合作，加强全球事物多边合作以及加强文化交流与融合，构建命运共同体的倡议。全书内容丰富，涉及"一带一路"、金砖银行、应急储备、"去美元化"等多个国际热点话题，十分具有参考和研究价值。[1]

2017年8月，中国人民大学重阳金融研究院又承担了金砖国家智库中方理事会的"智库话金砖"系列，出版《金砖国家金融合作》。该成果从金砖国家金融合作的现实背景入手，讲述了金砖国家设立新开发银行及应急储备安排基金两大机制的重要意义。书中结合金砖国家的资源禀赋和金砖机制，提出加强金砖国家金融合作的建议，对把握新形势下金砖国家金融合作及其与全球金融发展与治理的关系等具有一定的指导借鉴意义。[2]

---

[1] 王文、刘英：《金砖国家：新全球化的发动机（英文）》，新世界出版社2017年版。
[2] 中国人民大学重阳金融研究院：《金砖国家金融合作》，社会科学文献出版社2017年版。

2. 对外经济贸易大学金砖国家研究中心

对外经济贸易大学区域国别研究院的前身是该校成立于2001年的区域国别研究所，是国内高校首家以"区域国别研究"命名的研究机构。2017年6月13日，对外经济贸易大学区域国别研究所更名为对外经济贸易大学区域国别研究院。该研究院下设金砖国家研究中心等14个研究中心。

对外经贸大学金砖国家研究中心是金砖国家智库合作中方理事会副理事长单位，[①] 多年来连续深度参与了金砖国家智库理事会相关报告和文件的起草工作，以金砖为主题发表了多篇学术成果。作为中国专家组的主要成员与其他四国的专家一起在金砖国家智库理事会的主持下参与撰写了《金砖国家长期发展战略》《金砖国家长期发展战略实施路径》等文件，这些文件都得到金砖国家领导人峰会批准并写入联合声明。此外，其还三次参加金砖国家智库的学术论坛，发表了一批有影响力的高水平成果，获得良好的国内外反响。[②]

3. 国家开发银行研究院（金融研究发展中心）

作为金砖国家智库合作中方理事会的69家理事单位之一，国家开发银行研究院成立于2009年，是目前国家高端智库中唯一一家金

[①] 2017年1月11日对外经济贸易大学成为中联部金砖国家智库合作中方理事会副理事长单位，http://news.uibe.edu.cn/info/1608/18868.htm。

[②] 对外经济贸易大学金砖国家研究中心简介，http://iris.uibe.edu.cn/yjzx/jzgjyjzx/index.htm。（上网时间，2021年9月8日）

融企业智库。国家开发银行金融研究发展中心是国家开发银行派驻上海的独立机构（正局级），设立规划部、研发部、富民业务部和资金交易部四个部。

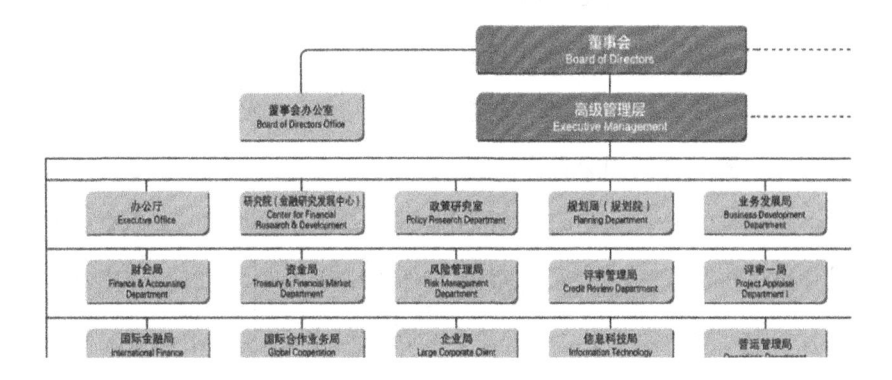

图 5-1　国家开发银行研究院机构设置

资料来源：国家开发银行官网之组织架构，http://www.cdb.com.cn/gykh/zzjg/zh-bm/。

金砖国家合作机制建立十多年来，金砖国家合作深度和水平不断加强，合作潜力巨大，是世界经济持续增长和稳定复苏的重要力量。作为世界上最大的开发性金融机构，国家开发银行积极支持金砖国家发展。截至 2016 年底，国家开发银行对巴西、俄罗斯、印度和巴西四国的贷款余额为 593 亿美元，占国际业务贷款余额的 17%。[1]

---

[1] 中证网讯：《同开行：以"智库+金融"更好服务金融国家发展》，https://www.cs.com.cn/app/weix/01/201706/t20170613_5322526.html。（上网时间：2021 年 9 月 8 日）

4. 广东工业大学金砖国家研究中心

广东工业大学金砖国家研究中心是金砖国家智库合作中方理事会在全国工科院校也是华南地区高校唯一一家副理事长单位，承接了中央交办的2017金砖国家轮值主席国配套活动：金砖国家智库研讨会，承担了金砖国家厦门峰会上发布的五部"智库话金砖"系列著作之一的《金砖国家合作机制》。

广东工业大学金砖国家研究团队带头人蔡春林博士，是广东工业大学经济与贸易学院教授、新兴经济体论坛秘书长，现任金砖国家智库合作中方理事会理事、广东工业大学金砖国家研究中心主任、新兴经济体研究所所长、校学术委员会副主任、校本科教学指导委员会副主任、中国新兴经济体研究会常务理事、中国拉丁美洲学会常务理事、中国世界经济学会理事、广东省新兴经济体研究会会长兼广东"一带一路"研究院院长、广东金砖研究院院长、广州市天河区第九届人大代表。他2005年以来致力于金砖国家与"一带一路"研究，在国内外学术刊物上发表相关论文58篇，出版著作17部，主持国家社科基金项目2项、省部级项目6项，负责广东省级重点平台和学校重点平台各1项。近年来，围绕社会热点问题，向有关部门报送上百篇咨询报告，其中7项研究成果荣获省部级奖，21篇报告得到省部级以上单位采用，《金砖四国经贸合作机制研究》获得北京市优秀博士学位论文称号，《金砖国家第九次学术论坛对金砖国家领导人厦门会晤的建议》

部分内容被写入《金砖国家领导人厦门宣言》。[①]

5. 四川外国语大学金砖国家研究院

四川外国语大学金砖国家研究院成立于 2013 年 5 月，前身为 2012 年 10 月成立的金砖国家政策与发展研究中心，现有专兼职研究人员近 20 人。2013 年 8 月，由四川外国语大学牵头申报的"重庆'走出去'战略与金砖国家研究协同创新中心"被重庆市教委认定为市级 2011 协同创新中心。该中心是国内在金砖国家研究领域设立的第一个省级协同创新中心。2017 年 1 月，四川外国语大学成为中联部牵头的金砖国家智库合作中方理事会副理事长单位。2017 年 6 月，金砖国家研究院成为教育部国别和区域研究备案中心。

金砖国家研究院致力于金砖国家国别问题和相互合作的深入系统研究，具体领域包括：金砖国家人文交流、金砖国家政治安全、金砖国家经贸财金、巴西国别研究、俄罗斯国别研究等。研究院旨在通过发挥"语言 + 专业"复合优势，最终建设成为在国内外金砖国家研究领域具有一定影响力的特色智库和人才培养基地。截至 2018 年，研究院共承担中央部委和重庆市相关部门委托项目 8 项，校级科研课题 6 项，参与国内金砖国家研究机构合作课题 8 项，承办各类学术会议 10 场。2014—2015 年先后派员赴巴西和俄罗斯参加金砖国家学术论坛。代表性成果包括《重庆与金砖国家经贸合作指南》《金砖国家相互定位比较研究》《金砖国家人文交流合作机制研

[①] 广东工业大学国际经济贸易研究中心—蔡春林，https：//jmxy.gdut.edu.cn/info/1063/7502.htm。（上网时间：2021 年 9 月 8 日）

究》《巴西大国战略调研报告》《巴西自然资源调研报告》等。①

6. 华东政法大学金砖国家法律研究院

在中国法学会的指导下,华东政法大学于2015年1月成立了金砖国家法律研究院。金砖国家法律研究院是隶属于华东政法大学的永久设立研究机构。研究院的长期建设目标是成为中国研究金砖国家国际与国内法律问题的重要学术基地与智库,并具有一定的世界影响力。研究院也致力于为中国培养熟悉金砖国家法律的拔尖人才,成为沟通金砖国家之间法律问题研究和法律制度建设合作的重要桥梁,为中国政府决策提供知识支持,并为金砖国家间的跨国法律纠纷提供咨询服务与纠纷解决机制。研究院开展多种开拓性研究与学术组织工作:出版中文学术性连续出版物《金砖国家法律研究》,每年1—2辑,对金砖国家法律制度相关的问题进行深度专题研究;出版中文普及性信息读物《金砖国家法律动态》,每月一期,对金砖国家的重要法律制度变革、国际交往等热点动态进行报道与转载。

2015年10月15日,在华东政法大学举行了第二届金砖国家法律论坛,论坛以"加强法律合作:打造金砖国家命运共同体"为主题,围绕"从发展中国家视角看国内法治与国际法治""金砖国家之金融法律合作""金砖国家争端解决机制"三个专题。2016年9月9日,华东政法大学副校长、金砖国家法律研究院院长林燕

---

① 四川外国语大学金砖国家研究院简介,http://ciis.sisu.edu.cn/info/1014/1083.htm。(上网时间:2022年3月8日)

萍教授，金砖国家法律研究院副院长杜涛教授等一行5人赴印度新德里参加第三届金砖国家法律论坛。在闭幕式上，华东政法大学与巴西律师协会、俄罗斯律师协会、印度律师协会、印度阿米提大学、中国法学会、南非法学会等6家单位通过了《2016新德里宣言》。①

7. 北京师范大学金砖国家合作中心

北京师范大学金砖国家合作中心是北京师范大学四大教育部国别和区域研究基地之一（其他三个分别是俄罗斯研究中心、国际与比较教育研究院、二十国集团反腐追逃追赃研究中心），② 负责人是北京师范大学政府管理学院副教授王磊。

北京师范大学金砖国家合作研究中心将继续聚焦全球治理和金砖国家合作研究，努力建设成集学术研究、咨政服务、人才培养为一体的高端研究与合作交流平台。

8. 上海外国语大学国际关系与公共事务学院

上海外国语大学金砖国家研究中心是上海外国语大学入选教育部国别和区域研究中心备案名单的14个研究中心之一。同时，上海外国语大学也是"金砖国家智库合作中方理事会"理事单位。

2017年1月，为落实中央关于进一步加强金砖国家研究和推动

---

① 华东政法大学校园新闻：《中国法学会致函感谢我校金砖国家法律研究院》，http://news.ecupl.edu.cn/d3/bc/c672a54204/page.htm。（上网时间：2021年9月8日）
② 北京师范大学教育部科研平台列表，https://www.bnu.edu.cn/kxyj/jybkypt/。（上网时间：2021年9月8日）

智库建设工作的精神，由中联部政策研究室牵头，邀请全国在金砖国家和全球治理研究领域成果突出的单位成立智库合作理事会，搭建资政与学术交流平台。上外国关学院院长郭树勇教授代表学院领取聘书，并就金砖国家与全球治理等相关议题做了主题发言。同时，他感谢中联部与其他高校和科研机构对上外国关学院的认可和支持，表示将在今后为进一步发展智库合作做出贡献。这是上外国关学院成立几年来首次被中央机构聘为智库合作理事单位，也是学校推动智库发展、开展国别区域研究工作的又一突破。①

9. 山东财经大学金砖研究中心

2018年12月29日，在中国人民大学主办的金砖国家智库合作中方理事会年会暨首届万寿国际形势研讨会上，山东财经大学在被增选为理事单位，赵忠秀校长作为中方理事会副理事长又当选为新成立的智库专家委员会委员。② 他在致辞中重点向与会理事推介了山东财经大学，表示将进一步整合和利用智库研究资源，积极推进山东财经大学在金砖国家合作领域的研究工作，为服务山东省推进新旧动能转换，融入"一带一路"倡议，深度参与金砖合作做出贡献。

近年来，山东财经大学国别和区域研究发展迅速，分别在2016

---

① 上海外国语大学校园新闻：《上海外国语大学当选金砖国家智库合作中方理事会理事单位》，http://news.shisu.edu.cn/research-/170113-113534。（上网时间：2021年9月8日）

② 2018年12月12日，对外经贸大学原副校长赵忠秀任山东财经大学校长、党委副书记。

年6月成立了"一带一路"经济发展研究中心,同时也是国家留学基金委"高等学校青年骨干教师出国研修项目"合作院校,积极参加中俄经济类大学联盟活动。

10. 北京第二外国语学院"一带一路"战略研究院

北京第二外国语学院2014年在国内首创中国"一带一路"战略研究院。中国"一带一路"战略研究院目前是"一带一路"智库合作联盟秘书处单位(中联部)、金砖国家智库合作中方理事会秘书处单位(中联部)。

2019年6月26日,由金砖国家智库合作中方理事会主办,北京第二外国语学院和中国"一带一路"战略研究院承办的2019金砖国家智库国际研讨会在京举行。与会专家学者围绕"全球治理与多边主义"这一主题,深入研讨了在当今国际变局中金砖国家如何进一步开展务实合作。[1] 2020年1月3日,由金砖国家智库合作中方理事会主办、北京第二外国语学院承办的"第三届金砖国家智库合作中方理事会年会暨第二届万寿国际形势研讨会"在京成功召开。此次会议以"百年变局下的复兴之路"为主题,来自国内高校、研究机构及企事业单位等近百家理事单位与70余位专家学者共计200余人与会。在万寿国际形势研讨会上,各方就"百年变局与中美关系""全球治理与新型南南合作""新工业革命与人类命运共同体"等议

---

[1] 赵三乐:《金融国家智库探讨全球治理与多边主义》,中国社会科学网,2019年7月3日,http://mc.cssn.cn/hqxx/bwych/201907/t20190703_4929087.shtml。(上网时间:2021年9月8日)

题深入探讨，为金砖合作建言献策。[①]

除此之外，中国传媒大学（新闻传播学部金砖研究中心）、河海大学（世界水谷研究院）、山东建筑大学（金砖研究所）、天津科技大学（金砖研究中心）等在传播、水资源处理、建设工程、科技合作方面展开金砖相关的合作，积极为中国参与金砖国家合作机制的发展贡献力量，而且都在 2018 年 12 月 29 日举行的"金砖国家智库合作中方理事会年会暨首届万寿国际形势研讨会"上当选为金砖国家智库合作中方理事会副理事长单位。[②]

二、金砖国家智库合作中方理事会

1. 简介

2017 年，中国再次成为金砖国家主席国。为更好地整合国内研究力量，服务金砖国家合作，发挥中方在推动金砖国家智库合作中的作用，中共中央对外联络部作为金砖国家智库合作的牵头单位，联合国内高校、研究机构以及企事业单位成立了"金砖国家智库合作中方理事会"，主要负责并参与金砖国家合作框架下的学术和智库对话交流与合作。中方理事会本质上属于非法人社会团体，是一种

[①] 《探索百年变局下的复兴之路——第三届金砖国家智库合作中方理事会年会暨第二届万寿国际形势研讨会在北二外成功召开》，http://obor.bisu.edu.cn/art/2020/1/8/art_16665_240027.html。（上网时间：2021 年 9 月 8 日）

[②] 重阳金融研究院：《中国人民大学召开金砖国家智库合作中方理事会年会》，https://news.ruc.edu.cn/archives/231952。（上网时间：2021 年 9 月 8 日）

开放的工作机制和平台。①

金砖国家合作机制成立以来，各方均展现出推动合作深入发展的强烈意愿，金砖国家合作领域不断拓展，合作内容不断深化，合作机制不断完善。随着金砖国家合作的不断发展，各方对获取智力支持和推动知识分享的需求不断扩大，期待通过深化智库合作带动共同发展。

2017 年度，中方理事会拥有 88 名理事，90 家理事单位，其中既有官方智库，也有民间智库，研究方向覆盖政治安全、贸易金融、教育文化、医药卫生、网络科技等金砖国家合作涉及的主要领域。理事长由中共中央对外联络部郭业洲副部长担任，副理事长分别由国家开发银行、中国人民大学、北京师范大学、对外经贸大学、中国传媒大学、北京第二外国语学院、华东政法大学、上海外国语大学、四川外国语大学、天津科技大学、广东工业大学、河海大学、山东财经大学、山东建筑大学等单位有关负责同志担任。2017 年，《金砖国家领导人厦门宣言》第 66 条提出设立"金砖国家研究与交流基金"。该基金的筹建和运作由中方理事会负责，主要服务国内智库参与金砖国家智库合作，推动金砖国家学界交流。

中方理事会成立以后，主动响应金砖国家领导人达成的"金砖+"共识，不仅同金砖各国智库开展联合研究与学术交流，而且致力于同其他新兴市场国家和发展中国家智库交流合作，把参与和促进新型南南合作作为工作的主要方向和重要内容。未来，中方

---

① 详见金砖国家智库合作中方理事会官网介绍，http://www.ccbtc.org.cn/jzjj.aspx?clmId=1。（上网时间：2021 年 9 月 8 日）

理事会将继续秉持"开放包容、合作共赢"的金砖精神,继续敞开大门,吸纳新的国内智库和学者成为理事单位和理事,共同为深化金砖国家合作和推动新型南南合作做出贡献。

2. 历次活动

2017年1月11日,由中共中央对外联络部主办的"金砖国家智库合作中方理事会成立会议暨万寿论坛"在北京举行。与会代表围绕"金砖国家务实合作:突破与路径"和"金砖国家合作与全球治理"两大主题进行研讨。[①]

中共中央对外联络部副部长、金砖国家智库合作中方理事会理事长郭业洲在会上发表讲话。他说,在金砖"中国年"启动不久,金砖国家智库合作中方理事会即宣告成立,标志着国内金砖国家研究和智库合作站到新的起点上。

郭业洲指出,智库合作是金砖国家合作的重要组成部分,在促进政策沟通、推动思想创新、有效引导舆论、增进彼此友谊等方面发挥着越来越重要的作用。今后,中方理事会将多为金砖国家合作建言献策,积极推动金砖国家智库交流合作,进一步促进国内研究力量的整合和优势互补。谈及金砖国家之间如何开展务实合作,中国商务部国际贸易经济合作研究院副院长李钢表示,金砖国家的务实合作既体现在机制化建设上,也体现在具体领域和项目上:一是

---

① 《金砖国家智库合作中方理事会成立为加强金砖国家合作建言献策》,新华网,2018年8月15日,http://www.xinhuanet.com/world/2017-01/16/c_129448993.htm。(上网时间:2021年9月8日)

实现贸易投资大融合；二是推动货币金融大融通；三是扩大合作范围，使金砖机制发挥更大作用。中国国家发展和改革委员会能源研究所副所长高世宪认为，能源合作势将成为金砖国家务实合作的重要抓手。上海复旦大学发展研究院金砖国家研究中心主任沈逸认为，金砖国家的务实合作，就是要为国际和地区提供新型公共产品，对全球治理做出更多贡献，同时形成新的功能性合作项目，实现金砖国家共同获利，提升其内部"内聚力"。谈及金砖国家合作与全球治理，中国国家开发银行研究院副院长沈继奔表示，面对未来全球经济不确定性的增加和当前世界经济体系的固有缺陷，要以更加积极开放的姿态推动金砖国家在政治、经济等多领域的合作，充分发挥相互间在资本、资源、技术、市场和人力等方面的互补优势。时任北京大学国际关系学院院长贾庆国认为，崛起中的中国有必要利用金砖国家的整体资源，共同推动国际秩序向更公平合理的方向发展，并共同承担维护国际秩序的责任。广东工业大学金砖国家研究中心主任蔡春林表示，金砖国家在机制化建设方面做出很多探索和尝试，尤其是以金砖开发银行及应急储备安排为代表的机制创新对全球治理变革具有重要影响，为国际社会提供了一种新的国际关系认知理念、观察视角和逻辑方法，为新兴经济体提供了一个塑造国际准则的平台。中国人民大学国际关系学院副院长方长平表示，要进一步推动金砖国家合作，实现有利于新兴经济体的全球治理，一要进一步发挥中国的引领作用；二要兼顾扩大规模和内部深化，合作要接地气，让金砖国家政府和人民切实感受到合作的好处；三要实现双边与多边联动；四要加强社会层面的交流与理解，扩大合作的民意基础；五要进一步扩大与上合组织、二十国集团和联合国的优势互补。

此外，2017年金砖国家智库合作中方理事会还牵头举行以下一些会议：3月22日，金砖国家智库研讨会：深化金融合作共促金砖发展（北京）；5月16日，金砖国家智库研讨会：金砖国家产业合作与全球价值链建设（广州）；5月23日，金砖国家智库研讨会：金砖国家网络经济与网络安全（重庆）；6月10—12日，金砖国家政党、智库和民间社会组织论坛（福州）。①

2018年1月31日，由中共中央对外联络部主办的金砖国家智库合作中方理事会2018年年会暨第15届万寿论坛在北京举行，会议主题为"凝聚中国智慧，开辟金砖合作光明未来"。中共中央对外联络部副部长、金砖国家智库合作中方理事会理事长郭业洲在致辞时表示，随着金砖国家合作不断走深走实，智库先行的理念越发深入人心，智力需求不断扩大。理事会要始终以习近平新时代中国特色社会主义思想为理论武器和根本遵循，把为金砖合作提供更高质量、更高水平的研究成果作为首要任务，积极为深化金砖合作出谋划策、前行探路、凝聚共识。

2018年2月1日，由金砖国家智库合作中方理事会主办、对外经济贸易大学承办的"万寿论坛：新时代的中国与新型南南合作"研讨会在北京举行。有关部委、专家学者等150余名代表出席。与会代表分别围绕"南南合作：创新与发展""南南合作与金砖合作""南南合作与治国理政经验交流"和"南南合作与'一带一路'建

---

① 《"深化金融合作共促金砖发展"金砖国家智库研讨会在京举办》，人民网，http://world.people.com.cn/n1/2017/0322/c1002-29161314.html。（上网时间：2021年9月8日）

设"等专题进行了深入研讨。

金砖合作机制是南南合作的重要平台之一，南南合作机制作为发展中国家之间的重要合作机制，是发展中国家自力更生、谋求进步的重要渠道，也是确保发展中国家有效融入和参与世界经济的有效手段，在推动发展中国家崛起和促进世界经济强劲持久、平衡、包容增长中发挥了重要作用。中共中央对外联络部副部长郭业洲在致辞中表示，推动新型南南合作，应以提升发展中国家的发展和治理能力为重点，以"一带一路"国际合作为平台，以金砖合作等新兴市场国家合作机制为抓手，着力构建发展中国家命运共同体，为世界和平发展、人类文明进步，为共同建设一个更加美好的世界作出新贡献。

此外，2018年金砖国家智库合作中方理事会还牵头举行以下一些会议：4月23日，2018金砖国家智库国际研讨会暨第16届万寿论坛：金砖国家开放创新与包容性发展（广州）；5月6—7日，2018金砖国家智库国际研讨会暨第17届万寿论坛：深化金砖伙伴关系，促进新型国际发展合作（北京）；6月2日，2018金砖国家智库国际研讨会暨第20届万寿论坛：新型南南合作框架下的中非合作（肯尼亚内罗毕）；6月9日，2018金砖国家智库国际研讨会暨第21届万寿论坛：金砖国家人文交流——政府引导与民间互动（重庆）；6月23日，2018金砖国家智库国际研讨会暨第22届万寿论坛：全球经济治理格局中金砖国家务实合作（上海）；9月21—22日，2018金砖国家智库国际研讨会暨第23届万寿论坛：金砖国家新工业革命伙伴关系与科技创新（天津）；11月1—2日，2018金砖国家智库国际研讨会暨第25届万寿论坛：推动金砖国家传统医药合作，共建人类健康共同体（北京）；11月18日，2018年金砖国家智库国际研讨会、第 26 届万寿论坛暨第 6 届新兴经济体智库圆桌会议：金砖命运共同体建设与改革创新（广州）；12 月 29 日，第二届金砖国家智库合作中方理事会年会暨首届万寿国际形势研讨会：新时代的中国与世界（北京）。①

2019 年金砖国家智库合作中方理事会牵头组织了以下一些会议：6 月 26 日，2019 金砖国家智库国际研讨会：全球治理与多边主义（北京）；9 月 13 日，2019 金砖国家智库国际研讨会：金砖国家新工业革命伙伴关系：使命、路径与模式（巴西圣保罗）；10 月 19—20 日，2019 金砖国家智库国际研讨会：金砖国家科技创新合作（福州）。②

2020 年 1 月 3 日，由金砖国家智库合作中方理事会主办、北京第二外国语学院承办的"第三届金砖国家智库合作中方理事会年会暨第二届万寿国际形势研讨会"在京成功召开。本次会议以"百年变局下的复兴之路"为主题，来自国内高校、研究机构及企事业单位等近百家理事单位与 70 余位专家学者共计 200 余人与会。在万寿国际形势研讨会上，各方就"百年变局与中美关系""全球治理与新型南南合作""新工业革命与人类命运共同体"等议题深入探讨，为金砖合作建言献策。③

---

① 《金砖国家智库国际研讨会暨第十七届"万寿论坛"举行》，光明网，2018 年 5 月 8 日，https://share.gmw.cn/theory/2018-05/08/content_28678795.htm。（上网时间：2021 年 9 月 8 日）

② 《坚持多边主义 完善全球治理——2019 金砖国家智库国际研讨会召开》，人民网，2019 年 6 月 27 日，http://world.people.com.cn/n1/2019/0627/c1002-31199199.html。（上网时间：2021 年 9 月 8 日）

③ 《第三届金砖国家智库合作中方理事会年会暨第二届万寿国际形势研讨会在京召开》，人民网，2020 年 1 月 3 日，http://world.people.com.cn/n1/2020/0103/c1002-31534400.html。（上网时间：2021 年 9 月 8 日）

◆ 第三节　中国智库的金砖国家研究 ◆

一、中国金砖国家研究文献的整体分析

1. 著作方面

在 2011 年 4 月金砖国家组织三亚峰会举行之前，中国有关"金砖"的研究著作屈指可数，主要是一些简单介绍性的著作，唯一一部学术性著作是在广东工业大学蔡春林教授的博士论文基础上改编的《金砖四国经贸合作机制研究》，其中探讨了巴西、俄罗斯、印度和中国（当时南非尚未加入金砖组织）建立经贸合作机制的问题。[①]

此后，有关"金砖"的研究成果逐渐多了起来，每年都有几部，尤其是 2017 年 9 月，金砖组织峰会再度在中国召开，相关研究成果也大幅增长，之后又平稳滑落。

表 5-1　有关"金砖"研究的中文专著统计

年份	2012 年	2013 年	2014 年	2015 年	2016 年	2017 年	2018 年	2019 年
数量（部）	7	5	2	5	10	16	6	8

资料来源：国家图书馆官网，http://www.nlc.cn。

具体来说，目前中国有关金砖国家研究的著作大致集中在以下

[①] 蔡春林：《金砖四国经贸合作机制研究》，中国财政经济出版社 2009 年版，第 1—3 页。

几个方面：

第一类是金砖国家的概况介绍，包括李丹的《金砖国家：世界的希望》（北京工业大学出版社 2012 年版）；赵文明的《金砖之国：左右未来世界的新兴经济体》（中国铁道出版社 2012 年版）；郭振玺的《金砖之国》（中信出版社 2012 年版）；林宏宇主编的《金砖国家概览》（时事出版社 2017 年版）；王文、刘英的《金砖国家：新全球化的发动机》（中英文版，新世界出版社 2017 年版），以及福建省社会科学界联合会等著《金砖国家峰会概览》（福建人民出版社 2017 年版）。

第二类是有关金砖国家的问题研究，包括：斯琴图雅著《金砖四国资本项目货币可兑换研究》（中国经济出版社 2012 年版）；董佳著《论金砖四国知识产权战略》（吉林人民出版社 2012 年版）；潘教峰等著《国际科技竞争力研究：聚焦金砖四国》（科学出版社 2012 年版）；周丹著《中国与亚太国家和金砖国家贸易成本弹性测度与分析》（中国农业出版社 2015 年版）；骆嘉著《金砖国家股市关联研究》（中国社会科学出版社 2015 年版）；李哲敏等著《金砖国家农业发展概况》（中国农业科学技术出版社 2017 年版）；张兵著《金砖国家经济周期的协动性及其启示研究》（南开大学出版社 2018 年版）等。

另有一些专著研究报告：如中国电力企业联合会著《全球典型国家电力经济发展报告：金砖国家》（中国水利水电出版社 2019 年版）；郭苏建等著《全球可持续能源竞争力报告：聚焦金砖国家》（浙江大学出版社 2016 年版）；上海社会科学院经济研究所等著《金砖国家中小企业电子商务发展报告》（上海社会科学院出版社 2018

年版）等。

此外，还有一些比较研究的成果：如鲍洋著：《金砖国家引进FDI效应比较研究》（经济科学出版社2015年版）；冷昕著：《"金砖国家"信息产业国际竞争力比较研究》（经济科学出版社2016年版）；李凡著：《金砖国家技术创新政策比较研究》（经济管理出版社2018年版）。

第三类是关于金砖国家的合作机制研究成果：在总论方面，有魏建国等著：《金砖国家合作机制研究》（社会科学文献出版社2018年版）；李荣林著：《金砖国家之间的经济合作及其影响》（中国商务出版社2016年版）；中国国际经济交流中心课题组著：《重塑金砖国家合作发展新优势》（中国经济出版社2020年版）。

经贸合作方面，有蔡春林著：《金砖四国经贸合作机制研究》（中国财政经济出版社2009年版）；陈进等编：《金砖国家经贸合作发展报告—中国》（对外经济贸易大学出版社2013年版）；张杨著：《金砖国家实现贸易互利共赢发展的机理及实证研究》（上海人民出版社2019年版）。

金融合作方面，有应益荣著：《金砖可镂——金砖五国资本账户开放战略》（上海大学出版社2016年版）；徐秀军等著：《中国与金砖国家金融合作机制研究》（中国社会科学出版社2016年版）；连平等著：《金砖国家金融合作研究》（中国金融出版社2016年版）；徐长春著：《金砖国家金融风险防范及其对中国的启示》（中国经济出版社2017年版）；计小青等：《金砖国家开发银行业务模式设计研究》（上海人民出版社2018年版）。

金砖合作与全球治理方面，有袁友兴著：《超越西方：未来全球治理模式及"金砖五国"的责任》(人民日报出版社2013年版);朱杰进著:《金砖国家与全球经济治理》(上海人民出版社2016年版);孙溯源主编:《金砖国家与全球治理》(上海人民出版社2016年版)。

在金砖国家环境治理和对外援助方面有:李霞、闫枫等编:《金砖国家环境管理体系与合作机制研究》(中国环境出版社2017年版);庞珣著:《全球治理中的金砖国家外援合作》(世界知识出版社2016年版)等。

此外,特别值得关注的还有几个有关金砖的连续出版物:包括中华人民共和国国家统计局等编:《金砖国家联合统计手册》(2011—2020年)(中国统计出版社);邓瑞平编:《金砖国家法律评论》(厦门大学出版社);刘晓红等编:《金砖国家法律研究》(法律出版社);林跃勤等编:《金砖国家社会发展报告》(社会科学文献出版社);朱天祥等编:《金砖国家国别与合作研究》(时事出版社)等。

2. 文章方面

2022年2月27日,通过知网(www.cnki.net)查询主题为"金砖",共找到7574条结果。其中相关主题文献中,金砖国家(2207)、金砖四国(358)、"金砖四国"(346)、金砖五国(219)、金砖合作(167)、比较研究(161)、领导人(159)、金砖银行(152)、习近平(132)、俄罗斯(126)、金砖国家开发银行(100)、新兴经济体(99)、全球治理(80)、"一带一路"(74)、全球经济治理（68）、经济增长（65）、服务贸易（65）、实证分析（63）、"金砖五国"（53）、新开发银行（53）。[①]

从文献所涉及"学科"看，经济体制改革（2562）、金融（1317）、中国政治与国际政治（1065）、贸易经济（772）、工业经济（453）、宏观经济管理与可持续发展（366）、投资（294）、证券（239）、市场研究与信息（195）、农业经济（171）、中等教育（109）、企业经济（107）、财政与税收（105）、环境科学与资源利用（88）、建筑科学与工程（81）、信息经济与邮政经济（80）、新闻与传媒（79）、外国语言文字（79）、汽车工业（75）、中国文学（73）。

从发表年度看，2022（截至 2 月 27 日，25）、2021（326）、2020（284）、2019（352）、2018（645）、2017（1241）、2016（474）、2015（723）、2014（774）、2013（688）、2012（496）、2011（618）、2010（297）、2009（295）、2008（97）、2007（62）、2006（57）、2005（20）、2004（19）、2003（11）、2002（15），2001 年及之前均未超过 10 篇。

从研究层次看，有开发研究—政策研究（453）、应用研究（266）、应用研究—政策研究（211）、应用研究—行业研究（62）、开发研究—行业研究（56）、开发研究—业务研究（46）、开发研究—管理研究（29）、应用基础研究（23）、应用研究—管理研究（19）、开发研究（14）、技术开发（13）、工程研究（13）、工程与项目管理（7）、技术研究（6）、应用基础研究（6）、实践发展—管

---

① 本节所有文献统计数据来自中国知网 http：//www.cnki.net。

理研究（2）、学科教育教学（2）

从文献来源看，有人民日报（119）、当代世界（68）、世界知识（67）、经济日报（62）、中国经济周刊（60）、第一财经日报（59）、亚太经济（57）、中国投资（中英文）（52）、中国对外贸易（49）、21世纪经济报道（42）、上海证券报（40）、国际商报（40）、中国金融家（39）、中国财政（38）、经济（37）、今日中国（37）、中国社会科学报（36）、中国证券报（34）、外交学院（32）、东北财经大学（31）。

从学者来看，有林跃勤（34）、徐秀军（23）、蔡春林（21）、欧阳峣（19）、朱杰进（16）、曲双石（15）、骆嘉（15）、鲍洋（11）、郑伟（10）、李哲敏（9）、江时学（9）、刘晓凤（9）、汤凌霄（9）、徐永利（9）、石建勋（8）、冯维江（8）、樊勇明（8）、任琳（8）、吴家明（8）、桑百川（7）、生延超（7）、周志伟（7）、缪松兰（7）、徐豪（7）、张超（7）、牛海彬（7）、薛志华（7）、成志杰（7）、沈铭辉（6）、李巍（6）等等。

从文献发表的机构来看，有复旦大学（107）、对外经济贸易大学（97）、中国人民大学（86）、中国社会科学院世界经济与政治研究所（76）、东北财经大学（67）、外交学院（60）、清华大学（59）、厦门大学（47）、辽宁大学（46）、武汉大学（44）、吉林大学（43）、上海外国语大学（43）、山东大学（41）、北京大学（41）、南京大学（40）、南开大学（38）、中共福建省委（36）、湖南大学（36）、广东工业大学（35）、中央财经大学（35）等。

从研究资助基金来看，国家社会科学基金（385）、国家自然科学基金（123）、中国博士后科学基金（30）、国家软科学研究计划

(20)、教育部人文社会科学研究项目（18）、湖南省哲学社会科学基金（13）、中央高校基本科研业务费专项资金项目（10）、浙江省自然科学基金（7）、广东省软科学研究计划项目（7）、江苏省教育厅高等学校哲学社会科学基金项目（6）、北京市优秀人才培养基金（6）、教育部新世纪优秀人才支持计划（5）、辽宁省教育厅科学技术研究项目（5）、福建省社会科学规划项目（5）、江苏省教育厅人文社会科学研究基金（5）、重庆市教育委员会科学研究项目（4）、湖北省教育委员会科学研究计划项目（4）、山西省软科学研究计划（4）、全国教育科学规划课题（4）等。

二、中国的金砖研究专题分析

1. 关于金砖国家合作的整体研究

魏建国、李锋等著《金砖国家合作机制研究》讲述了金砖国家合作机制从无到有、从小到大、从虚到实、从松到紧，经过10年发展，已从一个松散的投资概念转化为首脑级的合作机制，成为金砖国家之间加强合作、凝聚新兴市场国家和发展中国家、参与国际经济治理的重要平台，建立了结伴不结盟的新关系，走出相互尊重、共同进步的新道路，实践了互惠互利、合作共赢的新理念。[①]

南开大学南南合作研究中心的李荣林对金砖合作如何影响南南

[①] 魏建国、李锋等著：《金砖国家合作机制研究》，社会科学文献出版社2018年版，第61页。

合作做了很好的阐述。南南合作在二战后的世界格局中扮演了重要角色。近年来，南南合作因为金砖合作而呈现出很多不同的特点。2020年1月3日，第三届金砖国家智库合作中方理事会年会暨第二届万寿国际形势研讨会在北京召开，会上发布《新型南南合作蓝皮书——金砖国家合作发展报告（2019）》，对于金砖合作如何影响南南合作做了全面的阐释。①

陈文玲、李锋详细研究了金砖国家的发展现状、整体优势和战略价值，剖析了金砖国家合作发展面临的问题和挑战，提出重塑金砖国家新优势的总体思路、发展目标、路径选择和合作举措；指出中国可抓住2017年金砖国家轮值主席国的机遇，把金砖国家这个重要平台建设好、维护好、发展好，在金砖国家合作发展中发挥更大的作用。②

2. 关于金砖国家贸易合作的研究

金砖四国自2009年各自建立正式合作关系以来，其双边经贸关系发展迅速，而四国之间缺乏相互合作的机制，没有建立有效沟通、协调的平台和渠道，在双边层次拥有一定的合作方式，但在区域层次与多边层次，缺乏有效发挥自身影响力的合作机制，与自身的大国地位不相符合。全球政治与经济形势的变化，需要金砖四国之间创新合作方式，将经贸合作机制化，为自身经济的发展创造新的推

---

① 南开大学南南合作研究中心：《金砖国家之间的经济合作及其影响》，中国商务出版社2016年版，第123—143页。
② 中国国际经济交流中心课题组著：《重塑金砖国家合作发展新优势》，中国经济出版社2020年版，第1—10页。

动力。在经济全球化迅速发展，国与国之间相互依赖加强的背景下，四国应该把握全球经济的发展趋势，加强经贸领域的合作。而要想使合作持续稳定地进行，就需要建立相应的经贸合作机制，方便各方之间的信息沟通与协调，达成有一定约束力的"协议"，给参与各方一个稳定的预期，减少合作的交易成本，避免可能的潜在冲突，促进经贸合作的顺利推行和经济的持续发展。《金砖四国经贸合作机制研究》正是出于这一目的，全面深入研究四国经贸合作，通过对博弈论、区域合作理论、国际合作理论、发展中大国合作理论的分析与推演，为四国经贸合作提供坚实的理论基础，而后通过分析四国的经贸发展特点、经济结构、产业结构、贸易商品结构、经贸关系以及经贸发展战略，从中找出利益交汇点，为四国合作提供可靠的现实基础，从双边、区域及多边层次分析四国经贸合作，构建起四国经贸合作机制，并提出该机制在双边、区域及多边层次的实施步骤及方案。因此，该书对四国经贸合作机制的研究具有重要的理论意义和应用价值。[①]

《金砖国家经贸合作发展报告（中国2013）》共包括五部分，前四部分按国别划分，分别是中国—巴西、中国—俄罗斯、中国—南非和中国—印度四个经贸合作发展报告，每个报告包括某金砖成员国的经贸合作概况、经贸合作数据分析、经贸合作信息服务情况研究、经贸合作交流情况简介、经贸合作互补性与竞争性分析，最后是结论和建议。第五部分是金砖国家经济发展评估，包

---

① 蔡春林著：《金砖四国经贸合作机制研究》，中国财政经济出版社2009年版，第1—5页。

括金砖五国经济发展评估方案、经济发展分析、经济发展评估结果分析,以及金砖五国经济发展建议。此外,还有一个金砖国家企业名录的附录。①

随着世界经济增长的放缓,反全球化趋势日渐抬头,世界各国贸易波动加剧,全球化的发展过程正在变得越来越复杂。在当今国际分工的大格局下,坚持自由贸易能否继续带来互利,参与全球化能否实现持久共赢,是每一个经济体都在面临和思考的问题。《金砖国家实现贸易互利共赢发展的机遇及实证研究》一书从这一热点问题出发,首先在理论上明晰贸易互利共赢的三个层次内涵,再深入探讨实现这一内涵的机制和实现所需依赖的路径,其核心是技术的进步与创新能力的提升。其次在实证上先分析了金砖国家贸易商品的竞争与互补关系,再描述了金砖国家贸易商品、结构的相似导致的挤出和贸易条件在样本年份的变化趋势,以及金砖国家进出口冲击对双边经济增长的影响,并进一步对比分析了金砖国家科技创新能力。后在政策措施上,需要通过建立协调一致的区域经济一体化,协调实现产业间、产业内、产品内分工的"雁行"布局,加强科技战略合作和平台建设,以及通过增加金砖国家间的投资来代替出口以期形成金砖国家之间持续的贸易利益增长和多层次、宽领域、强互补的贸易互利共赢格局。②

---

① 陈进等编:《金砖国家经贸合作发展报告—中国》,对外经济贸易大学出版社2013年版,第199页。
② 张杨著:《金砖国家实现贸易互利共赢发展的机理及实证研究》,上海人民出版社2019年版,第1—3页。

3. 关于金砖国家金融合作的研究

中国社科院世界经济与政治研究所徐秀军、冯维江、徐奇渊、刘悦、贾中正所著《中国与金砖国家金融合作机制研究》：近年来，金砖国家在货币互换、本币结算与贷款业务、开发性金融、危机救助、资本市场以及国际金融体系改革等金融合作领域取得一系列重大进展，同时也面临来自金砖国家内部、发达经济体、其他新兴市场与发展中经济体以及国际金融机构的诸多挑战。作为金砖国家中的经济体，中国积极应对挑战，在金融合作机制建设方面发挥了十分重要的推动和引领作用。在分析金砖国家金融合作的现状与问题的基础上，书中提出：在合作主体上，应坚持适度有序开放，主体参与多元化；在合作目标上，应坚持经济增长与可持续性发展；在合作策略上，应坚持抓大放小，牢牢把握主导权；在合作领域上，应坚持以开发性金融为突破点，逐步扩大合作范围；在合作形式上，应坚持积极探索，多种途径并行推进。[①]

交通银行首席经济学家、博士、教授连平等著《金砖国家金融合作研究》：该书成于金砖国家新开发银行宣布开业的2015年，付梓于该行的总部所在地上海。新开发银行是中国作为一个新兴市场国家参与全球治理的重要载体，也是上海作为中国的国际金融中心参与国际金融合作的重要途径。金砖国家金融合作并非水到渠成一蹴而就，金砖国家如何在同一合作框架下化解自身

---

① 徐秀军等著：《中国与金砖国家金融合作机制研究》，中国社会科学出版社2016年版，第1—10页。

经济发展的难题、实现经济增长模式的转变、创造新的增长动力，仍然是一个需要在实践中不断探索的问题。

书中围绕学术和实务中有关金砖国家金融合作的关键性问题展开深入探讨，回答了一系列有关金砖国家金融合作中"是什么、为什么、怎么办"的问题：金砖国家金融合作的定位是什么，金砖国家金融合作对中国的影响是什么，新开发银行怎样才能有效发挥对发展中国家的作用，应急储备机制安排怎样对金砖国家的金融稳定起到切实的作用，上海如何结合国际金融中心建设在金砖国家金融合作中发挥积极的作用等。作者对这些问题的研究深入而具体，既涵盖国际金融合作的理论研究又结合国际金融合作的实践，在此基础上提出的建议兼具理论意义和可操作性，对中国深入参与金砖国家合作具有指导意义。[①]

中国国际经济交流中心研究部徐长春研究员所著《金砖国家金融风险防范及其对中国的启示》：金砖国家是当今世界具有增长潜力的国家，能否在可预见的未来改变世界经济地图，很大程度上取决于这些国家能否保障自己的金融安全。依托现代系统论和公共管理的分析工具研究发现，除中国外，其他金砖四国防范的金融风险只有三类：微观金融风险、系统性金融风险和外源性金融风险；各国针对这三类金融风险根据本国金融系统的发展阶段和面临的实际问题构筑了各具特色的"防火墙"，防范各种潜在金融风险。现阶段，中国应当根据实体经济的发展状况采取以金融系统国际化为目标的

---

① 连平等著：《金砖国家金融合作研究》，中国金融出版社2016年版，第225—229页。

金融发展战略,在生产国家公共产品的同时,力所能及地参与区域或国际公共产品的提供,积极推动国际金融系统朝着有利于人类整体的方向发展。在这个过程中,中国政府除立足国际、国内两个市场,积极促进国家实体经济成长,推进国家金融系统的国际化,还应当划清政府与非政府金融主体治理金融风险的边界,协调多方力量,共同防范金融风险。①

上海财经大学财经研究所副研究员计小青、曹啸著《金砖国家开发银行业务模式设计研究》:该书从金砖国家开发银行在治理结构上的独特之处出发,从理论上分析了金砖国家间的利益冲突和投资需求的异质性所带来的意见分歧对于平权机制决策效率的影响,基于这样的理论逻辑,重点讨论了如何通过业务模式的设计提高金砖国家开发银行的决策效率,并提出相应的解决方案。②

4. 关于金砖国家环境管理合作的研究

2015年4月22日,首次金砖国家环境部长会议在俄罗斯莫斯科举行,该会议是作为对2015年6月在联合国环境大会期间由中国环保部组织的一次金砖国家环境部长非正式会议提出"希望必要时召开部长对话会"的响应。此次金砖国家环境部长会议的有关成果已纳入2015年7月在俄罗斯城市乌法召开的金砖国家领导人峰会成果文件。2016年9月15日至16日,第二次金砖国家环境部长会议在

---

① 徐长春著:《金砖国家金融风险防范及其对中国的启示》,中国经济出版社2017年版,第1页。
② 计小青、曹啸:《金砖国家开发银行业务模式设计研究》,上海人民出版社2018年版,第220—228页。

印度果阿举行,该会议是金砖国家环境合作的高层对话机制。2017年,中国作为金砖国家合作机制主席国,于6月在天津举行了第三次金砖国家环境部长会议,致力于推动金砖国家环境合作迈上新台阶。

金砖国家作为新兴经济体的对话机制,属于开创性合作,是以发展中大国与资源、能源大国合作,环境合作作为其中的重要内容,有助于金砖国家内部"增信释疑"。而各具特色的自然资源禀赋与环境合作需求,决定了金砖国家未来在环境合作方面具有广阔的空间。基础设施建设仍将是推动"金砖国家"经济高速增长的重要动力之一,同时是延续金砖国家经济长期发展的基础,也为推动金砖国家绿色投资提供了重要机遇。在深化金融合作方面,未来"金砖五国"将以"金砖银行"为平台,合作将扩大至环境治理、能源等多方面。金砖国家环境合作将成为支撑国家战略国际布局的重要支点。在金砖国家合作的框架内,中国是核心推动力量之一。作为金砖国家合作的主要框架设计者和金砖国家新开发银行的股东国与总部所在国,中国的战略参与和推动是金砖合作机制前进的主要动力。[①]

5. 关于金砖国家的对外援助(外援)合作研究

《全球治理中的金砖国家外援合作》从国际政治经济学视角,运用网络分析的思想和技术,探讨金砖国家在外援全球治理领域内进行合作的关系基础、主要障碍和克服途径。金砖作为一个新型、开

[①] 李霞、闫枫等编:《金砖国家环境管理体系与合作机制研究》,中国环境出版社2017年版,第1—3页。

放、平权的国际组织,为成员国的外援合作提供了基础和框架。但是,金砖国家各自外援政策的高度异质性、金砖合作机制的松散特征,以及金砖国家对成本—收益的敏感性和平权原则,决定了金砖外援合作也具有相当大的困难。金砖银行的建立具有里程碑式的意义,提供了克服障碍的有益思路和进一步推进合作的基础。[①]

6. 关于金砖国家与全球治理的关系研究

由华东师范大学国际关系与地区发展研究院副研究员、国际政治专业博士孙溯源主编的《金砖国家与全球治理》:该书试图在回顾金砖合作历程的基础上,从国际关系中政治经济互动的角度来探讨金砖合作的动力、金砖合作的定位和金砖合作的未来走向。书中分析了进入21世纪后,一是以金砖国家为代表的新兴经济体国家在参与全球治理上的意愿和能力不断增强,成为全球政治经济事务上不可忽视的重要力量;二是在参与全球治理的具体实践中,金砖国家依托二十国集团平台积极参与全球经济治理,促进国际货币基金组织和世界银行的改革,建立金砖国家新开发银行及应急储备机制作为对现有国际金融机制的补充,对全球经济治理变革做出的巨大贡献。[②]

四川外国语大学金砖国家研究院朱天祥所著《金砖国家与全球治理》:该书对当前学术界关于金砖国家合作以及金砖国家参与全球

[①] 庞珣:《全球治理中的金砖国家外援合作》,世界知识出版社2016年版,第1—2页。

[②] 孙溯源主编:《金砖国家与全球治理》,上海人民出版社2016年6月版,第1—10页。

治理的主要研究成果展开了系统梳理，并按照国别与整体相结合的思路进行编撰和写作，以期为国际问题研究相关专业学生和社会公众了解和理解金砖国家合作，尤其是金砖国家合作参与全球治理提供参考读物。①

复旦大学国际关系与公共事务学院副教授、金砖国家研究中心主任朱杰进所著《复旦国际关系评论》为系列出版物。其中一辑专题是"金砖国家与全球经济治理"包括以下内容：试析金砖银行的发展理念创新；金砖银行与全球金融治理体系改革；金砖国家对全球发展治理机制的选择性参与；金砖国家研究的发展和现状评估；巴西追求全球治理梦的策略和成效；南非外交转型及其影响；拉美能源外交与地缘战略的实证分析；苏珊·斯特兰奇国际政治经济学思想及其理论启示；中亚区域经济治理的路径和条件；全球治理中的"意愿联盟"；探析全球贸易便利化治理；欧盟与全球发展治理；海湾国家与全球经济治理。②

◆ 第四节 中国智库对金砖国家合作的影响 ◆

一、提出建立金砖国家新开发银行和应急储备基金

金砖国家新开发银行的概念在2012年已经提出。当年，英国《金融时报》对这一设想评价称：金砖国家新开发银行将成为1991

---

① 朱天祥：《金砖国家与全球治理》，时事出版社2019年版，第1—10页。
② 朱杰进：《金砖国家与全球经济治理》，上海人民出版社2016年版，第1—3页。

年欧洲复兴开发银行成立以来设立的第一个重要多边贷款机构。2013年3月,第五次金砖国家领导人峰会上决定建立金砖国家新开发银行,成立新开发银行将简化金砖国家间的相互结算与贷款业务,从而减少对美元和欧元的依赖。2014年7月15—16日,金砖国家领导人第六次会晤在巴西举行。此次峰会敲定了呼吁已久的金砖国家新开发银行,这是一个类似世界银行和国际货币基金组织的机构,初始资本为1000亿美元,由5个创始成员平均出资。

2012年6月在墨西哥洛斯卡沃斯二十国集团峰会期间,建立应急储备安排的磋商由金砖国家领导人正式启动。2014年7月15日,中国人民银行行长周小川代表中国政府与其他金砖国家代表在五国领导人见证下,在巴西福塔莱萨签署了《关于建立金砖国家应急储备安排的条约》。应急储备安排将补充和强化由国际货币基金组织、区域金融安排、中央银行间双边货币互换协议及各国自有的国际储备构成的全球金融安全网。应急储备安排初始承诺互换规模为1000亿美元。其中各国最大互换金额为中国410亿美元,巴西、印度和俄罗斯各180亿美元,南非50亿美元。该安排是在有关金砖国家出现国际收支困难时,其他成员国向其提供流动性支持、帮助纾困的集体承诺。应急储备安排的建立并不意味着国际储备的直接转移,只有在有关国家提出申请,并满足一定条件时,其他成员国才通过货币互换提供资金。

中国积极推动建立的金砖国家新开发银行和应急储备安排,不仅在本次会晤中达成协议,而且决定将总部设在中国上海。这既是对中国作用的高度肯定,也代表了对中国发展充满信心。两大合作机制的问世,堪称金砖国家合作迄今为止最重要、最实在、最显雄心的机制性建设,这将进一步提高金砖国家和其他新兴市场国家在国际经济事务中的影响力和话语权。

二、提出金砖国家新工业革命伙伴关系计划

2018年7月,在南非约翰内斯堡举行的金砖国家工商论坛上,习近平主席提出要共同建设金砖国家新工业革命伙伴关系,"加强宏观经济政策协调,促进创新和工业化合作,联手加快经济新旧动能转换和转型升级"。这一倡议很快正式写入2018年的《金砖国家领导人第十次会晤约翰内斯堡宣言》,强调"新工业革命伙伴关系旨在深化金砖国家在数字化、工业化、创新、包容、投资等领域合作,最大程度把握第四次工业革命带来的机遇,应对相关挑战",随后相关工作陆续启动。2019年11月,金砖国家领导人第十一次会晤时,习近平主席强调"把握改革创新的时代机遇,深入推进金砖国家新工业革命伙伴关系";2020年11月的第十二次会晤,习近平主席又提出"中方愿同各方一道加快建设金砖国家新工业革命伙伴关系",并在中国厦门市建立金砖国家新工业革命伙伴关系创新基地,开展政策协调、人才培养、项目开发等领域合作。

综上,可以将新工业革命伙伴关系概括为:着眼于抓住新一轮科技革命与产业变革发展的时代机遇并应对相关挑战,秉承"开放、包容、合作、共赢"的金砖精神,共同致力于维护发展中国家和新兴经济体发展权益,以建设金砖国家创新基地为契机,务实推动金砖国家"新工业革命"领域合作,维护以世界贸易组织为基石的多边贸易体制,推动开放创新增长,促进共同实现技术进步、产业转

型和经济发展,为世界经济复苏增长及全球治理变革注入更多"金砖力量"。①

在2020年11月17日的金砖国家领导人第十二次会晤上,中国国家主席习近平宣布,中方将在福建省厦门市建立金砖国家新工业革命伙伴关系创新基地,开展政策协调、人才培养、项目开发等领域合作。当年12月8日,金砖国家新工业革命伙伴关系创新基地在厦门正式启动。"新工业革命伙伴关系创新基地的创建是近年来金砖合作一大亮点。"中国现代国际关系研究院研究员陈凤英表示,"通过推进金砖国家新工业革命伙伴关系合作,中国将与金砖国家构筑互利共赢的金砖国家产业链、供应链和利益共同体,为共同维护全球供应链安全稳定作出贡献,同时也为其他金砖国家的产业数字化、数字产业化带来中国机遇,促进贸易投资便利化并不断推动合作项目落地实施。"②

三、提出"金砖+"合作理念

2017年,中国首创"金砖+"模式,摒弃了"大国俱乐部式"的"多边主义",在金砖国家领导人厦门会晤期间开创性地邀请拉美大国墨西哥、阿盟总部所在地埃及、非盟轮值主席国几内亚等国代表参加对话会,为世界上其他新兴大国参与和加强同金砖国家合作

---

① 张贵:《新工业革命伙伴关系的特征与全球治理新方向》,《人民论坛》,2022年3月2日,http://www.rmlt.com.cn/2022/0302/641107.shtml。(上网时间:2022年3月2日)

② 林子涵:《中国不断为金砖国家合作注入动力(环球热点)》,《人民日报海外版》2021年09月09日第06版。

提供了有效路径。

"中国始终是金砖国家合作机制的积极建设者、推动者、创新者。"陈凤英表示,"中国倡导的'金砖+'理念已内化为金砖国家合作机制的一部分,持续启发金砖国家加强对外合作,有效拓展了金砖国家的全球伙伴关系网络,是倡导合作共赢的中国智慧的具体体现。未来,以'金砖+'理念为代表的中国方案还将继续引领金砖国家创新发展。"

四、倡导并引领航天、中医药、数据安全等尖端领域的创新合作

中国还重视引领金砖国家开展航天、中医药、数据安全等尖端领域的创新合作。2021年8月18日,金砖国家航天机构签署《关于金砖国家遥感卫星星座合作的协定》,将建设"遥感卫星虚拟星座",建立数据共享机制,共同应对人类面临的全球气候变化、重大灾害和环境保护等挑战。2021年6月30日,金砖国家共同举办"2021金砖国家传统医药研讨会",倡议进一步发挥传统医药作用,抗击新冠肺炎疫情。2020年,中国发起《全球数据安全倡议》,积极通过金砖国家、二十国集团等多边平台,推动共建开放有序的网络空间,促进数字经济健康发展。

◆ 第五节 小结 ◆

综上所述,可以得出以下几点小结:

一是中国的金砖研究智库从无到有，蓬勃发展。自 2009 年 6 月金砖国家首次首脑峰会以来，中国的智库研究机构即开始了金砖国家及其机制的研究，而为峰会提供智力支持。每次峰会之前召开的金砖国家学术论坛，中国金砖国家智库也积极参与。

2013 年 3 月在南非德班举行的金砖国家领导人第六次峰会上，决定成立金砖五国智库理事会。金砖五国智库理事会包括巴西应用经济研究所、俄罗斯金砖国家研究国家委员会、印度观察家研究基金会、中国当代世界研究中心和南非国家人文社会科学研究所。成立该机构的主要目的是为研究人员、学术界和智库之间的思想交流搭建一个平台，定期召开金砖国家学术论坛，并向金砖国家领导人提出政策建议。[①]

由中共中央对外联络部作为金砖国家智库合作的牵头单位，联合国内高校、研究机构以及企事业单位成立的"金砖国家智库合作中方理事会"，主要负责并参与金砖国家合作框架下的学术和智库对话交流与合作。中方理事会本质上属于非法人社会团体，是一种开放的工作机制和平台。首批副理事长 7 名，理事单位 63 个，65 位理事（目前已发展到 15 个副事长单位，100 个理事单位）。其中既有官方智库，也有民间智库，研究方向覆盖了政治安全、贸易金融、教育文化、医药卫生、网络科技等金砖国家合作涉及的主要领域，呈现出欣欣向荣的蓬勃发展态势。

---

① About the BTTC, http：//sabtt.org.za/brics - think - tanks - council - bttc/about - the - bttc/. （上网时间：2022 年 3 月 2 日）

二是中国的金砖国家研究经过多年的发展，成果丰硕。在专著方面，在2011年4月金砖国家组织三亚峰会举行之前，中国有关"金砖"的研究著作屈指可数，主要是一些简单介绍性的著作。此后，有关"金砖"的研究成果逐渐开始多了起来，每年都有几部，尤其是2017年9月，金砖组织峰会再度在中国召开，相关研究成果也大幅增长，之后又平稳滑落。具体来说，目前中国的"金砖研究"的著作大致集中在以下几个方面：第一类是金砖国家的概况介绍；第二类是有关金砖国家的问题研究，还有一些专著研究报告和比较研究的成果；第三类是关于金砖国家的合作机制研究成果，包括总论、经贸合作、金融合作、金砖合作与全球治理，还有在金砖国家环境治理和对外援助方面的著作。此外，值得特别关注的还有几个有关金砖国家的连续出版物，如中华人民共和国国家统计局等编《金砖国家联合统计手册》等。文章方面，在知网中关于"金砖"的成果有数千条。其中相关主题文献包括含有金砖国家、金砖四国、"金砖四国"、金砖五国、金砖合作、比较研究、领导人、金砖银行、习近平、俄罗斯、金砖国家开发银行、新兴经济体、全球治理、"一带一路"、全球经济治理、经济增长、服务贸易、实证分析、"金砖五国"、新开发银行等各类相关文献。

三是中国的金砖智库对于金砖合作机制的建立和发展发挥积极影响。当前，新科技革命和产业变革方兴未艾，不断重塑全球经济社会运行方式和国际竞争格局。中国凭借互联网产业和数字经济的技术优势，成为全球创新发展的领航员。作为世界上最大的发展中国家，中国始终重视金砖国家合作机制，积极发挥自身创新优势与先锋引领作用，以中国方案、中国主张为金砖合作注入动力。[①] 中国对金砖合作的积极贡献增强了金砖机制的可延续性，也打破了西方某些势力看衰金砖机制的企图。更重要的是，中国使这个新兴市场国家和发展中国家集合体有了强有力的代表，增强了金砖国家合作机制对外发声的底气。

在此过程中，中国的金砖智库研究在提出对建立金砖国家新开发银行和应急储备基金，推动金砖国家新工业革命伙伴关系计划，倡议"金砖+"合作理念，引领航天、中医药、数据安全等尖端领域的创新合作等意见和建议，对于金砖合作机制的发展和完善都发挥了积极作用。

智库合作是金砖国家合作的重要组成部分，在促进政策沟通、推动思想创新、有效引导舆论、增进彼此友谊等方面发挥着越来越重要的作用。中国的金砖研究智库，在金砖国家智库合作中方理事会的引领之下，主动响应金砖国家领导人达成的"金砖+"共识，不仅同金砖各国智库开展联合研究与学术交流，而且致力于同其他新兴市场国家和发展中国家智库交流合作，把参与和促进新型南南合作作为工作的主要方向和重要内容。秉持"开放包容、合作共赢"的金砖精神，中国金砖智库的未来发展前景定会非常广阔。

[①] 林子涵：《中国不断为金砖国家合作注入动力（环球热点）》，《人民日报（海外版）》2021年09月09日第06版。

第六章 南非的金砖国家研究智库

◆ 第一节 导论 ◆

一、概念和内涵：从南非智库到南非金砖智库

1. 南非智库的现状

在美国宾夕法尼亚大学智库研究项目研究编写的《2020年全球智库报告》中，全球一共有11175个智库，撒哈拉以南非洲有679个智库，其中南非有102家智库，在撒哈拉以南非洲地区智库数量排名中位居第一，在所有国家智库数量排名中位居前列，排第15位。[①] 南非入围全球顶级智库表的有非洲建设性解决争端中心（AC-

---

[①] James G. McGann, "2020 Global Go to Think Tank Index Report", in TTCSP Global Go to Think Tank Index Reports, 2020, https://repository.upenn.edu/think_tanks/. （上网时间：2021年9月8日）

CORD)，南非粮食、农业和自然资源政策分析网（Food, Agriculture and Natural Resources Policy Analysis Network, FANRPAN)，南非国际事务研究所（South African Institute of International Affairs, SAIIA)，南非冲突解决中心（Centre for Conflict Resolution, CCR)，南非安全研究所（Institute for Security Studies, ISS）和南非自由市场基金会（Free Market Foundation, FMF）。

同时在关于数量和影响力的调查中，在"2020年撒哈拉以南非洲地区前30强智库"排行榜中，南非占据了10个席位，其中有2个较往年数量有所下降。南非作为非洲唯一的发达国家，无论是在政治成熟度还是在经济发展程度方面，都远比其他非洲国家成熟和先进，因此，南非智库的数量不仅多，而且影响力和知名度也更为突出，其在非洲经济一体化过程中所发挥的作用也较大。在榜单"撒哈拉沙漠以南的非洲智库"排名中，南非拥有的智库数量最多且远远超过其他国家。南非入围"2020年撒哈拉以南非洲顶级智库"排名前20的有非洲建设性解决争端中心、南非国际事务研究所、"南非粮食、农业和自然资源政策分析网"、南非发展和企业中心（Centre for Development and Enterprise, CDE）、南非安全研究所和南非冲突解决中心。

2. 南非智库的发展历史及特点

南非智库的发展既具有一般智库的特点，如为了给政府提供决策参考、宣传思想或是通过大众媒体等影响社会舆论，作为政府和公众沟通的桥梁等，同时又具有南非的本土特色。南非智库的发展演变可以总结为以下几点：

（1）起步较晚，发展迅速

据不完全统计，南非现存的智库中大约有 3/4 成立于 20 世纪 70 年代以后，一半以上成立于 20 世纪 80 年代以后，虽然起步较晚但发展迅速，在不断的探索中形成自己的一套系统的研究方法和体系，对于国际关系格局研究的现实意义也逐渐增强。纵观南非智库的发展过程，通常认为可分为三个时段。[①]

第一阶段可追溯至 1961 年南非独立之前，这一段时期是南非智库的萌芽时期。南非著名的杜丽研究机构、南非国际事务研究所于这一时期诞生。

第二阶段为南非独立至 20 世纪 90 年代初，是南非智库的缓慢发展时期。南非独立初期，由于国民党全面推行种族隔离制度，使其在国际社会上备受争议。为了对相关人种和语言群体关系领域进行广泛的评估和调查，南非冲突解决中心应运而生。20 世纪 70 年代，随着经济高速增长，非洲各国独立运动风起云涌，南非黑人与白人之间的矛盾加剧，社会矛盾尖锐。南非自由市场基金会就是在这样的社会的背景下产生的。

第三阶段是 20 世纪 90 年代至今，为南非智库的高速发展时期。伴随着全球化进程的加快，多元化、复杂化的发展趋势以及信息革命、知识经济的冲击，南非意识到当今世界各国的竞争不再是自然资源和地理位置的竞争，而是转向文明、理念、软实力和巧实力的

---

① James G. McGann, "2011 Global Go To Think Tanks Reportand Policy Advice", Philadelphia: University of Pennsylvania, 2011, p. 21.

竞争，而智库作为生产思想、概念、政策和决策的特殊组织，必将成为国家、企业之间竞争的主体。[1] 为了应对专业知识不断拓展，社会分工不断细化的变化进程，南非先后成立了南非安全研究所，南非粮食、农业和自然资源政策分析网，南非全球研究对话所以及南非发展和企业中心。这一时期，南非智库除了为本国政府提供政策建议外，还积极参与国际合作，在国际舞台上发挥着越来越重要的作用，体现了系统性、战略性、前瞻性等理论实践特点。

（2）研究领域以民主建设和国际安全为主

南非智库的研究领域涉及经济社会发展的方方面面，已经从传统的内政外交、军事战略扩展到经济、科技、劳工、人口、教育、犯罪、生态、资源、医疗改革以及土地改革等方面。但是受政治因素的影响，南非智库的研究重点大多集中在民主建设和国际安全等方面。关于南非知名智库的研究重点，可以归纳如下：

表6-1　南非各智库研究重点

机构名称	研究领域和成果刊发
南非冲突解决中心	非洲事务、南非研究、非洲研究、外交事务、亚洲和非洲研究、国际事务与生存
南非国际事务研究所	《南非国际交流年鉴》、定期发布专题报告和研究报告
南非安全研究所	非洲人类安全、民主治理与腐败、冲突管理与和平建设、跨国犯罪打击、减少犯罪与司法改进
南非自由市场基金会	研究领域没有界限，涉及范围广，包括农业、文化、教育、对外援助、医疗、信息、技术、法律、产权和烟草

---

[1] 李轶海：《国际著名智库研究》，上海社会科学院出版社2010年版，第24—27页。

续表

机构名称	研究领域和成果刊发
南非全球对话研究所	国际谈判和会议，尤其关注二十国集团会议、联合国和经合组织等组织；新兴市场对国际外交的影响，尤其是金砖国家、南南合作；非洲外交，研究非洲在国际事务中的作用，研究外交政策、政策分析和效果评估
南非非洲研究所	和平与安全、政府治理、技术开发与转让、可持续发展、能力建设、地理信息系统和制图学
非洲建设性解决争端中心	《冲突趋势》，研究分析非洲大陆现在和即将出现的冲突
南非民主研究所	经济调节与管理、电力管理、社会责任网络项目、艾滋病、南非的领导力与民主、政府治理
南非政策研究中心	政府治理、民主、公民社会与发展、非洲内部关系、政策实施
南非选举研究所	民主、冲突管理和选举教育、投票和选举服务
南非种族关系研究所	预测南非经济、商务、劳工、人口、居民生活条件、犯罪、安全、医疗以及土地改革

资料来源：王佩享、李国强等：《海外智库：世界主要国家智库考察报告》，中国财政经济出版社 2013 年版。

（3）智库性质大多为非营利性、非政府组织

在南非，大部分的智库属于非营利性的非政府组织，仅有少数是由政府创办。[1] 譬如成立较早的南非国际事务研究所[2]就是一家非政府智库，主要是通过非洲视角来观察全球性的问题。除此之外，还有南非种族关系研究所、非洲可持续民主选举研究所（EISA）、

---

[1] 徐国庆：《南非加入金砖国家合作机制的背景、影响与前景》，《亚非纵横》2012 年第 3 期。

[2] South African Institute of International Affairs，https：//www.irr.org.za.（上网时间：2021 年 9 月 8 日）

南非发展和企业中心都是独立的民间智库组织。① 总体而言，南非智库相对独立、国际化程度较高，在独立的基础上可以自行开展研究，独立筹集资金，独立发表学术观点，独立开展国际合作。而且，智库无论是在项目、资金还是成果上，都较好的实现了市场化，通过竞争向市场争取项目。

3. 南非智库的类型

对于智库的划分标准多种多样，根据综合研究方向内容、影响力等方面因素，南非智库可以划分为以下类别。

以研究地域标准划分，可分为从事国际问题研究的智库和从事国内问题研究的智库。侧重国际问题研究的代表智库比如成立于1934年开普敦的南非国际事务研究所，研究所的起源可追溯至第一次世界大战后的巴黎和会。研究所建立的初衷，在于推动国际关系研究向长远发展。二战期间，研究所与外界建立了广泛的联系，在很多国际会议上，研究所都是非洲前殖民地的唯一代表。研究所的使命是提供尖端的分析、平衡的对话，以促进非洲的进步和其在全球动态环境下对至关重要问题的参与。研究所任务之一是为学生和国际关系学者提供一个资源中心和参考图书馆（这是一个联合国托存以及世界银行发展信息中心）。② 南非全球对话研究所（Institute of Global Dialogue, IGD）也是分析国际问题的研究代表智库，注重分析南非对外政策和多边政

---

① 师智峰：《关于思想库研究现状的综述及评论》，《学术述评》2007年第3期，第81页。
② 南非国际事务研究所官网：http://www.saiia.org.za/about。（上网时间：2021年9月8日）

府管理分析。① 侧重国内问题研究的智库如南非安全研究所，其任务和最终目标是通过在事实证据的基础上通过决策建议、技术支持和能力建设来促进非洲地区人民安全。重点研究民主治理，犯罪和司法，冲突的预防，风险分析，冲突的管理和和平的建设。② 南非冲突解决中心致力于解决犯罪、贫困、和平及安全等因素引起的冲突，为促进地方、国家、区域和平与冲突的转化做出贡献。③

以研究领域为标准的划分。比如研究推进经济自由化、反对经济干预，以及对与人类发展相关的一系列问题的南非自由市场基金会。专注于重要的国家发展问题及其对经济增长和巩固民主的关系，介绍能解决南非重大社会和经济挑战方式的南非发展和企业中心。还有在推动粮食、食品和自然资源政策，推动解决非洲贫困和饥荒问题上卓有成就的南非粮食、农业和自然资源政策分析网。

以智库资金来源为标准的划分。南非大部分的智库发展资金都是来自基金会的赞助，比如全球对话研究所，除了多年来对财政资金的投资管理，南非全球对话研究所的主要收入来源是为政府、国际组织和基金会承担咨询工作。近些年，全球对话研究所的社会政治研究也吸引了部分南非本土企业家投资这块新兴的市场。全球对话研究所与世界各地的同类机构有谅解备忘录的合作关系，这样的关系也存在于南非全球对话研究所和国家财政部的国际系统与合作部门中，在有共同利益前提下为其提供支持。2007 年后，南非信托、非洲信托、南非

---

① 南非全球对话研究所官网：http://www.igd.org.za/about-us/about-ig。（上网时间：2021 年 9 月 8 日）
② 南非安全研究所官网：http://www.issafrica.org/about-us/how-we-work。（上网时间：2021 年 9 月 8 日）
③ 南非冲突解决中心：http://www.ccr.org.za。（上网时间：2021 年 9 月 8 日）

标准银行、南非国家财政部、南非国际关系与合作部门、英国联邦和外交部、挪威政府等对全球对话研究所提供重要资金支持。还有部分智库的资金来自国外有交部门和组织机构，比如南非国际事务研究所的核心创始资金来自康拉德·阿登纳基金会、丹麦外交部、瑞典国际发展合作署等，英国国际发展部赞助其全球经济治理的项目，加拿大国际发展署是其国际能力建设的主要赞助方，丹麦政府赞助研究所对南非外交决策和非洲发展动力、新兴市场国家和全球挑战及经济政策等项目的研究。此外，资金来自于会员会费、捐赠和赞助的智库，还有南非自由市场基金会。南非自由市场基金会是在保护主义、高通货膨胀、价格管制、官僚主义和20世纪70年代不断升级的种族歧视和无情执法环境下诞生的，1977年南非自由市场基金会接受了像南非商会（South African Chamber of Business，SACOB），南非全国工商联合会（NAFCOC）、南非工会联盟等组织的资助。

二、关于南非智库和南非金砖智库的研究综述

1. 关于南非智库的研究综述

国内外关于南非智库的研究涉及多个学科领域，研究重点和方向也不甚相同。目前，南非智库的研究集中在两个方面：智库的影响力研究（智库对政府决策以及外交关系的影响）、智库的建设和运行（某一智库的发展历史及经验、智库的运行机制）。

在有关南非智库的影响力方面，美国宾夕法尼亚大学教授詹姆斯·麦肯每年都会发布权威的《全球智库发展报告》，至今已连续十

多年对全球智库进行排名，该报告也成为反映全球智库发展及其影响力的风向标。

国内有涉及南非智库影响力研究的学者主要包括清华大学的薛澜教授、朱旭峰教授，中国人民大学的王莉丽教授。他们分别从智库在政策过程中的影响力和公关政策中舆论影响力的角度，利用理论研究和案例分析的方法，对智库进行定性和定量研究，提出智库在政策过程中发挥影响力的相关机制。一些学者对全球知名的南非智库（比如南非国际事务研究所、南非企业和发展中心等）进行研究，通过对组织结构、运行机制进行分析，了解其发展运行的成功经验及问题不足，提出推动我国智库健康发展的对策建议。比如姜红在《金砖国家智库应更注重本国实际经验》[1] 一文中对南非人文科学理事会的发展进行了梳理，总结了其发展模式，给出了实践经验。国内还有一些学者，如蔡春林、刘美香在《金砖国家智库发展及其启示》[2] 一文中提出，智库发展水平是一国综合发展实力的体现，俄罗斯、印度、巴西和南非智库在国际关系、发展问题、地区冲突和自由市场方面具有与各自发展阶段、国际地位及利益诉求高度匹配的表现和影响力。周瑾艳在《非洲智库对新时代中国方案的认知及其对中非治国理政经验交流的启示》[3] 一文中认为，南非智库作为非洲智库的"领头羊"，作为"两个构建"的先行示范，中国和南非的合作从"以基础设施建设为主导的经济、外交合作'发

---

[1] 姜红：《金砖国家智库应更注重本国实际经验》，《中国社会科学报》2014 年第 4 期。
[2] 蔡春林、刘美香：《金砖国家智库发展及其启示》，《开发性金融研究》2017 年第 10 期。
[3] 周瑾艳：《非洲智库对新时代中国方案的认知及其对中非治国理政经验交流的启示》，《国外社会科学》2018 年第 9 期。

展到当前'经济合作、社会发展合作、人文交流等软硬件合作齐头并进"的阶段,南非不仅在援助、贸易、投资上"向东看",更在发展经验、治国理念和道路上"向东看",治国理政的经验交流在中国和非洲的合作中日益重要。

目前,国外关于南非智库的研究者主要是社会学领域的学者,他们针对南非智库的性质、功能和运行等方面,采用实证、量化的方法进行探讨,研究结论较为客观,相关学术成果具有一定影响力。然而,总体上国外关于南非智库的研究文献数量并不十分丰富,主要集中在美国、日本、欧洲等发达国家和地区。

2. 关于南非金砖智库的研究综述

中国知网并没有收录以"南非金砖智库"为关键词的文献。关于南非金砖智库的研究散见于和金砖国家智库、金砖国家组织有关的资料中。骆嘉在《金砖国家智库合作的现状、困境和策略》[1] 一文中认为,金砖国家已实现从全球主要新兴经济体间的国际政治经济对话论坛向全方位机制化合作平台演进。日益完善的金砖国家合作机制对金砖国家智库合作提出新要求。南非作为金砖国家中力量比较弱小的国家,南非金砖智库和其他国家智库的合作受到现实困境的制约,如何进一步推动金砖国家智库合作,使其更好地为金砖国家合作机制深化与创新建言献策,是当前亟待解决的重要课题。蒲公英在《金砖国家人文交流合作机制分析》[2] 一文中提出,金砖国

---

[1] 骆嘉:《金砖国家智库合作的现状、困境和策略》,《社会科学文摘》2018 年第 6 期。
[2] 蒲公英:《金砖国家人文交流合作机制分析》,《俄罗斯东欧中亚研究》2017 年第 8 期。

家人文交流合作机制是金砖国家合作机制的重要组成部分，发展金砖国家人文交流合作机制是深化金砖伙伴关系的重要路径。当前，金砖国家人文交流合作领域不断拓宽，合作内容不断细化与深化，南非金砖智库在金砖国家人文交流合作机制建设发展中发挥着重要的作用。

国外关于南非金砖智库的研究主要集中在一些会议文章和智库的出版刊物上，比如，南非人文科学研究理事会官网上发布的《金砖在南非，智库在金砖》（BRICS in South Africa, and the Think Tank in BRICS）[①]一文中提出，从金砖国家的角度来看，快速增长的国家集团必须拥有一个平台——智库，用于交流思想和产生基于事实的政策建议。鉴于智库在研究政策关系中所处的位置，它们很适合塑造各个金砖国家的战略愿景，以及助力整个金砖国家组织的发展。作为金砖国家组织的成员，南非需要一个专业的智库为国家提供战略支持。南非金砖智库就起到这样一个沟通、交流的桥梁作用。

◆ 第二节 南非的金砖国家研究智库概况 ◆

一、南非的金砖国家研究智库

1. 南非人类科学研究委员会

南非人类科学研究委员会（Human Sciences Research Council of

---

① "BRICS in South Africa, and the think tank in BRICS", http://www.hsrc.ac.za/en/review/hsrc-review-september-2013/brics-in-south-africa-and-the-think-tank-in-brics. （上网时间：2020年9月8日）

South Africa，HSRC）成立于1968年，是南非的法定研究机构，在对发展至关重要的领域进行尖端的公共研究，现在已经发展成为非洲大陆上关于社会科学和人文科学领域最大的专门性研究机构。[①] 南非人类科学研究委员会的任务是为政府政策的有效制定和监督提供相关支持，并对政策的执行情况进行评估，通过传播以研究为基础的有效数据和基于事实的成果分析来激发公众参与社会事务的热情和促进公共辩论的进行，目的是为了加强社会各个领域的研究合作，提高人文科学的研究能力和与之相关的基础设施建设。迄今为止，南非人类科学研究委员会已经为众多公共部门用户、非政府组织和国际发展机构进行了大规模的、与政策有关的社会科学研究。这些研究与南非的国家发展优先事项密切相关，反映南非乃至整个非洲的发展。近年来，南非人类科学研究委员会的研究活动紧跟南非的国家发展重点，与其保持一致，特别是通过经济发展减少贫困、提高技能、积极创造就业机会，消除歧视和不平等以及提供有效服务。

目前，南非人类科学研究委员会有五个研究中心，200多名专门研究人员和250多名支持人员，研究涉及多个学科。研究中心主要有南非非洲研究所（Africa Institute of South Africa，AISA）、金砖国家研究中心，科学技术与创新指标研究中心、民主治理与服务研究中心、人类和社会发展研究中心、教育和技能开发研究中心。

其中，金砖国家研究中心是南非人类科学研究委员会的附属研究单位，2013年3月，由南非人类科学研究委员会牵头的南非金砖

[①] "Human Sciences Research Council of South Africa"，https：//www.hsrc.ac.za.（上网时间：2021年9月8日）

国家智库（South Africa BRICS Think Tank，SABTT）借助其履行作为金砖国家智库理事会首任主席职责的能力，同时又考虑到南非对金砖国家持续性研究的需求，南非人类科学研究委员会决定成立金砖国家研究中心，致力于开展、协调和推动金砖国家研究。[①] 金砖国家研究中心自2014年8月成立以来，坚持代表南非人类科学研究委员会开展、协调、促进和管理与金砖国家相关的多学科的政策研究，确保这些研究的进行能够有助于制定政策，对战略性经济的发展、社会的治理有促进作用。而该研究中心的愿景就是成为南非多学科金砖国家政策研究的首选提供者，努力成为南非杰出的金砖国家多学科智库。

南非金砖国家研究中心虽然成立时间较短，但对金砖国家组织的研究却十分专业。作为一个年轻的团队，主要在以下领域进行研究：战略思考、宏观经济、数据管理和以实证为基础的政策研究。在战略思考方面，南非人类科学研究委员会和金砖研究中心积极参与金砖国家战略方针和行动计划的建立，金砖国家在2014年7月《福塔莱萨宣言》中，提出将工作重心放在制定基于五大支柱的金砖国家长期合作战略上，金砖国家研究中心在这方面发挥了重要作用。在宏观经济方面，金砖国家研究中心的研究项目始终遵循宏观经济的研究视角，这些项目的研究主题集中在金砖国家内部宏观到微观的经济动态上，力求无限接近于这种动态变化。在数据管理方面，为了使得金砖研究中心的一系列研究模型可以被长久运用，推动模

[①] 姜璐、杨扬、侯筱辰：《金砖国家独立评级机构建设研究》，《亚太经济》2017年第6期，第107页。

型的自动化更新，金砖国家研究中心已经建立起属于自己的资源数据库和专业管理权限。目前，金砖国家研究中心主要有四个数据库，包括金融（预算、支出、国家账户）、南非统计调查（人口普查）、南非人类科学研究委员会服务、政府传送（住房、学校、公共健康）。通过招聘专业人才来维护数据库的开发、更新与维护，在模型自动化和网站开发方面，金砖国家研究中心已经走在大多数智库的前面。除此之外，这些技能还可以辅助各种社交媒体的工作，使南非人类科学研究委员会的研究结果得到更广泛的传播，从而获得更深远的影响。在政策研究方面，由于金砖国家研究中心和其合作伙伴进行的所有研究都坚持以坚实的实证证据为依据，对政策的研究深刻而准确，推动了南非、非洲和金砖其他四国在此基础上的建模和理论生成。

2. 南非国家人文社会科学研究院

南非国家人文社会科学研究院（National Institute for the Humanities and Social Sciences，NIHSS）成立于 2013 年 12 月 5 日，作为一个独立的法定教育机构存在。① 南非作为一个发展中国家，整体教育水平低下，人文和社会科学学科建设严重缺乏，这也直接影响到南非自然科学、信息管理等学科的发展。带来的直接后果就是有关人文社科领域的学术著作数量稀少，而且普遍质量不高，学术研究成果也寥寥无几，这种畸形发展已经严重影响到南非高年级毕业生的

---

① "National Institute for the Humanities and Social Sciences"，https：//www. nihss. ac. za.

素质水平。这种情形迅速蔓延到整个社会，政府官员和非政府机构的人员素质低下，教育系统和关键的社会领域无法承担社会责任。面对严峻的形势，南非成立了人文社会科学研究院。

人文社会科学研究院的主要作用是增强南非及其他地区的人文社科素养，并就人文社科方面的事宜向政府和民间社会提供咨询。通过拟定各种计划，向大学拨款，提供奖学金，支持高等教育的发展和社会培训部门的产生，以此来提高整个南非社会的人文社科素养。人文社会科学研究院有自己的活动原则，譬如，坚持各机构之间相互合作的原则：合作不是目的，是为了在合作的基础上相互尊重、共同发展；设立奖学金社区的原则：奖学金援助对象不仅包括南非人，还包括非洲人甚至面向整个国际社会；规范驱动的国际化原则；以承担社会责任为基础的公平公正原则：奖学金的申请程序严谨、公开透明；功能分化与资源合理分配原则：南非国家人文社会科学研究院的资助对象多，资助领域广泛。截至2019年，南非国家人文社会科学研究院虽然才成立6年，但在南非引起的影响却不容忽视。根据南非知名媒体报道，南非许多高等教育机构出现不同程度的学术剽窃事件，学位质量也令人堪忧，[1] 这种事件不是个例，在南非的多所大学都有体现，南非的学术纯洁性受到污染，而且一些关于后种族隔离的言论和文学著作也开始显现。面对这种文化陈规和抄袭陋习，人文和社会科学研究院积极进行干预，而且被南非高等教育部授权，成立特别项目小组。该特别项目小组于2014年制

---

[1] 高雪山、钟紫红：《学术剽窃现象剖析及其对策》，《中国科技期刊研究》2012年第23期，第253页。

定了社会科学宪章，来促进南非人文社科的健康发展。截至 2018 年 3 月，人文和社会科学研究院已经出版七本专著，举办两场专业座谈会、一场专业学术会议、两次专业研讨会。

此外，南非国家人文社会科学研究院还与非洲社会科学研究发展委员会合作，共同开发面向非洲博士的奖学金通道项目。该项目的开展也符合研究院和委员会致力于非洲人文社科进步的宗旨，通过广泛的学术视角探索和发现，来促进南非及整个非洲地区的人文和社会科学发展。该博士奖学金项目也会对有资格的非南非学子适当开放，呼吁和号召青年学生在南非攻读任何一所大学的人文和社会科学博士学位。奖学金的重点资助领域如下：殖民地研究（前殖民地、后殖民地国家、殖民机构等）、解放斗争的历史和文化遗产研究、区域一体化研究（主要是经济发展和经济选择）、国际政治经济学与非洲人文科学研究、身份认同和遗产继承研究（包括文学、表演艺术、和音乐）。

2015 年，南非国家人文社会科学研究院成为了南非金砖国家智库和学术论坛的永久主办者，借此机会，研究院成了南非金砖国家智库。2015 年 2 月，南非高等教育和培训部长邦金科西·齐曼德（Bonginkosi Nzimande）博士授予金砖国家研究中心永久承办南非金砖国家智库论坛的职能。目前，南非金砖国家智库由阿里·西塔斯（Ari Sitas）教授主持日常工作。南非金砖国家智库的目标在于：第一，为研究人员提供一个平台，可以彼此交流想法，产生基于实证的政策建议；第二，围绕全球金融问题、经济问题和全球治理问题，使得南非和更广泛的非洲地区形成战略远景；第三，向南非政府提供技术支持，促进南非政治体制建设和完善，帮助政府制定与金砖其他四国有关的切实可行的公共政策和发展计划；第四，进行政策分析，向南非政府解读金砖其他四国的长期战略和发展计划,以便政府做出应对;第五,从南非的国家利益出发,从非洲大陆和金砖国家的利益出发,对南非与金砖国家之间的关系进行分析,挖掘潜在的合作潜力,促进共同发展。

对于金砖国家智库的工作,值得关注的是"金砖国家教学和研究流动计划",该计划是南非金砖国家智库重点资助的研究计划之一,它根据金砖国家长期发展战略中概述的五个方面进行主题研究,目的是为了促进南非与金砖成员国之间的合作研究,加强之间的伙伴关系。[①] 五个专题领域如下:推动合作,促进经济增长和发展;维护和平安全;社会公正,可持续发展和生活质量;政治和经济治理;知识分享和创新发展。这项研究计划为目前在人文和社会科学领域课程中注册的硕士和博士研究人员提供资金支持,以促进符合上述研究领域的主题研究发展。特别是鼓励南非研究人员与金砖其他国家的大学进行交流与合作,以此建立起强大的研究网络。

3. 南非国际事务研究所

1934年成立于开普敦的南非国际事务研究所(South African Institute of International Affairs)可追溯至第一次世界大战后的巴黎和会。研究所建立的初衷,就在于推动国际关系研究向长远发展。二战期间,研究所与外界建立了广泛的联系,在很多国际会议上,研究所都是非洲前殖民地的唯一代表。研究所的使命是提供尖端的分析、平衡的对话,促进非洲的进步和其在全球动态环境下对至关重

---

① 韩晓萌、张蔚:《创新、变革和大学责任——金砖国家大学校长论坛综述》,《国内高等教育教学研究动态》2015年第21期,第53页。

要的问题的参与。研究所任务之一是为学生和国际关系学者提供一个资源中心和参考图书馆（这是一个联合国托存以及世界银行发展信息中心）。①

在有关中国在非洲大陆所扮演角色的研究领域中，研究所处于领先地位，其首个专题项目"中国在非洲"，旨在研究中非关系及其对非洲大陆的影响。另外，南非国际事务研究所也是对其他重要金砖国家如巴西、印度、俄罗斯的外交政策进行系统分析的研究机构。

研究所近年出版（2014年7月）的专题论文有《与其他重要新兴经济体团结一致》（Ties with Other Emerging Economies Crucial），②该文分析论述了最新国际安全、经济环境的变化对金砖五国进一步发展的影响，将该集团内部的经济问题和体制结构的建设作为重点课题展开了深入全面的研究。在新兴市场国家及发展中国家对话日益频繁为背景的国际环境下，金砖国家崛起势在必行。

文章围绕在国际热点问题以及国际形势下的金砖国家动态，分两部分论述了巴西、印度、中国、南非这四个金砖国家成员国与俄罗斯双边发展趋势与金砖成长的密切联系以及金砖国家内部体制建设问题。文章第一部分指出，第六次金砖国家峰会提供了一个机会，使金砖国家在崛起的同时更专注于与世界其他国家的关系。克里米亚危机是一个巨大的考验，它的出现使金砖国家重新审视彼此之间的关系，尤其是其他四个金砖国家成员国（巴西、印度、中国和南

---

① "South African Institute of International Affairs"，http：//www.saiia.org.za/about.（上网时间：2020年9月8日）

② "Elizabeth Sidiropoulos and Chris Wood：Ties with other emerging economies crucial"，http：//www.chinadaily.com.cn/opinion/2014-07/14/content_17756733.htm. （上网时间：2020年9月8日）

非)将必须做出决定,他们是否坚持与俄罗斯并肩反对七国集团,或者他们是否会充当一个重新连接俄罗斯走向国际社会的桥梁。在世界政治的多极化转型过程中,金砖国家处于领导地位。在第二部分中,文章重点研究了在以金砖领导的新的世界秩序下,对金砖国家内部进行改革,如成立新开发银行和紧急储备安排。尽管这些举措遭到一些评论家的批评,但不可否认的是,金砖国家新的金融机构可以最大限度地发挥自己的影响,在规范金砖国家的机制方面的作用不容小觑。金砖国家机制在很多方面是与众不同的,比如在新开发银行的运行中,其投票机制已经从布雷顿森林体系下的加权投票模式向民主体制转变。此外,金砖国家在注重发展与发达国家与发展中国家关系的同时,更应该注重与其他主要新兴市场国家的关系。所有的金砖国家成员应该共同努力,寻求建立一个包容与合作的新的世界秩序。

4. 南非全球对话研究所

全球对话研究所成立于1995年,是南非前总统纳尔逊·曼德拉多年努力的成果。他和他的领导团队认为,有必要成立一个研究组织,以促进新南非在1994年后参与不断变化的全球秩序的建设。全球对话研究所的最初资金来自德国政府,用于建立该基金会的竞争优势,包括对政策的研究、促进对话、量身定做的出版物和为关心国际关系的非政府组织提供赠款。

在20世纪90年代末进行战略审查之后,该基金会变成一个研究所,从而摆脱了提供赠款的责任,以便加强其分析和对话的作用。

因此，全球对话研究所成为了一个独立的外交政策智库，总部设在南非比勒陀利亚。它对南非和非洲的政治和外交提出政策分析报告，研究外交和外交政策在促进国家发展方面的作用。

全球对话研究所官方数据记录了共49份有关"BRICS"的研究文献。[①] 主要包括：《2014年南非的外交决策财政预算：有旧账，有新帐》（*SA's Foreign Policy Budget* 2014：*Something Old*，*Something New*）、《有关金砖五国新兴发展银行事宜的三个原因》（3 *Reasons the BRICS' New Development Bank Matters*）、《金砖国家部长级会议协定纪录》（*Agreed Minutes of the BRICS Ministerial Meeting*）、《金砖五国银行将改变全球经济》（*BRICS Bank Will Change Global Economics*：*Zuma*）、《国家主席雅各布·祖马在第六次金砖峰会全体会议上的演讲》（*Address by President Jacob Zuma to the Sixth BRICS Summit Plenary Session*）、《南非将金砖国家接力棒传与巴西》（*South Africa Hands BRICS Baton to Brazil*）、《新开发银行的协定》（*Agreement on the New Development Bank*）、《金砖国家贸易部长第四次会议》（*The 4th Meeting of the BRICS Trade Ministers*）、《金砖五国：拉丁美洲和南非》（*BRICS*，*Latin America and South Africa*）、《南非在金砖国家的非竞争状态》（*SA not in BRICS to Compete*）、《五天里的三次会议：全球气候外交促进序幕开启》（*Three Meetings*，*Five Days*：*Global Climate Diplomacy Push Kicks Off*）。

---

① Institute for Global Dialogne，http：//www.igd.org.za/．（上网时间：2020年9月8日）

5. 南非发展和企业中心

南非发展和企业中心，成立于1995年，是一个独立的政策分析和倡导组织，是南非著名的智库之一。自1995年成立以来，南非发展和企业中心一直在收集资料，广泛征求意见，并就对经济增长和民主巩固至关重要的问题提出创新性的政策建议。该机构主要研究国际发展中的战略性、关键性问题，及其与经济增长、民主建设关系的政策研究，金砖国家的发展经验研究，尤其关注商业和市场环境对发展的作用。该智库特别关注业务和市场在发展中的作用，通过制定并分享的切实可行的政策建议得到广泛认可，这些建议概述了南非应对重大社会和经济挑战的方式。此外，其还因在召开强有力的圆桌会议讨论方面发挥了作用而得到政府重用。圆桌会议讨论了南非国家、社会面临的各种传统政治和社会分歧的棘手问题，并寻求解决方案。重点关注对包容性经济增长至关重要的政策领域：投资和就业、青年失业、商业和市场、教育和技能、城市、移民、土地改革和加强民主。南非发展和企业中心通过简报会、书籍和数字出版物、信息图表和多媒体平台向全国决策者、舆论形成者和更广泛的公众传播信息，这些平台得到传统媒体和社会媒体的广泛报道。南非发展和企业中心以市场为导向，研究务实，以事实为基础，通过提出大胆、独特的政策建议，填补了国家某些领域的空白，这些政策建议是实现包容性经济增长和转型战略的关键贡献。

作为一家非营利性独立智库，机构宗旨是通过深入对比国际经验和南非国情，对南非经济社会发展的挑战提出切实可行的政策建议。主要的资金来源是南非企业，包括：花旗集团、丰田南非公司、大众南非公司、莫加黄金公司、南非BP石油化学公司、必和必拓公司、第一兰特基金会、奥本海默信托公司、南非渣打银行等。会议记录包括：《民主和包容性增长：在印度、巴西和南非的国家、市场和企业》（*Democracy and Inclusive Growth*: *States*, *Markets and Enterprise in India*, *Brazil and South Africa*）[1]、《特许金融在巴西的作用的标准模型》（*The Role of Concessionary Finance in Brazil*）[2]等。

6. 南非冲突解决中心

南非冲突解决中心是开普敦大学的社会研究机构，由范·梅德尔教授于1968年创立。一开始是对"种族"群体之间的关系进行学术研究，目的是促进相互接受和合作。该研究所于1973年更名为群际研究中心。在20世纪80年代，该组织试图解决南非种族隔离政策导致的冲突解决问题。自1990年以来，该中心被称为冲突解决中心。

冲突解决中心的研究是一种建立在理论基础上的、基于高校广泛合作的实地工作。其研究得益于学术和操作导向工作的结合。严格的学术研究确保该机构在通过同行评审的出版物时保持较高的科学标准。而以操作为导向的研究使其更接近实践者和决策者。冲突解决中心的研究由政府的研究补助金和第三方委托资助。他们的研究和专业知识

---

[1] Ann Bernstein, "Democracy and Inclusive Growth: States, Markets and Enterprise in India, Brazil and South Africa", *Comparative Political Studies*, Vol. 39, 2012, p. 996.

[2] Armando Castelar Pinheiro, "The role of concessionary finance in Brazil", *Comparative Political Studies*, Vol. 39, 2012, p. 1008.

受到从决策者到学术界的不同受众的关注。通过与那些能够改变政策、实践和公众意见的人进行有针对性的沟通，促进研究的有效进行。此外还与从业人员和决策者进行接触，以确保工作的相关性。

南非冲突解决中心的会议记录有《媒体发展、跨文化交流与公共外交》(Media Development, Cross-Cultural Communication and Public Diplomacy)、《中国与非洲：媒体、交流和公共外交》(China and Africa: Media, Communications and Public Diplomacy)、《中国在非洲的软实力：新兴媒体和中非文化关系》(China's Soft Power in Africa: Emerging Media and Cultural Relations between China and Africa)、《后种族隔离时代的南非外交政策：模糊与挑战》(South Africa's Post-Apartheid Foreign Policy: Ambiguities and Challenges)、《驯龙？定义在中非合作论坛上非洲的利益》(Taming the Dragon? Defining Africa's Interests at the Forum on China-Africa Co-operation)、《卧虎藏龙？中国和非洲：酝酿成为世界的超级大国》(Crouching Tiger, Hidden Dragon? China and Africa: Engaging the World's Next Superpower)[①]。

二、金砖国家智库合作理事会——南非国家人文社会科学研究院

1. 委员会的成立

2013年3月，在金砖五国智库会议提出成立金砖国家智库理事会，

---

① "Centre for Conflict Resolution", http://www.cc.org.za. （上网时间：2021年9月8日）

并在德班峰会上得到金砖国家领导人确认。金砖国家智库理事会由巴西应用经济研究所、俄罗斯金砖国家研究委员会、印度观察家研究基金会、中国当代世界研究中心和南非国家人文社会科学研究院组成。

正如《金砖国家智库理事会成立宣言》所表述的那样,成立金砖国家智库理事会的主要目的,是为金砖国家研究人员、学术界和智库交流思想搭建平台,举办金砖国家学术论坛,并向金砖国家领导人提出政策建议和指导,供其审议。

目前,南非金砖国家智库主席是阿里·西塔斯教授。2015年2月,南非高等教育和培训部长邦金科西·齐曼德博士授权南非国家人文社会科学研究所永久主办南非金砖国家智库。

2. 董事会成员及合作机构

表6-2 董事会成员

姓名	职位
莎拉·莫索萨(Sarah Mosoetsa)	首席执行官
艾哈迈德·巴瓦(Ahmed Bawa)	首席执行官
马鲁比·马比塞拉(Mahlubi Mabizela)	首席董事
阿里·西塔斯(Ari Sitas)	南非金砖国家智库主席、董事会成员
辛西娅·马波尼亚(Cynthia Maponya)	董事会成员
恩兰拉·姆赫兹(Nhlanhla Mkhize)	董事会成员
辛菲韦·埃诺赫·米尼(Simphiwe Enoch Mini)	董事会成员
伯纳德·恩塔姆贝莱尼(Bernard Nthambeleni)	董事会成员
雅各明·卢梭(Jacomien Rousseau)	董事会成员
雷内史密斯(René Smith)	董事会成员
菲奥娜·特雷格纳(Fiona Tregenna)	董事会成员

资料来源:南非国家人文社会科学研究院官网,https://www.nihss.ac.za。

表6-3 合作机构

合作高校	简介
福特海尔大学（University of Fort Hare）	福特海尔大学是南非东开普省爱丽丝市的一所公立大学。在1916—1959年间是专门为黑人设立的高等学府。为来自撒哈拉以南非洲各地的学生提供了西式高等教育，培养了一大批非洲黑人精英
比勒陀利亚大学（University of Pretoria）	比勒陀利亚大学是一所公立研究型大学，位于南非的行政首都比勒陀利亚。该大学成立于1908年，位于约翰内斯堡的德兰士瓦大学学院的比勒陀利亚校区，是南非第四所连续运营并获得大学地位的机构
南非大学（University of South Africa）	南非大学始建于1873年，坐落于南非豪登省，是由南非大学、南非理工学院及威斯特大学合并组成，在南非各地不同城市拥有5个校区。南非大学是非洲最大的开放式远程教育机构，也是世界上历史最悠久的专业远程教育大学
林波波大学（University of Limpopo）	林波波大学是南非林波波省的一所高等学府，是一所独立自由的全英文授课的人文科学学院，由原南非医科大学（1976年）和南非北方大学（1959年）于2005年1月合并而成
南非自由州大学（University of Free State）	南非自由州大学最初成立于1940年，现在主要有经济与管理科学、教育学、健康科学、人文科学、法律、自然和农业科学以及神学等七个学院，拥有超过30000名学生

续表

威特沃特斯兰德大学（University of Witwatersrand）	威特沃特斯兰德大学是一所综合性的公立大学，位于南非的约翰内斯堡。该校前身为南非矿业学校，成立于1896年，是南非著名的百年名校。在南非国内大学排行榜中位居第四位，同时也是世界级的顶尖大学，是享受国际声望的世界一流大学，具有先进的教学设施、高水平的师资队伍和高科技的科研成果
范达大学（University of Venda）	范达大学位于南非东北部矿产资源丰富的林坡坡省，学校以南非以及国际社会的市场和产业需求为教育重点，开设了国际性的课程。该校现设有农学院、健康科学学院、管理学院、法学院、人文社科学院、环境科学学院等学院
西开普大学（University of the Western Cape）	西开普大学最初成立于1959年，是一所面向有色人种学生的民族学院，现在大约有68个部门和16个研究所以及12000多名学生
自由州大学（University of the Free State）	自由州大学成立于1904年，现在拥有约20000名学生，其中16000名在布隆方丹主校区，超3000名学生注册了大学的远程和互联网学习课程
约翰内斯堡大学（University of Johannesburg）	约翰内斯堡大学位于南非约翰内斯堡市，成立于2005年12月1日。学校由原兰德阿非利加大学、金山理工学院和维斯特大学的东兰德校区合并组成
开普敦大学（University of Cape Town）	开普敦大学位于西开普省的开普敦市，是南非最古老的大学，成立于1829年，是非洲大陆的学术研究中心之一，为世界大学联盟、全球大学校长论坛成员

续表

斯泰伦博斯大学（Stellenbosch University）	斯泰伦博斯大学是南非的一所公立研究型大学，位于斯泰伦博斯，该校是全球大学高研院联盟成员
纳尔逊·曼德拉城市大学（Nelson Mandela Metropolitan University）	纳尔逊·曼德拉城市大学位于东开普省纳尔逊曼德拉市，由原伊丽沙白港大学、伊丽沙白港理工学院和维斯特大学伊丽沙白港校区合并组成。综合性大学，在校生达25000多人，有来自60多个国家和地区的3800多名国际留学生，是南非11所重点大学之一
罗德大学（Rhodes University）	罗德大学位于东开普敦格雷厄姆斯敦，已有一百多年的历史，以其新闻系而闻名。该大学拥有约500名学术人员和7000名学生

资料来源：南非国家人文社会科学院官网，https://www.nihss.ac.za。

3. 活动

目前，南非金砖国家智库主要参与的项目有三类：公民社会、金砖国家合作与金砖国家工会论坛。其中，2017年3月23日，金砖国家学术机构通过南非金砖国家智库主办了金砖国家公民社会小组会议，旨在创建一个平台，让公民、社会、青年和工会能够聚集在一起，分享想法。

很多组织都参与并出席，比如南非青年国际外交（South African Youth for International Diplomacy，SAYID）、南非工会联盟（Federation of Unions of South Africa，FEDUSA）、全国矿工工会（National Union of Mineworkers, NUM)、国家经济发展和劳工理事会（National Economic Development and Labour Council, Nedlac)、南非工会大会（Congress of South African Trade Unions, COSATU)、经济正义网络（Economic Justice Network, EJN)，以及各种公民社会中心。代表们提出关于人权、劳工和有关性别平等问题等各种议题的文件。会议重点介绍了如何更好地推进金砖国家愿景。

由南非金砖国家智库主办的活动为"金砖国家教学和研究流动计划"，该计划是南非金砖国家智库重点资助的研究计划之一，它根据金砖国家长期发展战略中概述的五个方面进行主题研究，目的是为了促进南非与金砖成员国之间的合作研究，加强之间的伙伴关系。①。

第三节　南非智库的金砖国家研究

一、南非金砖国家研究文献的整体分析

1. 整体分析

金砖国家均是新兴市场国家，分处四大洲，地跨南北半球，具有独特地理优势，虽国情不同、文化各异，但在许多国际和地区问题上有着相同或相似看法，其国土面积占世界领土面积29.6%，人

---

① 韩晓萌、张蔚：《创新、变革和大学责任——金砖国家大学校长论坛综述》，《国内高等教育教学研究动态》2015年第21期，第53页。

口占世界总人口的42.6%。① 金砖国家禀赋各异,发展模式不尽相同,这给五国拓展合作提供了广阔空间。五国的市场、资源、技术、资金、劳动力等要素相结合并辐射到外部,将成为世界经济新的"增长源",也将带动全球政治、经济、贸易和金融多极化发展。同时,金砖国家的共同特征是金融市场不太成熟,应对外部金融冲击的能力相对不足。这促使金砖国家携手合作,发挥日益增强的经济力量,获得与之相匹配的国际金融话语权。近年来,金砖国家利用各成员国在资源禀赋、产业结构上的互补性优势,广泛拓展合作领域,形成多领域、多层次、全方位合作格局。如今,金砖国家已经建立60多项合作机制,涵盖经贸、金融、农业、教育、科技、文化、智库等多个领域。

南非作为金砖国家组织中综合实力最弱小的国家,国内智库的研究重点主要集中在金砖国家合作机制、金砖国家合作、金砖国家的发展治理等方面。②

2. 国别分析

(1) 南非智库对中国的研究

南非智库对中国的研究现在主要集中在"一带一路"倡议与非洲关系上。南非国际问题研究所、南非全球对话研究所等都对中国"一带一路"倡议做了深刻解读。

---

① 《金砖国家的合作机制及特点》,中国青年网,2017年9月3日,http://news.youth.cn/jsxw/201709/t20170903_10640698.htm。(上网时间:2020年9月8日)
② 敬乂嘉:《金砖国家对全球治理模式的探索》,上海人民出版社2017年版,第28—30页。

首先,"一带一路"倡议将改变非洲长期被忽视的国际地位。

南非国际问题研究所所长伊丽莎白·西迪罗普洛斯（Elizabeth Sidilopoulos）、"中国在非洲"研究项目主任克里斯·阿尔登（Chris Alden）与南非国际问题研究所外交政策项目研究员吴玉山合作的《中国的"一带一路"倡议：非洲应置身何处？》[①] 一文指出，"一带一路"倡议将连接非洲与欧洲、东南亚等广袤市场。与非洲长期被忽视的地位不同，随着"一带一路"倡议的推进，有望建立一个更为公平的全球秩序。该文也同时说，中国正在逐渐取代西方扮演的全球化引领者的角色。2012年新一代中国领导人走上世界舞台以来，习近平主席试图阐明中国将奉行与其全球地位相称的对外政策。最初的重点是与其他发展中国家存在共鸣的"中国梦"理念，2013年又加入"一带一路"倡议。

南非全球对话研究所在亚非会议召开60周年纪念期间刊文《中国在推进南南合作方面发挥关键作用》指出，中国在亚洲和非洲的作用都非常重要，"一带一路"倡议将大力推动发展中国家间的经济合作。南非非洲研究院研究员、南非安全研究所顾问彼得·法布里奇乌斯以"一带一路"倡议推进三年来取得的巨大成就来回应质疑：随着中国义乌的第一列火车到达伦敦，第一批石油从缅甸到达昆明，质疑声音开始减少。中国向"一带一路"沿国家提供万亿美元规模的投资，海上丝绸之路经过很多非洲国家，中国在这一区域已经建成一些大型项目。南非则于2015年12月签署了一项正式协议对接

---

① ［南非］伊丽莎白·西迪罗普洛斯、克里斯·阿尔登、吴玉山：《中国的"一带一路"倡议：非洲应置身何处？》，《人民日报》2017年9月7日第3版。

"一带一路",作为非洲大陆的一个主要国家,南非可以对"一带一路"做出很大贡献。

其次,"一带一路"倡议为中非合作与非洲工业化带来新动力。

《中国的"一带一路"倡议:非洲应置身何处?》一文指出,对非洲而言,其优先事项仍在于解决发展问题。非盟为发展问题制定的《2063年议程》与"一带一路"倡议的目标相似。2015年中非合作论坛第六次部长级会议强调了非洲工业化的重要性,在这次会议上,"一带一路"倡议少被提及,而非洲工业化和《2063年议程》却被提到很多次。很显然,中国的言辞间非常重视和尊重非洲,而"一带一路"倡议可以作为中非合作论坛的补充。南非威特沃特斯兰德大学资深研究员罗曼·迪特根在《"壮丽的士地"一瞥:从非洲探索中国》文中也强调,中非合作机制不仅不会被"一带一路"取代,还会成为非洲推进"一带一路"的重要平台。

最后,"一带一路"倡议被希冀更加看重非洲大陆国家的战略地位。

部分南非智库专家指出,"一带一路"途经非洲东部沿海地带,这将增强非洲东部国家在工业制造与贸易领域的全球地位,而位于非洲最南端的南非应顺势而为、迎头赶上。[1] 一方面南非应加强与东部非洲国家的经贸合作与产能合作、搭上"一带一路"顺风车;另一方面,南非应看到"一带一路"为南非本国产品带来的贸易新机遇。南非安全研究所顾问法布里西斯撰文《中国的"一带一路"倡议只是个睡前故事吗?》指出,作为推动东西部大陆铁路建设的一个

---

[1] Chris Alden, Yu-Shan Wu, Elizabeth Sidiropoulos, "China's Belt and Road Initiative: Where does Africa fit?" The Conversation Africa, Vol. 29, 2017, p. 6.

催化剂,"一带一路"将联通中东、中亚和欧洲,非洲贸易中心将可能以东非地区为主。这个经济走廊也可以将"一带一路"与美洲的西向贸易联系起来,缩短海域之间的距离。《丝绸、肉桂和棉花:印度洋的权力战略和对非洲的启示》一文也指出,海上丝绸之路可以通过(印度洋沿线国家)与陆上经济走廊相连,这可以加强南非在西印度洋沿岸的商业吸引力。

2018年1月1日,中国与南非将迎来建交20周年纪念日。两国虽建交时间不长,但双边关系实现了全面、快速发展。南非作为地区性大国,智库界对"一带一路"倡议高度关注并提出更高期待。抓住"一带一路"倡议带来的重大机遇,中国、南非两国在包括金砖国家机制在内的多边、双边平台深化对话合作,无疑会为两国全面战略伙伴关系发展注入新的动力。

(2)南非智库对巴西的研究

南非与巴西,一个是非洲大陆最发达的经济体,一个是拉丁美洲最大的经济体,南非智库深刻地认识到了这一点,积极推动南非与巴西相互交流,推动两国间的国际发展与合作。南非智库对于巴西的研究主要集中在巴西如何通过金砖国家组织这一平台,实现经济增长和政治发展。

南非全球对话研究所于2018年5月发布了《巴西—南非国际发展合作交流衡量报告》(*Brazil – South Africa Exchange Measuring and Reporting International Development Cooperation*),该报告认为,确定、监测、评估和报告国际发展活动仍然是所有南南合作提供者面临的挑战。尽管如此,自2010年以来巴西应用经济研究所的国际合作报告定期出版检测报告,以及巴西合作署的监测和评估平台,在这一领域取得了重大进展。

南非探索自身发展与合作系统化的方法，积极学习拉丁美洲国家的经验。在2018年金砖国家学术论坛，南非全球对话研究所和巴西驻比勒陀利亚大使馆共同举办了圆桌会议，让南非的利益相关者就衡量和报告南南合作的问题交换经验和意见。对话将有助于加强国家、区域和全球的发展。

南非冲突解决中心认为，近年来，巴西加深了与非洲的关系，加强了与中国、印度、南非和俄罗斯的关系。与安哥拉、莫桑比克等葡语非洲国家以及尼日利亚、南非、阿尔及利亚、利比亚等国的经济关系呈指数级增长，对外发展援助不断扩大，巴西与印度、南非、中国、俄罗斯等新兴市场国家密切合作。巴西外交政策的目标定位清晰，这都是值得南非学习的地方。

自2003年6月南非、巴西、印度三国外长发表《巴西利亚宣言》以来，三国按照《巴西利亚宣言》的约定，每年定期召开合作会议，总结合作进展，协调合作内容，规划合作蓝图，即印度巴西南非对话论坛，在农业、军事、能源、贸易、社会生活等方面开展了积极的合作。几年来，印度、巴西、南非的经济有了更快的增长，三国在地区事务中表现得更加积极，在国际事务中团结一致，为发展中国家谋取利益。印度巴西南非对话论坛的合作成果显而易见。然而发展到今天，很多南非智库认为，虽然巴西南非对话论坛形成时间较早，但由于实际影响力的缺乏，剩下的只是一个躯壳。尽管自金砖国家形成以来，其形象不断下滑，但是一些人仍然呼吁将其复兴为一个自治空间，巴西、印度和南非可以为全球南南合作做出贡献。鉴于这种情况，南非全球对话研究所就这两个微型平台是否可以共存，或者金砖组织自成立以来是否已经有效地取代了巴西南非对话论坛展开激烈的讨论。

（3）南非智库对俄罗斯的研究

据全球对话研究所官网显示，2018年7月26日，在约翰内斯堡举行的金砖国家领导人第十次峰会上，俄罗斯国家原子能公司的子公司俄罗斯原子能海外公司（Rusatom Overseas）与南非国有核能公司（Necsa）签署了一项协议，表示双方将在核技术的非电力应用，特别是核医学方面进行合作。根据协议，合作双方计划在南非建造两个小型反应堆和一个回旋加速器，用于生产医用同位素。

合作的主要领域是核医学，特别是非洲和海外的癌症治疗。双方计划合作在南非建造两个创新的"专门用途反应堆"。俄罗斯国家原子能公司表示，专门用途反应堆是一种相对廉价的小型反应堆，专为生产医用放射性同位素而设计。此外，他们还计划在南非建造一个商用回旋加速器，以进一步提高该地区核医学的生产能力。双方还打算在非洲大陆和俄罗斯构建癌症治疗中心。

南非智库对俄罗斯的研究主要集中在科技创新，尤其是核能方面。早在2015年7月8日，在俄罗斯乌法召开的第七届金砖国家峰会中，俄罗斯国家原子能集团公司与南非能源部签署了两份谅解备忘录，即《南非核电工业人员培训合作备忘录》和《加强南非公众核能认知合作备忘录》。根据首份备忘录，俄南两国将在核电工业教育领域实施若干联合项目，合作为核电厂人员、工程师和建筑工人等五类南非核工业专业人才提供培训。

（4）南非智库对印度的研究

金砖国家合作机制成立以来，五国经济发展速度明显高于西方发达经济体，五国经济总量增长179%、占全球比重从12%上升到23%，贸易总额增长94%、占全球比重从11%上升到16%，对外投资比重从7%上升到12%。其中，印度在金砖国家中位居第二，2019年整个上半年，印度经济增速虽然出现了明显下滑，但总量仍在增长，实际增长5.4%．其中，第一季度实际增长5.8%，第二季度实际增长5%。在国内生产总值总量上，印度实现国内生产总值约为990 911.7亿卢比，约为1.41万亿美元，在全球位居第五名。因此，南非智库对印度的研究主要集中在印度经济与社会改革、印度包容性增长与发展等方面。

南非人文及社会科学研究院教授妮尔玛拉·戈帕尔认为，南非应更重视产业合作之外的社会合作，促进整个社会的协同发展。金砖国家在产业合作方面应是一个志同道合的群体，在合作中应让当地社会更多地参与，努力与当地社区建立一种互信关系，避免因缺乏信任导致社会和民众对金砖产业合作产生抵触心理，让金砖产业合作为普通民众带来更多获得感。南非和印度一样存在一些社会问题，包括社会不平等现象和社会鸿沟的不断扩大。

南非企业和发展中心认为，南非需要改善其经济增长表现。如果没有更快、更劳动密集型的增长，南非将无法雇用数百万需要工作的南非人，而这将迫使他们及其子女生活在极度贫困之中。缓慢的增长还意味着，国家收入将无法满足人们对获得各级教育和培训、基础设施和改善社会福利的合理要求。南非的穷人将被落在后面，社会将停滞不前，种族关系将恶化，社会不稳定将加剧。南非企业和发展中心一直在关注其他发展中国家的民主，认为南非可以从面临许多类似挑战的国家学习，知道该做什么和不该做什么。自成立以来，南非企业和发展中心就接待了许多来自巴西、墨西哥、印度和其他地方的人，从他们身上学到很多经验。

自2012年以来，随着印度人民党的纳伦德拉·莫迪在2014年的全国大选中获胜，印度发生了重大变化。在选举期间，莫迪承诺将经济增长恢复至9%，并改革国家治理方式。现在印度国内出现了许多新的倡议和重要的趋势。作为世界上最成功的改革实验之一，印度是一个值得关注的国家。其中最明显的是印度中产阶级的扩大。南非应借鉴印度发展的经验，努力缩小社会差距，促进社会公平。

印度拥有丰富的海洋资源，非洲同样如此。海洋经济也成为近年来许多非洲国家关注的焦点，目前大多数非洲国家在发展海洋经济方面面临着资金与技术难题，对海洋资源的开发仍停留在渔业资源开发的基础上，海洋运输业、船舶业、旅游业对经济的贡献难以发挥。南非安全问题研究所研究员蒂莫西·沃克（Timothy Walker）在《非盟如何引导非洲发展健康蓝色经济？》（*How Is the AU Steering Africa Towards a Healthy Blue Economy?*）中提到，即将在南非约翰内斯堡召开的第25届非盟峰会将为非洲发展海洋经济注入新的契机。非盟峰会通过的非洲"2063年愿景"中就提到要建立一个以包容性增长和可持续发展为基础、和平繁荣的非洲，而海洋经济将会是未来非洲大陆转型与增长的主要动力之一。目前非盟已采取一系列积极措施发展海洋经济，如制定2050综合海洋战略，鼓励非洲可持续的渔业、船舶业、资源开采等海洋产业间的相互协作，发展蓝色经济。与此同时，非盟还宣布2015年至2025年将会与非洲海洋密切相关的十年，并将7月25日定为非洲海洋日。

3. 南非金砖研究的专题分析

南非虽然是金砖五国中最弱小的国家，但却是非洲数一数二的经济大国和重要的门户国家，在非洲的跨国物流、金融、投资等方面发挥着举足轻重甚至不可替代的作用。如前文所述，南非在金砖五国中是后来者，2010年12月，金华那国家轮值主席国中国邀请南非加入金砖国家并出席2011年在华举办的金砖国家领导人第三次会晤。南非也是金砖五国中唯一的非洲国家和非洲大陆经济最发达的国家，具有独特的影响力。在全球治理、经济、金融问题上，南非智库也呈现出独特的非洲视角。

（1）南非智库与全球治理：发展特色鲜明，参与全球治理的程度越来越深

在当前全球治理进程中，美国和欧洲等西方发达国家依然占据主导地位。然而随着全球政治经济格局的悄然变化，以新兴市场国家为代表的部分发展中国家已经开始在这一领域发挥更加积极和关键的作用。作为非洲大陆发展最快、也最具影响力的国家之一，废除种族隔离制度后的南非在政治、经济和社会发展方面取得明显进步。在非洲整体经济受国际金融危机冲击而萎靡不振的大环境下，南非经济继续保持着在非洲大陆的领头羊地位。也是凭借这一地位，南非进入令世界瞩目的"新兴市场国家"行列。南非参与全球治理进程的地缘背景、发展脉络和基本框架鲜明地反映了非洲新兴国家参与全球治理的基本立场和策略。其中，智库发挥的作用也越来越大。

南非参与全球治理，旨在推动世界秩序由权力政治向规则政治

转变，通过更加公正、平等的国际规则限制霸权国家的单边行为，维护广大发展中国家特别是非洲国家的政治经济利益。然而，面对严峻的内部发展问题及日益涌现的外部挑战，南非在全球治理体系中所发挥的作用仍然受到一定限制。若要构建一个更加平等的、以规则为基础的全球治理体系，南非所需要做的不仅是作为地区领导国在国际多边舞台代表非洲发声，还需要解决国内严峻的经济社会发展问题。国内经济社会的可持续发展是南非参与全球治理并发挥作用的根本保障。

尽管世界经济呈现出积极向好的态势，但仍然面临巨大挑战。全球增长动能不足、全球经济治理滞后、全球发展失衡等矛盾严重制约着世界经济的复苏和再次走向繁荣，特别是随着反全球化思潮和保护主义情绪的升温，一些国家加大外资审查力度，企业在对外贸易和对外投资时所要面临的挑战愈加激烈。部分发展中国家政权更迭、政策不稳定以及社会动乱增加了企业"走出去"的政治风险。在此背景下，如何进一步发挥五国互补优势，提升实质合作水平，创新金砖国家合作机制，亟待对相关问题进行深入研究，准确研判、精准施策，推动金砖国家协同发展。金砖国家合作应本着"共商、共建、共享"的原则、务实合作的理念实现了经济的快速发展，金砖国家在现行国际经济政治体系中不断加强合作，积极发掘自身力量有效维护自身利益和发展中国家利益，在开放中合作、以合作求共赢，为给世界经济带来光明、稳定、美好的前景发挥积极作用，做出更多建设性贡献。

（2）南非智库与经济发展：积极利用现有机制，促进非洲经济发展

2019年5月，南非约翰内斯堡大学非中研究中心主任孟大为

（David Monyae）在南非主流媒体《比勒陀利亚新闻报》发表题为《"一带一路"倡议为南非提供经贸机遇"》（One Belt And One Road Initiative Offers Economic Opportunities For South Africa）的文章，积极评价"一带一路"倡议和第二届"一带一路"高峰论坛成果，呼吁南非等非洲国家积极参与共建"一带一路"。[①]

文章认为，第二届"一带一路"国际合作高峰论坛将成为21世纪的标志性事件，"一带一路"倡议有望提振世界经济增长，重塑全球贸易和国际关系格局。这也是1945年以来导致西方阵营内部首次出现重大意见分歧的国际峰会，意大利、希腊和瑞士等欧洲国家打破传统，加入"一带一路"倡议，因为它们看到该倡议带来的巨大发展机遇。尽管西方国家担心"一带一路"倡议违反既定全球规则，但"一带一路"似乎已势不可挡。

文章称，非洲大陆应以促进非洲基础设施建设的方式参与"一带一路"倡议。作为金砖国家成员和非洲和平安全重要贡献者，南非不应缺席"一带一路"倡议。与多数非洲国家相比，南非经济增长仍然疲软，完全可以通过共建"一带一路"实现自身更好的发展。目前南非仍缺乏推进"一带一路"倡议的明确举措，大选后南新政府应考虑以更积极的姿态参与"一带一路"倡议，这对于推动非洲大陆自由贸易区建设和非洲大陆互联互通大有裨益。

---

① David Monyae, "One Belt And One Road Initiative Offers Economic Opportunities For South Africa", Pretoria News, Vol. 5, 2019, p. 2.

（3）南非智库与金砖银行：降低官僚程度，保持金砖国家新开发银行正常运转

金砖国家新开发银行又名金砖银行，于 2013 年 3 月 27 日在南非德班举行的第五届金砖国家峰会，由金砖国家领导人同意成立。2014 年 7 月 15 日，在巴西福塔雷萨举行的第六届金砖国家峰会的第一天，该集团的新兴经济体签署了期待已久的文件，创建初始核定资本 1000 亿美元金砖国家新开发银行和总值 1000 亿美元的应急储备基金。这将可对抗以西方国家为主的贷款机构和美元的影响，还分别签署了金砖五国出口信贷和创新合作协议的合作文件。

金砖国家财经智库成员、南非研究机构前线咨询（Frontier Advisory）首席执行官马丁·戴维斯（Martyn Davies）认为，金砖国家开发银行的作用在于使金砖国家在经济领域的合作更加制度化。在诸如南非这样有着开放、发达和成熟资本市场的国家，设立国家资本机构不是必需的。经济发展面临的主要挑战来自于对资金的缺乏，当然，政府管理不善也是原因之一。金砖国家新开发银行要正常运转，就必须使官僚化程度降到最低，并考量其成员国在各自地区中的地缘政治利益。[①] 而南非和巴西这样受大宗商品价格驱动的经济体，在其国内经济不够多样化的情况下，总会遇到经济波动的情况。此外，为保证国内经济良好发展就必须克服经济结构的弱点——改善基础设施，实施亲商政策，让劳动者接受更好的教育以提升竞争力，拥有更自由的劳动力市场以及廉洁高效的政府，这些因素都将

[①]《南非专家：金砖银行要正常运转，必须便官僚的降到最低》，中国经济网，2014 年 7 月 24 日，http://intl.ce.cn/specials/zxxx/201407/24/t20140724_3216372.shtml。

提升国家的竞争实力。

在未来,金砖国家新开发银行要想有效运转,所有从银行获得资助的项目必须是商业性质的,不能带有政治色彩。如果能够做到项目都是由经济效益驱动并能衔接到恰当的政策环境,那么就会带来有利的经济效益。政治意愿的缺失、政府效率低下,以及腐败都是导致失败的"拦路虎",金砖国家新开发银行须以比世界银行更加简洁有效的方式运作。

◆ 第四节 南非智库对金砖国家合作的影响 ◆

一、智库影响的途径:从学术论坛到首脑峰会

2013年3月底,第五届金砖国家首脑会议在南非港口城市德班举行,这也是南非加入金砖国家组织以来首次举行的金砖国家峰会。此外,南非德班大学还举行了一次金砖国家学术论坛,来自中、俄等金砖国家的专家学者主要就"建立金砖国家联合智库"的议题进行了讨论,并于3月11日签署了联合建立"金砖智库委员会"的声明。"金砖智库委员会"由来自5个金砖成员国的研究机构组成,是金砖国家研究机构及学者交流的重要平台,同时也担负起召开金砖国家学术会议的任务。南非高等教育与培训部长布莱德·恩齐曼(Brad Enziman)表示,通过学术论坛,使得金砖国家的学术和科技交流越来越频繁,各国通过建立共同的研究和学术交流项目,增进了国家间的相互了解,从而有利于各国更好地制定未来

的发展战略。① 截至2019年，金砖国家学术论坛和首脑峰会已经举办了十届，其中南非承办了第五届和第十届。

2013年3月26日，第五届金砖国家峰会在南非德班国际会议中心以一场别开生面、极富民族特色的多元文艺演出拉开帷幕，这也是金砖国家第一次在非洲大陆举行领导人会晤。中国国家主席习近平、南非总统祖马、俄罗斯总统普京、巴西总统罗塞夫和印度总理辛格出席领导人会晤。此外，金砖国家领导人还将同非盟领导人和十余位非洲国家领导人举行对话会。

本次峰会主题为"金砖国家与非洲：致力于发展、一体化和工业化的伙伴关系"。金砖国家领导人就加强金砖国家伙伴关系、深化金砖国家与非洲合作以及共同关心的国际和地区问题深入交换意见。其中，成立金砖国家新开发银行、工商理事会等内容是此次峰会讨论的重点议题。

在峰会开幕当天举行金砖国家财长和央行行长会议期间，中国财政部和中国人民银行分别与巴西财政部和巴西中央银行签署了财经合作谅解备忘录和双边本币互换协议。在当天举行的金砖国家第三次经贸部长会议上，金砖国家的经贸部长共同发表了联合公报和《金砖国家贸易投资合作框架》文件。会后发表了《德班宣言》和行动计划。这次会晤加强了金砖国家的合作伙伴关系，传递了金砖国家团结、合作、共赢的积极信息。会议决定设立金砖国家新开发银行、外汇储备库，宣布成立金砖国家工商理事会和智库理事会，

---

① 毛丽冰：《关注非洲"金砖"合作成色更足》，《经济》2013年第5期，第26—29页。

在财金、经贸、科技、卫生、农业、人文等近20个领域形成新的合作行动计划。会议推动构建金砖国家与非洲国家的伙伴关系。会晤以"金砖国家同非洲的伙伴关系"为主题，首次举行了金砖国家与非洲领导人对话会，传递了金砖国家愿与非洲国家在基础设施领域加强合作、促进非洲互联互通、释放非洲发展潜力的积极信号。

2018年5月28—31日，第十届金砖国家学术论坛于南非约翰内斯堡桑顿会议中心召开，来自巴西、俄罗斯、印度、中国、南非等国的学者参加了论坛。此届论坛侧重于"经济繁荣与智慧制造中心""普遍的医疗覆盖和社会保障项目""教育、多产、创造及科学力量""全球共识与集体挑战""维护和平与和平建设"和"发展目标"六大主题，向本年度金砖峰会提交了一份包含20项具体建议的报告，供金砖国家领导人参考。

2018年7月26日，金砖国家领导人第十次会晤发布《金砖国家领导人第十次会晤约翰内斯堡宣言》（以下简称《宣言》）。《宣言》共分为五个部分，近1.2万字，就维护多边主义、反对保护主义发出明确信号，决定启动金砖国家新工业革命伙伴关系，深化在经贸金融、政治安全、人文交流等领域合作。

本次会晤是金砖合作历史上具有里程碑意义的一次会晤。金砖国家对金砖合作在过去十年取得的成就表示满意。这些成就是金砖国家合作追求和平、和谐、共同发展和共同繁荣的有力体现。《宣言》重申将秉持互尊互谅、主权平等、民主包容的原则，继续致力于深化金砖战略伙伴关系，推动和平和更加公平的国际秩序，实现可持续发展和包容增长，巩固经济、政治安全和人文交流三轮驱动的合作格局，造福五国人民。《宣言》重申支持联合国的核心作用和

《联合国宪章》宗旨和原则，尊重国际法，促进民主和法治。支持多边主义，共同落实2030年可持续发展议程，金砖国家将携手加强多边主义和国际关系法治化，推动国际秩序向更加公平、公正、平等、民主和更具代表性发展。

二、南非金砖研究智库的贡献

智库是金砖国家发展的智力支持，也是金砖国家组织合作机制建设的重要贡献者。近年来，金砖国家智库得到迅速发展，对金砖国家的经济社会发展以及各国合作交流发挥着积极作用。截至2015年底，南非人均拥有智库数量及单位接受智库服务程度排名第一，对金砖国家组织的影响颇大。[1]

南非典型的金砖智库有南非人类科学研究委员会和南非人文与社会科学研究国家研究院，其他金砖国家智库大多由政府附属智库、政党附属智库、大学附属智库以及网络智库等多种类型智库组成。南非金砖研究智库对金砖国家组织产生了积极影响。

南非智库对金砖国家组织的影响主要表现之一为影响各成员国公共政策的制定，这些智库会在知名出版社出版系列学术著作及连续性年度报告，以此来影响成员国的公共政策。除此之外，还会定期举办国际会议和不定期跨国人员交流，通过面对面的方式来影响其余国家智库人员的政策观点。譬如2017年3月23日

---

[1] [加]唐纳德·E.埃布尔森著，扈喜林译：《智库能发挥作用吗》，上海社会科学院出版社2010年版，第67页。

南非金砖国家智库举行的"金砖市民会议"(The BRICS Civil Society Meeting)[①],创建了一个普通民众、青年和各界工会都可以参加并分享想法的平台。出席会议的有南非国际外交青年组织、南非公会联盟、全国矿工公会、南非国家经济发展和劳工理事会、南非工会联盟、经济正义组织以及各种民间社会组织。与会代表们就人权、劳工、信息获取以及性别平等等议题进行了主旨发言,讨论集中于如何更好地推进金砖五国合作。

此次会议作为学术界参与金砖合作讨论的一个平台,来自世界联合学院(United World College)公民与民主中心的帕梅拉·索莱基勒·德韦特(Pamela Tsolekile de Wet)女士以及民间社会中心的班迪尔·姆德拉洛斯(Bandile Mdlalose)女士发表了关于普通民众对于金砖国家的看法的研究论文。她们都指出,南非小城市以及农村地区对金砖五国缺乏基本的了解,也没有可以获取相关信息的途径。研究还指出,虽然一些大城市的普通民众听说过金砖国家之间的发展与合作,但对这种合作关系如何使南非受益这一问题却了解得很少。来自南非"知情权运动"(Right 2 Know)的戴尔·麦金利(Dale MCKinley)博士向与会者介绍了获取金砖国家信息的途径。戴尔·麦金利博士指出,南非的数据成本是世界上成本最高的国家之一,这就自动阻止了人们去访问互联网。因此,他提出:"数据必须对公民免费,因为访问互联网是一个人权问题。"来自南非工会的代表肖恩·乔山(Shane Choshane)先生和邦加尼·马斯库(Bongani Masuku)先生在会上的主题

---

① South African BRICS Think Tank (SABTT), https://sabtt.org.za. (上网时间: 2020年9月8日)

发言讲道:"随着金砖国家的交流与合作不断加深,各国之间贸易额不断攀升,各类跨国工厂数量也在日益增加,面对这一情况,应该注意金砖国家工人的福利状况。"他们宣传的观点是,随着智库对金砖国家的研究越来越深入,针对这一现象应该予以关注。这将不仅使南非一国受益,同样适用于金砖其他国家。

在安全合作上,南非智库呼吁金砖国家在重大的国际问题上集体发声,表明一致立场,呼吁对现有国际体系进行改革,呼吁对非洲问题予以关注,虽然在一些全球热点问题和主张上,金砖国家并没有形成统一的立场,但是在具体的合作领域却有了新的发展,譬如呼吁对联合国安理会进行全面改革,使之更具有调表性,提高工作效率和效力,增强发展中国家的代表性;推动国家货币基金组织改革,增强新兴市场和发展中国家在其中的发言权,增强撒哈拉以南非洲等最贫困成员的代表性。

在机制建设上,南非高度重视金砖国家之间的合作机制,2018年南非接棒中国担任金砖国家轮值主席国,南非媒体人积极打破西方偏见,表示西方媒体通过新闻角度和公共论坛向南非民众灌输的某些观点很不客观,而南非总统雅各布·祖马在2017年金砖国家工商论坛上发表演讲,欢迎金砖国家企业来南非进行考察①。除此之外,南非还与金砖国家组织各成员国建立了全方位、多领域、多层级的对话与合作机制,还建立起安全事务代表会议、农业部长会议、卫生部长会议以及科技部长会议等十余个部长级磋商机制,与此同

---

① 齐力:《2017金砖国家工商论坛召开经贸合作凝聚金砖力量》,《中国对外贸易》2017年第9期,第20页。

时，还建立了诸如智库理事会、工商理事会、网络工作组等多个合作机制。除此之外，金砖国家领导人在举行重要的国际会议时还会进行非正式会晤（譬如二十国集团峰会期间的非正式会晤），就共同关心的重大国际地区事务共同发声，协调各方立场，以此为发展中国家的利益诉求做表率。

在人文交流上，南非智库积极开展与其他金砖国家的交流，邀请其他会员国的智库专家进行考察，譬如2012年中国国务院发展研究中心调研团赴南非进行专题调研。此外，南非智库还注重加强社会各个阶层、各个领域对金砖活动的参与，积极举办了诸如金砖国家足球赛、金砖国家电影节、金砖国家青年论坛、金砖国家友好交流年、金砖国家智库和学术论坛等各式各样的活动，旨在吸引南非各界人士踊跃地参与到金砖活动中来，从而加强与金砖国家之间的了解、联系和往来。通过这些活动表明，南非对金砖国家的影响，不仅体现在合作机制的完善，同时也渗透到成员国社会的方方面面，真正做到了朝着人类命运共同体方向发展。

此外，南非国家人文社会科学研究院和南非金砖国家智库还呼吁合格的南非大学和研究机构申请金砖国家人文和社会科学研究和教学流动性补助金。金砖国家研究和教学计划的目标是为研究人员和学者提供一个进行思想交流的平台，并在确定的金砖国家主题研究领域提出切合实际的政策建议。主题主要集中在：促进经济增长与合作；维护和平安全、社会正义及市民社会、人文交流和创新。该计划的资金将用于支持南非研究人员以及研究生（硕士、博士）在金砖国家的各类大学、研究机构进行教学和访问工作。

在经贸合作上，经贸合作始终是金砖国家进行合作的"压舱石"

和"推进器",① 南非自 2010 年加入金砖国家组织以来,各成员国充分挖掘市场潜力,合作质量和合作数量大幅度上升,金砖国家在全球经济中的角色也日益突出。与此同时,金砖国家经贸合作的机制建设也日趋完善。2013 年成功签署《金砖国家贸易投资合作框架》,强化了金砖国家之间的贸易投资联系,促进成员国的可持续发展和包容性增长。2014 年又通过了《金砖国家贸易投资便利化行动》,2015 年通过了《金砖国家电子商务合作框架》,金砖国家通过紧密地联系与沟通,为深化各个领域的务实合作奠定了基础。

2013 年 3 月 26 日,第三届金砖国家经贸部长会议在南非德班举行。会议为推进金砖国家经贸合作的深入化、系统化、机制化做出了重要贡献,五国部长会后共同发表了联合公报和《金砖国家贸易投资合作框架》文件。促进了贸易投资便利化,加强了技术创新合作。

2018 年 2 月 5 日,阿尼尔·苏克莱尔(Anil Sooklal)在南非金砖智库官网发表了一篇名为《南非在金砖峰会的机会》(*BRICS Summit Opportunity for SA*)的文章,其在文章中写道:"金砖国家组织是南非的关键平台,因为它扩大了我们在全球舞台上的声音。"② 南非于 2018 年 7 月 25—27 日举办金砖国家峰会,这是南非利用巴西、俄罗斯、中国和其他合作伙伴对非洲议程和南非发展取得重点支持的重要机会。过去十多年来,金砖国家组织已经被证明是

---

① 张汉东:《发挥经贸往来的压舱石和推进器作用》,《浙江经济》2015 年第 19 期,第 42 页。
② Shamon Ebrahim, BRICS summit opportunity for SA, https://sabtt.org.za/brics-summit-opportunity-for-sa/.(上网时间:2020 年 9 月 8 日)

一个十分重要的全球性国家组织，目前来看，虽然南非可能是这五个国家中最小的经济体，但是在决策和决议方面与其他四国享有平等的权力，是地位平等的合作伙伴。

智力资源是技术创新的基础，是提高生产效率必不可少的资源。南非金砖研究智库对加快金砖国家合作的进度以及推动金砖国家合作机制的进一步完善具有积极作用。这也使得其他金砖国家认识到通力合作，共同建设一批具有较大国际影响力的专业化高端智库的重要性和必要性，为金砖国家合作机制的进一步深化提供更专业化的人才，因此金砖国家应进一步制定智库建设的制度规范。

在南非金砖研究智库的影响下，南非积极参与由中国和俄罗斯主导的"金砖国家大学联盟"和"金砖国家网络大学"的建设。"金砖国家大学联盟"共有金砖五国38所高校参与，其中中国19所，俄罗斯7所，巴西5所，印度2所，南非5所。而"金砖国家网络大学"共有金砖五国55所高校参与项目，每个国家各有11所高校参加，各成员国拟在能源、计算机科学与信息安全、金砖国家研究、生态和气候变化、水资源和污染处理、经济学这六大领域展开合作。除了大学联盟提供智力支持外，南非金砖国家经济智库也于2011年11月建立起来，成员主要由金砖国家的智库，前政府官员、学者及其他国对金砖国家合作机制感兴趣的研究者构成。

第五节　小结

金砖国家已成为牵引世界经济增长最重要的引擎。[①] 金砖五国人口占世界总人口的40%，经济总量占全球比重从2006年的12%上升到2016年的23%，贸易总额比重从11%上升到16%，对外投资比重从7%上升到12%，对世界经济增长的贡献率已超过50%，超过所有发达国家的总和。而南非作为金砖国家中综合实力最小的国家，抗外部风险能力弱小，南非智库深刻认识到这一点，在研究方向上倾向于国际事务、地区冲突和自由市场问题。与南非作为非洲的桥头堡、成为非洲的领军力量的定位相对应。南非有5家智库入围全球智库前150位，分别是非洲争端建设性解决中心、南非国际事务研究所、冲突解决中心、南非安全研究所、南非自由市场基金会。南非曾长期被欧洲殖民，较知名或成立较早的智库大多是在殖民时期就成立的，而且与西方尤其是欧洲关系密切，在资金、人才、国际交流方面频繁互动。部分智库在资金和研究方面所受西方影响较深，西方大国也将南非智库作为提升其在非洲影响力的重要依托，主要通过对南非智库的资金和人才支持，参与南非经济社会发展，进而辐射并巩固其在整个非洲的战略影响力。从南非国内看，智库的独立性较强，大多是通过市场化独立运作，具有独立的国际合作渠道和资金来源通道。南非智库一

---

① 马岩:《金砖国家经济发展及合作前景》,《国际经济合作》2011年第6期,第9页。

方面通过委托或者市场化购买方式来实现成果对政府决策的影响和转化；另一方面通过对企业和社会公众提供知识供给和专业咨询实现其自身价值，在全球具有较大的影响力。

一、影响

南非智库对于南非、金砖国家的影响，总体而言是通过对以直接决策圈为塔尖、普通大众为塔基、精英阶层参与的金字塔式结构的影响来实现的。具体来讲，南非智库的影响主要体现在五个方面：

1. 进行社会科学研究，推动决策制度化

随着南非进入经济快速发展和社会转型的特殊时期，社会问题在多方面逐渐凸显出来，比如贫富差距、就业、社会福利和保障问题、群体性事件、国家安全与秩序等多方面问题。[1] 这些社会问题涉及多元的利益主体，需要通过客观和专业的研究，进而增强政策的前瞻性和公正性，避免出现对于社会秩序的冲击。从长远讲，社会问题背后体现了社会心理、社会价值观的变化，需要更加基本的社会科学研究。官办研究机构和大学院校虽然是社科研究的重要途径，但是它们分别的"政策支持"和"教书育人"的核心角色，决定这两种机制不可能脱离部门利益和教学主导。所以，国家实际上非常需要一种社会机制，汇集来自各方面专家学者的独立客观的声音。

---

[1] [南非] 加文·布拉德肖、黄觉译：《冲突之后的社会融合：南非十二年》，《国际社会科学杂志·中文版》2008年第3期，第40页。

多元的专业化、独立的研究机构，体现了政治决策过程中专家参与的制度化，以及公共决策的民主化、科学化进程。南非智库一方面对政府当前面临的较为复杂、棘手的问题进行分析，提出政策建议和寻求解决方案；另一方面对长远问题进行深入思考和系统分析研究，提出前瞻性、战略性的思路，构筑知识与行动之间的桥梁，影响公共政策的制定。

2. 吸纳多元社会声音，进行政策理念传播

对于南非智库而言，维护国家利益、影响公共舆论和政策制定是其核心目标，南非智库不但花费巨资致力于通过各种传播媒介和策略影响国内政策和舆论，还对国外公众进行政策理念的传播，在公共外交中承担了政策理念传播平台的重要功能。当然，在决策过程中，部门利益常常成为制约政策公共性的重要因素，也是导致社会风险性增高的重要原因。如何使决策打破部门利益，趋向公共利益，对政策合理性与可持续性具有很大意义。它的解决途径远远不是通过文件强调，或者设立一两个大的研究机构就可以达到的，必须有一个开放的思想市场，自觉汇集起大量的民间智慧和民间声音，才能使得政策的产生是平衡的、全面的、有利于国家长远发展的。

在面向国外公众的政策理念传播中，南非智库通常采用的方式是组织学术交流项目、国际会议，鼓励学者接受国外媒体访问、发表文章。众多南非学界、政界、商界精英，在有关南非的金融改革、税制改革、企业改革、能源与环境、医疗改革问题上提供了大量政策建议。比如成立于1992年7月的南非智库——非洲政策分析和经

济一体化研究所（African Institute for Policy Analysis and Economic Integration，AIPA）[①]，是一个高层次、跨学科的非党派研究的经济智囊团。非洲政策分析和经济一体化研究所通常会分析问题发生成因继而进行调查研究，通过一系列成果推销机制来发挥其影响力，发表专题研究报告或著作，就重大政策问题提出政策思想和战略设计。此外，在一系列国家和区域性的机制和手段的配合下，其努力推进研究成果的发展，在影响政府的公共政策方面发挥着重要作用。

3. 引导舆论导向

智库的专家学者是研究社会问题的精英人物，他们的思想观点和研究成果对于社会思潮的形成与发展趋势起着重要的影响。[②] 南非智库举办学术交流活动、大型学术研讨会，来自南非政府各重要部门、高校学术界、其他著名智库、主流媒体代表、国际组织官员等齐聚一堂，热烈的辩论之后往往会产生思想的火花，对政府决策者产生着潜移默化的影响。通过充分利用舆论工具，各种大众传播媒体（报纸、广播、电视和网络等），针对国内外发生的重大政治问题进行分析，发表评论，借以引起公众和舆论的关注，启发人们的兴趣，从而达到宣传主张、制造和左右舆论、影响政府决策的效果。媒体往往成为南非政府对华政策的幕后推手，为学者之间交流的面目穿针引线，既可不受政府政策约束，又同官方保持密切联系，发

---

① Africa Institute for Policy Analysis and Economic Integration，https://www.aipaza.org. （上网时间：2020年9月8日）
② 陈广猛:《论思想库对中国外交政策的影响》，《外交评论》2010年第1期，第98页。

挥了一些官方外交渠道所发挥不了的独特的、建设性作用。

值得一提的是，在此过程中，智库与媒体的良性互动意义重大。一方面，智库为媒体提供了大量新颖的政策主张和思想观点，成为媒体的卖点；另一方面，媒体又成为智库政策主张传播的载体和主要推动者，起到放大或者缩小智库影响的作用。智库正是通过媒体形成了影响决策的社会氛围。

4. 传播社会知识

南非智库的研究人员在学校或社会上开办讲座、报告会、培训班。他们把到外边讲课看作是传播知识、扩大影响、提高学术地位的机会，并引导公众对政策问题的理解。南非国际事务研究所主任伊丽莎白·西迪罗普洛斯说："我们的研究团队深入其他39个国家进行实地调研，通过实施具有战略性、针对性的传播策略，确保研究可以进入政策制定者、学者、媒体及民众等预期对象的视野。"[1]对非洲地区的研究，研究所通常与当地合作伙伴共同进行，通过在当地举办研讨会传播理念，以最大程度地实现政策制定者和学者的参与和投入。研究所已建立了非洲研究机构关于资源治理和全球经济治理的研究网络。此外，南非国际事务研究所的图书馆拥有丰富的国际关系及相关学科的图书和期刊，图书馆不仅对本所研究人员开放，同时对访问学者、学生和普通市民开放。受联合国托存及世界银行发展信息中心的带动，图书馆还有丰富的电子资源。

---

[1] 《南非国际事务研究所——从非洲视角观察世界》，《中国社会科学报》，2013年4月17日，第A03版。

研究所与加拿大国际治理创新中心合作推出"非洲门户"(Africa Portal)项目①,为来自非洲本土的最新研究提供在线开放资源库。目前,资源库已上传了来自28个机构的3000多项研究(以非洲本土研究为主)的文件,并已完成编目和摘要工作。这些资源在其他地方很难获得,资源库可以说是独一无二的。毋庸置疑,资源库的开放有力地传播了社会知识,同时也在政府和社会各界之间搭建起沟通的平台,引起其对社会政策的关注并强化对政府政策的理解,间接提高公共管理部门的管理水平。

5. 汇集人才能量和周转

"旋转门"是美国智库最具特色的现象之一。② 美国的行政当局是典型的"一朝天子一朝臣",每次换届选举后伴随着政府大换班,四年一度的总统大选,牵涉官员的变动达4000多人。政府部长等高级官员不是由议会党团产生,也极少来自公务员,而是来自精英荟萃的智库。这一点与欧洲国家都很不相同。每隔四年,很多卸任的官员会到智库从事政策研究,而很多智库的研究者则到政府担任要职,从研究者变为执政者,这种学者和官员之间的流通就是美国的"旋转门"。"旋转门"机制使得智库的舆论影响力渗透到政策制定的方方面面。可以说,智库是一个国家"软实力"的重要组成部分,西方某些舆论甚至将智库视为继立法、行政和司法之后的"第四部

---

① 叶江、崔文星:《联合国千年发展目标实绩评析——兼谈后2015全球发展议程的争论》,《上海行政学院学报》2014年第15期,第27页。
② 王莉丽:《凯旋门:美国思想库研究》,国家行政学院出版社2011年版,第67页。

门"。同时，智库也是一个发现和汇集思想与人才的场所，它在公共决策者、高校、学者专家和民众需求之间，架起一座桥梁，既是政策研究人才和决策者的培养者，也是网罗社会各个阶层的精英的"俱乐部"，同时充当人才的"中转站"：既为前政府官员提供容身之处，又为新政府输送干部。

相比之下，南非作为世界上唯一将种族隔离作为基本国策，用立法和行政手段加以维护和推行的国家，即使在1994年结束了种族隔离制度①，但其政治体制尚且处于不稳定和不健全的阶段。"旋转门"现象并不明显。虽然南非智库与政府之间没有形成美国式的"旋转门"机制，但是已经出现了智库与政府之间人才流动的现象。而且，南非智库尤其是官方和大学附属型的智库，对某些政府决策的参与程度和深度，以及其产生的影响力，可能要远远超过美国智库。因为一些学者在与政府长期的合作中建立了信赖关系，成为南非高层领导非常重视的智囊。

二、展望

过去十多年来，金砖国家已经发展成为新兴经济体和发展中国家进行合作的重要平台，金砖国家的发展离不开金砖国家智库提供的智力支持，同时智库也是金砖国家合作机制建设的重要贡献者。金砖国家智库合作对推动金砖国家合作起到重要作用，也取得了成

---

① 贾仲益：《南非共和国民族政策与实践的初步考察》，《广西大学学报（哲学社会科学版）》2013年第35期，第69页。

果。现阶段，金砖各个国家都拥有一批水平高、专业强的智库，在研究金砖国家相互合作、金砖国家与全球治理以及金砖国家自身发展中出现的新问题等方面做出贡献。而金砖国家智库之间的合作交流与科学研究也很频繁，初步形成金砖国家智库理事会这个长期有效的沟通平台。①

目前，知名的金砖国家智库包括，中国中联部金砖国家智库中方理事会、俄罗斯金砖国家研究国家委员会、印度观察家研究基金会、巴西应用经济委员会、南非人文与社会科学研究国家研究院等。随着研究的深入与各国合作的加深，金砖国家智库已经形成有效的交流与沟通机制，每年都会在轮值主席国举办金砖国家学术论坛和金砖国家智库理事会议。2017年金砖国家第九届学术论坛和第六次智库理事会议在中国福州召开，吸引了金砖国家政府、研究机构以及企业的广泛参与。金砖国家学术论坛主要以金砖国家峰会的主题为议题，进行深入的交流、沟通与合作研究，为金砖国家峰会取得的成果作前期性展望。

从狭义的角度看，金砖国家智库理事会的成立是金砖国家智库之间机制化的合作。目前为止，金砖国家机制囊括的会议已有100多种，其中一个重要的机制就是金砖国家学术论坛，它已经发展成金砖五国智库之间交流的主要平台，但同时又依托金砖国家智库理事会，本质上是一个学术界、智库界与决策界沟通的桥梁。通过这个平台，智库研究的成果可以反馈给决策层，由此可以加强金砖五

---

① 曲一琳：《提供智力支持 共谋"金砖方案"——金砖国家智库合作发展纪实》，《光明日报》，2017年8月11日，第01版。

国之间的交流与合作，加强国际政治经济新秩序的建立与改革，同时也为自身的发展提供良好的机遇。从广义的角度看，金砖国家智库理事会也是金砖国家智库交流与合作的一种方式，不一定要依托机制化的学术会议或是论坛，这种合作可以发生在金砖五国之间，也可以发生在任意金砖两国、三国之间。总之，金砖国家智库理事会的成立，是整个金砖智库合作的一部分，其本质是为思想交流与合作奠定基础。

伴随着经济全球化与信息技术革命，南非智库也将兴起思想和技术创新的浪潮。经济全球化对南非智库的研究领域提出新的要求，智库要致力于研究和解决包括恐怖主义、极端主义组织、大规模破坏性武器扩散、网络犯罪、金融震荡等在内的国内国际各方面问题。此外，信息技术的不断进步为南非智库发展提供了新优势。南非智库应进行思想和技术的全面创新，提高智库研究质量，保持独立性和正直性。

而伴随着思想意识觉醒，南非智库研究将更加务实多元、独立自主。发展中国家在全球知识、思想、话语建构方面能力较弱，应摆脱西方文化和视角的束缚，实现思想自立和精神独立。南非智库应积极改革研究内容、创新资源获取方式、提升思想自主性；既要有传统的学术积淀、理论基础，又要具备有效针对当前、当地实际情况的政策建议；通过创新的方式获取资金和资源，确保资源多元化；提升智库信息化水平，建立可以共享的非洲国家数据库公共资源；充分利用国际援助资源，增强研究的独立性，提供切实可行的政策建议。

南非智库也将进一步走向开放，中国和南非智库合作与交流将成为"升级版"。积极支持中非学术研究机构和智库开展课题研究、学术交流、研讨会、著作出版等多种形式的交流与合作，优先支持双方开展治国理政、发展道路、产能合作、文化与法律异同等促进中国和南非友好合作的课题研究与成果分享。为促进中国和南非智库协同创新、推进智库建设、提升第三世界国家的软实力，双方智库应加强理论创新，明晰智库定位；促进内容创新，丰富协同领域；开展形式创新，拓展协同平台；实现制度创新，提供智库协同创新的有力支撑，为实现中国和南非的合作发展而共同努力。

第七章 结论和展望

"金砖"这一概念最初来源于美国高盛公司首席经济学家吉姆·奥尼尔所撰写的一份名为《全球需要更好的"经济之砖"》的报告，特指中国、俄罗斯、印度和巴西这四个经济增长迅猛、未来有望引领全球经济发展的新兴经济体。在南非于2010年12月正式加入该合作机制后，"金砖四国"变为"金砖五国"，并正式更名为"金砖国家"。

2013年3月南非举行的金砖国家领导人峰会通过《德班宣言》，宣布成立金砖国家智库理事会，分别由巴西应用经济研究所、俄罗斯金砖国家研究国家委员会、印度观察家研究基金会、中国当代世界研究中心和南非国家人文社会科学研究院五国智库牵头，旨在为研究人员、学术界和智库之间的思想交流搭建一个平台，定期召开金砖国家学术论坛，并向金砖国家领导人提出政策建议和指导。

俄罗斯的知名智库主要集中在外交、国防等国际关系领域，通常官方背景浓厚，受政府影响较大，但民间智库发展略显缓慢。从事金砖研究的智库有俄罗斯科学院世界经济和国际关系研究所、莫斯科国际关系学院等，其国家层面的金砖研究协调机构是"俄罗斯金砖国家研究国家委员会"。

印度的知名智库侧重于对发展问题研究，一般规模较小但机制灵活，英语优势明显，国际传播能力强大。从事金砖研究的智库有印度国防研究与分析研究所、观察家研究基金会、印度发展研究所等，目前没有全国性的协调机构，主要由牵头机构"观察家研究基金会"来主导。

巴西的知名智库侧重于对企业、产业等微观层面的研究。通常以基金会形式存在，整体能力受拉美经济和政治波动影响较大，运行机制的灵活性稍有不足。其从事金砖研究的智库有巴西瓦加斯基金会、应用经济研究所、金砖国家政策研究中心等，其全国性的协调机构目前还未成立，暂时由"应用经济研究所"引领。

中国的知名智库以官方智库为主，总体数量仅次于美国居世界第二，从事金砖研究的智库有人民大学重阳金融研究院、对外经济贸易大学金砖研究中心、华东政法大学金砖国家法律研究院、四川外国语大学金砖研究院等。其全国性的协调机构是"金砖国家智库合作中方理事会"。

南非的知名智库倾向于国际事务、地区冲突和自由市场问题研究，与南非作为非洲的桥头堡、成为非洲的领军力量的定位相对应。从事金砖研究的智库有南非国际事务研究所、冲突解决中心、人文社会科学研究协会等。其全国性的金砖研究协调机构是"南非国家人文社会科学研究院"。

总之，自2009年在俄罗斯叶卡捷琳堡召开第一次领导人峰会之后，金砖国家的合作不断加深，逐步形成了政治安全、经贸财金、人文交流"三轮驱动"的格局,成功建立了金砖国家新开发银行、应急储备安排、能源研究平台、新工业革命伙伴关系和科技创新合作框架等合作机制。在此过程中,金砖国家的智库通过促进政策沟通、推动思想创新、有效引导舆论、增进彼此友谊等方式,发挥着越来越重要的作用。

参考文献

一、中文图书

1. 张杨著：《金砖国家实现贸易互利共赢发展的机理及实证研究》，上海人民出版社2019年版。

2. 中国电力企业联合会著：《全球典型国家电力经济发展报告：金砖国家》，中国水利水电出版社2019年版。

3. 上海社会科学院经济研究所等著：《金砖国家中小企业电子商务发展报告》，上海社会科学院出版社2018年版。

4. 魏建国等著：《金砖国家合作机制研究》，社会科学文献出版社2018年版。

5. 张兵著：《金砖国家经济周期的协动性及其启示研究》，南开大学出版社2018年版。

6. 计小青等著：《金砖国家开发银行业务模式设计研究》，上海人民出版社2018年版。

7. 习近平著：《习近平金砖国家领导人厦门会晤重要讲话》，外文出版社有限责任公司 2018 年版。

8. 李凡著：《金砖国家技术创新政策比较研究》，经济管理出版社 2018 年版。

9. 葛剑雄等著：《世界遗产全集：金砖五国卷》，青岛出版社 2017 年版。

10. 习近平著：《习近平在出席金砖国家领导人厦门会晤时的讲话》，人民出版社 2017 年版。

11. ［以］亚瑞夫·布朗尔等著：《金砖国家与兴起中的国际税收协作机制》，法律出版社 2017 年版。

12. ［巴西］奥利弗·施廷克尔等著：《金砖国家与全球秩序的未来》，上海人民出版社 2017 年版。

13. 赵新力等著：《金砖国家综合创新竞争力发展报告：2017 年》，社会科学文献出版社 2017 年版。

14. 福建省社会科学界联合会等著：《金砖国家峰会概览》，福建人民出版社 2017 年版。

15. 厦门市司法局著：《金砖国家领导人厦门会晤法治宣传手册》，厦门大学出版社 2017 年版。

16. 肖肃、朱天祥主编：《当前金砖国家研究的若干问题》，时事出版社 2017 年版。

17. 《邮票上的金砖国家》编写组编著：《邮票上的金砖国家》，厦门大学出版社 2017 年版。

18. 中国国际经济交流中心课题组著：《重塑金砖国家合作发展新优势》，中国经济出版社 2020 年版。

19. 徐长春著：《金砖国家金融风险防范及其对中国的启示》，中国经济出版社 2017 年版。

20. 李哲敏等著：《金砖国家农业发展概况》，中国农业科学技术出版社 2017 年版。

21. 王文等著：《金砖国家》，新世界出版社 2017 年版。

22. 黄会林主编：《民心相通》，北京师范大学出版社 2017 年版。

23. 林宏宇主编：《金砖国家概览》，时事出版社 2017 年版。

24. 李霞、闫枫等编：《金砖国家环境管理体系与合作机制研究》，中国环境出版社 2017 年版。

25. 李荣林著：《金砖国家之间的经济合作及其影响》，中国商务出版社 2016 年版。

26. 庞珣著：《全球治理中的金砖国家外援合作》，世界知识出版社 2016 年版。

27. 孙溯源主编：《金砖国家与全球治理》，上海人民出版社 2016 年版。

28. 郭苏建等著：《全球可持续能源竞争力报告：聚焦金砖国家》，浙江大学出版社 2016 年版。

29. 连平等著：《金砖国家金融合作研究》，中国金融出版社 2016 年版。

30. 冷昕著：《"金砖国家"信息产业国际竞争力比较研究》，经济科学出版社 2016 年版。

31. 应益荣著：《金砖可镂》，上海大学出版社 2016 年版。

32. 朱杰进著：《金砖国家与全球经济治理》，上海人民出版社 2016 年版。

33. 宋雅楠著：《金砖国家：机制与澳门（英文版）》，社会科学文献出版社 2016 年版。

34. 徐秀军等著：《中国与金砖国家金融合作机制研究》，中国社会科学出版社 2016 年版。

35. 欧阳峣、易先忠等著：《新兴大国的增长与转型》，上海人民出版社 2015 年版。

36. 骆嘉著：《金砖国家股市关联研究》，中国社会科学出版社 2015 年版。

37. 鲍洋著：《金砖国家引进 FDI 效应比较研究》，经济科学出版社 2015 年版。

38. ［丹］李形主编：《金砖国家及其超越：新兴世界秩序的国际政治经济学解读》，世界知识出版社 2015 年版。

39. 周丹著：《中国与亚太国家和金砖国家贸易成本弹性测度与分析》，中国农业出版社 2015 年版。

40. 中国社会科学院世界经济与政治研究所编译：《二十国集团与金砖国家财经合作文献》，中国金融出版社 2014 年版。

41. 刘军梅、张磊等著：《贸易便利化》，上海人民出版社 2014 年版。

42. 欧阳峣、生延超等著：《新兴大国的自主创新道路》，上海人民出版社 2013 年版。

43. ［俄］亚历山大·利布曼等著：《金砖四国开发性金融发展状况》，上海人民出版社 2013 年版。

44. 陈进等编：《金砖国家经贸合作发展报告》，对外经济贸易大学出版社 2013 年版。

45. 邹身城等著：《金砖四城》，杭州出版社2013年版。

46. 袁友兴：《超越西方：未来全球治理模式及"金砖五国"的责任》，人民日报出版社2013年版。

47. 潘教峰等著：《国际科技竞争力研究：聚焦金砖四国》，科学出版社2012年版。

48. 董佳著：《论金砖四国知识产权战略》，吉林人民出版社2012年版。

49. ［英］吉姆·欧尼尔著：《高成长八国：金砖四国与其他经济体的新机会》，天下远见出版股份有限公司2012年版。

50. 赵文明著：《金砖之国：左右未来世界的新兴经济体》，中国铁道出版社2012年版。

51. 斯琴图雅著：《金砖四国资本项目货币可兑换研究》，中国经济出版社2012年版。

52. 谢残阳著：《金砖四国：财富的秘密》，广西人民出版社2012年版。

53. 郭振玺：《金砖之国》，中信出版社2012年版。

54. 李丹著：《金砖国家：世界的希望》，北京工业大学出版社2012年版。

55. 李培林等编：《金砖国家社会分层变迁与比较》，社会科学文献出版社2011年版。

56. 中华人民共和国国家工商行政管理总局国际合作司编：《金砖四国国际竞争大会文集2009》，中国工商出版社2010年版。

57. 蔡春林著：《金砖四国经贸合作机制研究》，中国财政经济出版社2009年版。

58. 张优良等著:《俄罗斯市场研究报告:金砖大国再现光芒》,中华民国对外贸易发展协会 2009 年版。

59. 余丽著:《经济全球化中的"金砖四国"》,河南人民出版社 2009 年版。

60. 张丰淦著:《金砖四国投资租税规划:巴西、俄罗斯、印度及中国税制环境之介绍》,勤业众信财税顾问股份有限公司 2007 年版。

61. 朱云鹏著:《金砖不只四国:掌握新兴市场,抓住投资机会》,英属维京群岛商高宝国际有限公司台湾分公司 2006 年版。

62. 詹文男编:《2050 金砖四国前哨战:中印俄巴总体环境暨资通讯市场剖析》,财团法人资讯工业策进会资讯市场情报中心(MIC)2005 年版。

63. 朱云鹏等著:《金砖四国(关键报告):经济强权改组,财富重新分配》,商智文化事业股份有限公司 2005 年版。

64. 中国经济信息社等著:《金砖国家投资环境报告:巴西》,新华出版社 2017 年版。

65. 中国经济信息社等著:《金砖国家投资环境报告:俄罗斯》,新华出版社 2017 年版。

66. 中国经济信息社等著:《金砖国家投资环境报告:印度》,新华出版社 2017 年版。

67. 中国经济信息社等著:《金砖国家投资环境报告:南非》,新华出版社 2017 年版。

68. 中国经济信息社等著:《金砖国家投资环境报告:中国》,新华出版社 2017 年版。

69. 深圳出入境检验检疫局编译:《金砖国家技术法规汇编(南

非篇)》,中国质检出版社 2017 年版。

70. 广东出入境检验检疫局等编译:《金砖国家 TBT/SPS 特别贸易关注汇编》,中国质检出版社 2017 年版。

71. 巴西国家地理与统计局等编:《"金砖四国"联合统计手册》,中国统计出版社 2010 年版。

72. 中华人民共和国国家统计局等编:《金砖国家联合统计手册》(2011—2020),中国统计出版社 2011—2020 年版。

73. 刘晓红等编:《金砖国家法律研究》(总第 1、2 卷)》,法律出版社 2015—2018 年版。

74. 林跃勤等编:《金砖国家经济社会发展报告》(2011),社会科学文献出版社 2011 年版。

75. 林跃勤等编:《金砖国家发展报告》(2012—2017),社会科学文献出版社 2012—2017 年版。

76. 郭业洲主编:《金砖国家合作发展报告(2019)》(新型南南合作蓝皮书),社会科学文献出版社 2019 年版。

77. 赵新力、李闽榕、黄茂兴主编:《金砖国家综合创新竞争力研究报告(2019)》(金砖国家蓝皮书),社会科学文献出版社 2020 年版。

78. 赵新力等著:《金砖国家综合创新竞争力发展报告:2017 年》(金砖国家篮皮书),社会科学文献出版社 2017 年版。

79. 复旦大学金砖国家研究中心等编:《国际治理与金砖国家的解决方案》,上海人民出版社 2016 年版。

80. 复旦大学金砖国家研究中心等编:《全球发展中的金砖伙伴关系》,上海人民出版社 2015 年版。

81. 复旦大学金砖国家研究中心等编:《金砖国家研究(第 1

辑)》，上海人民出版社 2013 年版。

82. 栾建章主编：《智库话金砖系列》，社会科学文献出版社 2017 年版。

  四川外国语大学金砖研究院：《金砖国家—人文交流》
  中国人民大学重阳金融研究院：《金砖国家—金融合作》
  广东工业大学金砖国家研究中心：《金砖国家—合作机制》
  复旦大学金砖国家研究中心：《金砖国家—全球治理》
  对外经济贸易大学金砖国家研究中心：《金砖国家—经贸合作》

83. 王灵桂编：《金砖国家：为推动全球化而努力》，社会科学文献出版社·当代世界出版分社 2018 年版。

84. 王灵桂编：《中国：推动金砖国家合作第二个黄金十年》，社会科学文献出版社 2017 年版。

85. 王灵桂著：《金砖国家发展战略对接：迈向共同繁荣的路径：中外联合研究报告》，社会科学文献出版社 2017 年版。

86. 朱天祥：《金砖国家国别与合作研究（第 1 辑）》，时事出版社 2020 年版。

87. 蒲公英、游涵：《金砖国家国别与合作研究（第 2 辑）》，时事出版社 2021 年版。

二、中文论文

1. 期刊论文

[1] 谭玉、朱思慧、张涛：《金砖国家顶级智库建设的比较及对中国的启示》，《情报杂志》2018 年第 37 卷第 4 期。

［2］徐秀军:《中国社会科学院智库论坛"金砖国家的发展与合作"国际研讨会简讯》,《世界经济与政治》2017年第10期。

［3］王义桅:《金砖合作的三个历史性"超越"》,《中国对外贸易》2017年第7期。

［4］张镱及、索不觚:《推动新时期智库合作,助力中国"金砖年"》,《当代世界》2017年第2期。

［5］吴沛斌:《金砖国家人文交流:政府引导与民间互动——2018金砖国家智库国际研讨会暨第二十一届万寿论坛会议综述》,《当代世界》2018年第7期。

［6］骆嘉:《金砖国家智库合作的现状、困境与策略》,《智库理论与实践》2018年第3卷第2期。

［7］国家开发银行课题组:《"智库+金融"服务金砖国家发展——金砖国家可持续发展报告（2017）》,《开发性金融研究》2017年第15卷第5期。

［8］肖前:《国家高端智库联席会议聚焦金砖经贸合作新契机》,《国际经济合作》2017年第9期。

［9］王凤娟:《金砖国家智库共商治国理政良策》,《中国报道》2017年第9期。

［10］宋涛:《凝聚各方共识,深化金砖合作——在"金砖国家政党、智库和民间社会组织论坛"闭幕式上的致辞》,《当代世界》2017年第7期。

［11］苏童:《共谋合作发展,共创美好未来——金砖国家政党、智库和民间社会组织论坛侧记》,《当代世界》2017年第7期。

［12］赵瑞琦、张成岗:《金砖国家智库的议程融合探索》,《对

外传播》2017 年第 6 期。

［13］赵瑞琦：《金砖国家的"事上练"：网络安全与智库合作》，《公共外交季刊》2017 年第 2 期。

［14］张思萌：《发展、合作、共享——金砖国家智库会议综述》，《当代世界》2011 年第 4 期。

［15］王洪涛：《金砖国家第四次智库会议侧记》，《当代世界》2012 年第 4 期。

［16］李静、谭舒、阿吉：《"在国际舞台发出我们的声音"——本刊记者专访金砖智库论坛专家》，《重庆与世界》2012 年第 10 期。

［17］唐纲、谭舒：《2012 年金砖国家智库论坛在重庆达成共识：创建金砖国家开发银行》，《重庆与世界》2012 年第 10 期。

［18］羊蕾、邹国煜：《2012 年金砖国家智库论坛观点摘编》，《当代世界》2012 年第 11 期。

［19］吴舒钰、潘庆中、厉克奥博：《金砖国家通力合作，改革国际金融体系——金砖国家经济智库论坛会议综述》，《经济学动态》2014 年第 11 期。

2. 报刊文章

［1］张君荣：《金砖智库合作迎来中国时刻》，《中国社会科学报》2017 年 3 月 24 日第 1 版。

［2］赵三乐：《金砖国家智库探讨全球治理与多边主义》，《中国社会科学报》2019 年 7 月 1 日第 3 版。

［3］暨佩娟、李宁：《同心共愿，期待"金砖+"的光彩》，《人民日报》2017 年 6 月 20 日第 22 版。

［4］姜红：《金砖国家智库应更注重本国实际经验》，《中国社会

科学报》2014年4月11日第A06版。

3. 会议论文

［1］《第三届金砖国家经济智库论坛：共同应对全球挑战携手规划发展新蓝图》，《清华大学中国与世界经济研究中心简报》2016年总第55、56期。

［2］《第三届"一带一路"国际金融论坛暨第三届金砖国家经济智库论坛成功在清华大学苏世民书院举办》，《清华大学中国与世界经济研究中心简报》2016年总第55、56期。

［3］《第三届"一带一路"国际金融论坛暨第三届金砖国家经济智库论坛开幕式》，《清华大学中国与世界经济研究中心简报》2016年总第55、56期。

［4］《第二届金砖国家经济智库论坛成功在京举办》，《清华大学中国与世界经济研究中心简报》2015年总第49期。

［5］《第二届金砖国家经济智库论坛主旨演讲》，《清华大学中国与世界经济研究中心简报》2015年总第49期。

［6］《金砖国家经济智库年度报告发布》，《清华大学中国与世界经济研究中心简报》2015年总第49期。

［7］《第二届金砖国家经济智库论坛：北京宣言》，《清华大学中国与世界经济研究中心简报》2015年总第49期。

［8］《关于本次金砖国家经济智库论坛的媒体报道》，《清华大学中国与世界经济研究中心简报》2014年总第38期。

三、博硕士论文

[1] 洪雨杏：《论金砖合作对美国霸权主导下世界秩序的影响》，南京大学硕士学位论文，2015年5月。

[2] 程雅青：《印度在金砖合作机制中的利益诉求》，上海交通大学硕士学位论文，2017年6月。

[3] 唐乔臣：《金砖国家OFDI绩效影响因素研究》，山东大学硕士学位论文，2019年5月。

[4] 袁博：《城镇化对金砖国家碳排放影响的面板分位计量研究》，东北财经大学硕士学位论文，2019年11月。

[5] 梁诗涵：《金砖国家间投资便利化法律研究》，云南大学硕士学位论文，2019年12月。

[6] 姜莉：《金砖国家农业保险财政补贴制度比较研究》，西南大学硕士学位论文，2020年4月。

[7] 荆志芳：《评价理论下金砖国家第十一次峰会新闻报道的积极话语分析》，中北大学硕士学位论文，2020年4月。

[8] 刘璐：《OFDI对出口增加值的影响研究》，辽宁大学硕士学位论文，2020年4月。

[9] 张玉：《中国对其他金砖国家的出口贸易成本研究》，南京理工大学硕士学位论文，2020年3月。

[10] 尹新悦：《新兴经济体技术创新赶超研究》，上海交通大学硕士学位论文，2020年2月。

[11] 王康桦：《金砖国家BITs征收条款研究》，西南大学硕士

学位论文，2020年4月。

［12］刘博：《金砖国家遗传资源获取法律制度研究》，西南大学硕士学位论文，2020年4月。

［13］伊厅·萨拉法诺夫：《金砖国家数字产品贸易壁垒对数据密集型行业全要素生产率及宏观经济影响研究》，对外经济贸易大学博士学位论文，2020年5月。

［14］张琪：《中国与其他金砖国家文化交流研究》，昆明理工大学硕士学位论文，2020年5月。

［15］贺楷：《金砖国家的全球卫生治理参与研究》，上海外国语大学硕士学位论文，2020年5月。

［16］黄凯：《贸易便利化对金砖国家双边贸易流量的影响研究》，兰州大学硕士学位论文，2020年5月。

［17］郑芳：《贸易便利化对中国向其他金砖国家工业制成品出口贸易的影响研究》，河北经贸大学硕士学位论文，2020年5月。

［18］王蓓：《金砖国家贸易便利化水平对中国机电产品出口的影响研究》，山西财经大学硕士学位论文，2020年5月。

［19］苏乔拓：《金砖国家全球城市在全球环境治理中的作用探析》，上海社会科学院硕士学位论文，2020年6月。

［20］赵佳楠：《中国同其他金砖国家及主要发达国家股市联动性比较研究》，吉林大学硕士学位论文，2020年6月。

［21］萨尼夫·拉纳迪夫：《国际贸易对金砖国家收入不平等的影响》，吉林大学硕士学位论文，2020年6月。

［22］张幸：《金砖国家投资便利化对中国投资其他金砖国家的影响研究》，河北大学硕士学位论文，2020年6月。

［23］谢妙：《中国对金砖国家文创产品出口研究》，广西大学硕士学位论文，2020年6月。

［24］王晓颖：《贸易便利化视角下中国对金砖国家农产品出口潜力研究》，沈阳工业大学硕士学位论文，2020年6月。

［25］李晓慧：《金砖国家通货膨胀影响因素的比较研究》，对外经济贸易大学硕士学位论文，2020年6月。

［26］药泽琼：《中国与金砖国家双边贸易潜力分析》，北京工商大学硕士学位论文，2020年6月。

［27］何雪珂：《金砖国家贸易便利化水平对中国出口贸易的影响研究》，东南大学硕士学位论文，2020年7月。

［28］高萱：《金砖国家服务贸易竞争力比较研究》，黑龙江大学硕士学位论文，2021年4月。

［29］赵丹：《金砖机制框架下的非传统安全合作研究》，吉林大学硕士学位论文，2021年5月。

［30］汪一琦：《基于半参数MIDAS模型的金砖国家金融市场稳定性分析》，中国科学技术大学硕士学位论文，2021年5月。

［30］武晓蓓：《金砖五国股票市场风险计量分析》，长春工业大学硕士学位论文，2021年6月。

［31］曹肖燕：《中国与其他金砖国家进出口贸易对产业结构升级的影响研究》，河北大学硕士学位论文，2021年6月。

［32］刘昆玲：《中国与其他金砖国家贸易竞争性、互补性及贸易潜力研究》，河北大学硕士学位论文，2021年6月。

［33］高婕：《国际证券资本流动与金砖国家国内金融市场联动关系研究》，南京财经大学硕士学位论文，2021年6月。

[34] 奈拉（Nyla Saleem）：《有效治理政策及其对金砖国家环境质量的调节影响》，华北电力大学（北京）硕士学位论文，2021年6月。

[35] 王雅婷：《金砖国家信息通信领域外国投资国家安全审查法律制度研究》，西南大学硕士学位论文，2021年6月。

[36] 张小露：《金砖国家外国投资企业所得税优惠实体法律制度比较研究》，西南大学硕士学位论文，2021年6月。

[37] 黄璐：《金砖国家国际商事仲裁员回避制度研究》，西南大学硕士学位论文，2021年6月。

[38] 周婧：《金砖五国服务贸易国际竞争力研究》，西北大学硕士学位论文，2021年6月。

四、外文文献

[1] Stella Ladi and Elena Lazarou, "Think-Tanks and Policy Transformation: The Case of Brazil," Paper presented at the IPSA XXI-Ind World Congress of Political Science "Reshaping Power, Shifting Boundaries", Madrid, July 2012, p. 20.

[3] Tatiana Teixeira, "Brazilian Think Tanks and their Search for Identity and Recognition," 2012 Congress of the Latin American Studies Association, May 2012, San Francisco, United States, p. 12.

[4] "History and Mission of Funda o Getulio Vargas," http://portal.fgv.br/en/mission, Feb. 2, 2008.

[5] "About us of Centro de Rela es Internacionais/CPDOC/FGV,"

http://ri. fgv. br/en/about-center, Feb. 24, 2008.

[6] Federico Merke and Gino Pauselli, "In the Shadow of the State: Think Tanks and Foreign Policy in Latin America," in International Journal, Vol. 70, No. 4, 2015, p. 621.

[7] Leandro Echt and Roberto Fendt, "Executive Director of CEBRI in Brazil," https://onthinktanks.org/articles/the-on-think-tanks-interview-roberto-fendt-executive-director-of-cebri-in-brazil/, Feb. 25, 2018.

[8] Marcelo M. Valença, "Challenges to the Expansion of IR Studies in Brazil," Paper prepared for delivery at the ISA/FLACSO Convention, July 23-26, 2014, Argentina, p. 11.

[9] "Depois da Copa, Fortaleza Agora de Olhona VI Cúpula do Brics," em O Globo, July 8, 2014.

[10] "Brasilpode Assumera Presidência do Banco do Brics", em O Globo, July 14, 2014.

[11] BRASIL. Ministério das Relações Exteriores. Sistema de Atos Internacionais. Brasília: MRE, [s. d.]. Disponível em: < http://goo.gl/JyJ8YW >. Acesso em: 26 Janeiro 2018.

[12] LEITE, S. Padrão de financiamento, Políticas públicas e agricultura no Brasil. Porto Alegre: Ed. UFRGS, 2001, pp. 53-94.

[13] KARAM, Maria. Drogas: legislação brasileira e violação aos direitos fundamentais. Rio de Janeiro: Leap Brasil, abr. 2010. Disponível em < http://www.leapbrasil.com.br/textos >. Acesso em: 25 Janeiro. 2018.

[14] GUANZIROLI, C. E. PRONAF dez anos depois: resultados e perspectivas para o desenvolvimento rural. Economia e sociologia rural, Brasília, v. 45, n. 2, 2007.

[15] Renato G. Flôres Júnior, "BRICS and the global governance," Brazilian Paper for Technical Session 9, 6th BRICS Academic Forum: City Palace, Rio de Janeiro, Brazil, 18 – 19 March 2014, pp. 279 – 282.

[16] Sérgio Veloso, "BRICS – Cities and the issue of social mobility: Attraction of capital and the right to the city," Brazilian Paper for Technical Session 2, 6th BRICS Academic Forum: City Palace, Rio de Janeiro, Brazil, 18 – 19 March 2014, pp. 43 – 52.

[17] Celina Souza, "Comparative State Capacity" research report to IPEA (Institute of Economics and Applied Research), emphasis added, text for discussion, 2015.

[18] Ana Celia Castro, "State Capacities and Innovation Policies: Lessons from and for the BRICS," 2015, p. 303.

[19] "Resgatar o Multilateralismo é o Principal Desafio," em O Globo, May 8, 2013.

[20] Howard J Wiarda, "Think tanks and foreign policy in a globalized world: New ideas, new 'tanks,' new 'directions'," International Journal, Vol. 70, No. 4, 2015, pp. 517 – 525.

[21] James G. McGann, and Richard Sabatini, "Global Think Tanks: Policy Networks and Governance," New York: Routledge, 2011.

[22] Eduardo Viola, "Brazil in the Context of Global Governance

Politics and Climate Change, 1989 – 2003," Ambiente & Sociedade, Vol. 7, No. 1, January/June 2004, pp. 32 – 33.

[23] BRICS Academic Forum VI BRICS Academic Forum, editors: Renato Coelho Baumann das Neves, Tamara Gregol de Farias. – Brasília: IPEA, 2014, p. 319.

[24] Tatiana Teixeira, "Brazilian Think Tanks: Between the Past and the Future," in Jeni Vaitsman, José Mendes Ribeiro and Lenaura Lobato, Policy Analysis in Brazil, Bristol: Policy Press, 2013, p. 235.

[25] Levy, DC, "Latin America's think tanks: The roots of non-profit privatization," Studies In Comparative International Development, Vol. 30, No. 2, 1995, pp. 3 – 25.

[26] Abraham F. Lowenthal, "Latin America at the century's turn," Journal of Democracy, Vol. 11, No. 2, 2000, pp, 41 – 55.

[27] Bertelsmann Stifung (ed), "Change Ahead Sustainable Governance in the BRICS," 2013.

[28] Abelson Donald E: "Do Think Tanks Matter: Assessing the Impact of Public Policy," Institutes. Montreal: McGill – Queen's University Press, 2002.

[29] James G. McGann, "2008 – 2020 Global Go To Think Tank Index Report," Pennsylvania: University of Pennsylvania, 2009 – 2021.

[30] Rahul Singh, "Think Tanks, Research Influence and Public Policy in India," Vision, Vol. 18, No. 2, 2015, pp. 289 – 297.

[31] Jayantanuja Bandyyopadhyaya, "The Making of India's Foreign Policy," Allied Publishers Private Limited.

[32] Paul Dickson, "Think Tanks," New York: Atheneum, 1971.

[33] Chris Alden. Yu – Shan Wu, Elizabeth Sidiropoulos, "China's Belt and Road Initiative: Where does Africa fit?" The Conversation Africa, 2017.

[34] Cobus van Staden, "China's Belt and Road plan: how will it affect Africa?" Foreign Policy, 2019.

[35] James, Simon, "The Idea Brokers: The Impact of Think Tanks on British Government," Public Administration, 2010.

[36] DAF, "President Abdul Kalam of India on State Visit to South Africa," Last modified March 11, 2017, http://www.dfa.gov.za/docs/2004/indi0910.htm.

[37] David Monyae, "One Belt And One Road Initiative Offers Economic Opportunities For South Africa," Pretoria News, 2019.

[38] "South Africa Department of Foreign Affairs, Strategic Plan: 2005—2008," South African Journal of International Affairs, 2009, pp. 157 – 200.

[39] "South Africa Department of International Relations and Cooperation, Strategic Plan: 2009 – 2012," South African Journal of International Affairs, 2013, pp. 127 – 160.

[40] SA, "China seal deals," Last modified September 29, 2011, http://www.buanews.gov.za/news/11/11092909351003.

附录 I　金砖国家的智库名录

一、巴西主要金砖智库名录		
中文名	外文名称	网址
巴西瓦加斯基金会	Fundação Getúlio Vargas	https：//portal. fgv. br/en
巴西金砖国家政策中心	BRICS Policy Center	https：//bricspolicycenter. org
巴西国际关系研究中心	Brazilian Center for International Relations	https：//cebri. org
巴西应用经济研究所	Instito de Pesquisa Econômica Aplicada	https：//ipea. gov. br
阿曼多·阿尔瓦雷斯·彭蒂奥基金会	Fundação Armando Alvares Penteado	https：//www. faap. br
费尔南多·恩里克·卡多佐基金会	Fundação Fernando Henrique Cardoso	https：//fundacaofhc. org. br
暴力研究中心	Núcleo de Estudos da Violência	https：//nev. prp. usp. br
米纳斯吉拉斯法学院	Faculdade de Direito do Sul de Minas	https：//fdsm. edu. br
社会和教育援助机构联合会	Federação de Órgãos para Assistência Social e Educacional	https：//fase. org. br/pt/

续表

中文名	外文名称	网址
自由研究所	Instituto Liberdade	https：//www. institutoliberdade. com. br
集成和发展研究中心	Centro de Estudos de Integração e Desenvolvimento	http：//www. cindesbrasil. org/site/
巴西公共安全论坛	Fórum Brasileiro de Segurança Pública	https：//forumseguranca. org. br
佩尔苏·阿布拉莫基金会	Fundação Perseu Abramo	https：//fpabramo. org. br
千禧研究所	Instituto Millenium	https：//www. institutomillenium. org. br
巴西分析与规划中心	Centro Brasileiro de Análise e Planejamento	https：//www. cebrap. org. br
卫生政策研究所	Instituto de Etudos para Políticas de Saúde	https：//ieps. org. br/
二、俄罗斯主要金砖智库名录		
俄联邦政府分析中心	Analytical Center for the Government of the Russian Federation	http：//ac. gov. ru/en/
卡内基莫斯科中心	Carnegie Moscow Center (United States-based)	http：//carnegie. ru/
战略和技术分析中心	Centre for Analysis of Strategies and Technologies	http：//www. cast. ru/eng/
战略研究中心	Center for Strategic Research	https：//www. csr. ru/
经济统计研究中心	Central Economic Mathematical Institute	http：//www. cemi. rssi. ru/
政治技术中心	Center for Political Technologies	http：//www. cpt. ru/

续表

中文名	外文名称	网址
公民社会发展基金会	Civil Society Development Foundation	http://www.civilfund.ru/
文明对话会	Dialogue of Civilizations (Berlin-based)	http://doc-research.org/
俄罗斯现代发展研究所	INSOR	http://www.insor-russia.ru/
选举制度发展研究所	Institute for Election Systems Development	http://www.democracy.ru/
美加研究所	Institute for US and Canadian Studies	http://www.iskran.ru/
民主与合作研究所	Institute of Democracy and Cooperation (Paris-based)	http://www.idc-europe.org/en
世界经济与国际关系研究所	Institute of World Economy and International Relations	http://www.imemo.ru/
俄罗斯战略研究所	Russian Institute for Strategic Studies	https://riss.ru/
俄罗斯国际事务委员会	Russian International Affairs Council	https://russiancouncil.ru/
索瓦信息与分析中心	SOVA Center for Information and Analysis	http://www.sova-center.ru/
瓦尔代辩论俱乐部	Valdai Discussion Club	http://valdaiclub.com/
三、印度主要金砖智库名录		
观察家研究基金会	Observer Research Foundation	http://www.orfonline.org/
印度的国际消费者团结与信任协会	Consumer Unity & Trust Society International	http://www.cuts-international.org/
政策研究中心	Centre for Policy Research	http://www.cprindia.org/
国防分析研究所	Institute for Defence Studies and Analyses	http://www.idsa-india.org/

续表

中文名	外文名称	网址
和平与冲突研究所	Institute of Peace and Conflict Studies	http://www.ipcs.org/
国家应用经济研究理事会	National Council of Applied Economic Research	http://www.ncaer.org/
印度国际经济关系委员会	Indian Council for Research on International Economic Relations	http://icrier.org/
印度世界事务委员会	Indian Council of World Affairs	https://icwa.in/
尼赫鲁大学国际关系研究所	School of International Studies, Jawaharlal Nehru University	http://www.jnu.ac.in/sis/
印度全球关系委员会	Gateway House	https://www.gatewayhouse.in/
公民社会中心	Centre for Civil Society (India)	http://www.ccsindia.org/
德里政策集团	Delhi Policy Group	http://www.delhipolicygroup.org/
陆战研究中心	Centre for Land Warfare Studies	http://www.claws.in/
印度布鲁金斯学会	Brookings Institution	https://www.brookings.in/
能源与资源研究所	The Energy and Resources Institute	http://www.teriin.org/
科学技术与政策研究中心	CSTEP	http://www.cstep.in/
发展社会研究中心	Centre for the study of Developing Societies	http://www.csds.in
四、中国主要金砖智库名录		
中国人民大学重阳金融研究院	Chongyang Institute for Financial Studies, Renming University	http://rdcy.ruc.edu.cn/
对外经济贸易大学金砖国家研究中心	Center for BRICS Studies, UIBE	http://iris.uibe.edu.cn/yjzx/jzgjyjzx/index.htm

续表

中文名	外文名称	网址
国家开发银行研究院（金融研究发展中心）	Financial Research Institute of China Development Bank	http://www.cdb.com.cn/gykh/zzjg/zhbm/
广东工业大学金砖国家研究中心	Institute of BRICS Studies, GDUT	https://jmxy.gdut.edu.cn/info/1063/7502.htm
四川外国语大学金砖国家研究院	Institute of BRICS Studies, SISU	http://ciis.sisu.edu.cn/info/1014/1083.htm
华东政法大学金砖国家法律研究院	Institute of BRICS Legal Studies, ECUPL	https://bricslaw.ecupl.edu.cn/
北京师范大学金砖国家合作中心	Center of BRICS Cooperation, BNU	https://www.bnu.edu.cn/kxyj/index.htm
中国传媒大学金砖国家研究中心	Center for BRICS Studies, Communication University of China	https://sis.cuc.edu.cn/zgcmdxjzgjyjzx/list.htm
北京第二外国语学院"一带一路"战略研究院	China Academy of Belt and Road Initiative, BISU	http://obor.bisu.edu.cn
山东财经大学（金砖研究机构）	Shangdong University of Finance and Economics	https://www.sdufe.edu.cn
上海外国语大学国际关系与公共事务学院（金砖国家研究机构）	School of International Relations and Public Affairs, FDU	http://www.sirpa.shisu.edu.cn/
河海大学世界水谷研究院（金砖国家研究机构）	World Water Valley Institute, Hohai University	http://www.worldwatervalley.org/
山东建筑大学热能工程学院（金砖国家研究机构）	Department of Thermal Engineering, SDJZU	https://www.sdjzu.edu.cn/rnxy/index.htm

续表

中文名	外文名称	网址
天津科技大学化工与材料学院（金砖国家研究机构）	College of Chemical Engineering and Materials Science, TUST	http://hgxy.tust.edu.cn/
五、南非主要金砖智库名录		
南非国际事务研究所	South African Institute of International Affairs	https://www.irr.org.za
南非安全研究所	Institute for Security	https://www.issafrica.org
南非发展和企业中心	Center for Development and Enterprise	https://www.cde.org.za
南非冲突解决中心	Center for Conflict Resolution	https://www.ccr.org.za
南非全球对话研究所	Institute for Global Dialogue	https://www.igd.org.za/
南非国家人文社会科学研究院	National Institute for the Humanities and Social Sciences	https://www.nihss.ac.za
南非人类科学研究委员会	Human Sciences Research Council	https://www.hsrc.ac.za
南非金砖智库	BRICS Think Tank	https://www.bricsresearch.org.za

附录Ⅱ 金砖国家智库发展大事记

一、巴西金砖智库发展大事记（2011—2021年）

1. 2011年4月，巴西应用经济研究所出版了名为《巴西与其他金砖国家的贸易和投资关系》的期刊文章，该文主要分析了巴西与中国、俄罗斯、南非和印度之间的贸易与投资关系。

2. 2012年6月，巴西应用经济研究所发表文章《金砖国家贸易政策及其对巴西的影响》，该篇文章描述了每个金砖国家对其邻国产品征收的进口关税，以及出口到这些市场的巴西产品面临的关税。

3. 2012年11月，巴西应用经济研究所发表文章《区域贸易协定理论下的金砖国家》，该文评估了金砖国家之间建立自由贸易区对巴西经济的主要影响。

4. 2012年，巴西应用经济研究所出版专著《世贸组织中的金砖国家》。

5. 2013 年 1 月，巴西应用经济研究所发表文章《金砖国家：国际服务贸易的新竞争对手》，该文旨在分析金砖国家参与国际服务贸易的过程。

6. 2013 年 4 月，巴西应用经济研究所发表文章《金砖国家经济体之间的双边贸易协定：一般均衡方法》，该文对比了涉及巴西和其余金砖国家经济体的替代优惠贸易安排。

7. 2013 年 11 月，巴西应用经济研究所发布了一份名为《1990 年至 2010 年金砖国家的健康状况：多样性与危机》的技术说明。

8. 2014 年 3 月，巴西应用经济研究所主持召开第六届金砖国家学术论坛。

9. 2014 年，巴西应用经济研究所出版专著《金砖国家及其邻国：外国直接投资》。

10. 2014 年，巴西应用经济研究所出版专著《金砖国家及其邻国：贸易和区域协定》。

11. 2014 年 7 月，巴西应用经济研究所发表文章《为基础设施项目融资的公共资产证券化：巴西案例和金砖国家的经验》，该研究旨在分析将公共资产证券化作为促进巴西基础设施部门投资和鼓励国内资本市场的工具的主要挑战和机遇。

12. 2014 年，巴西应用经济研究所发布《金砖国家第六次学术论坛》。

13. 2015 年，巴西应用经济研究所出版专著《金砖国家长期战略：金砖国家智库理事会提案》。

14. 2015 年 3 月，巴西应用经济研究所发表文章《金砖国家的能源基础设施政策和国家能力》，旨在通过国家能力的概念比较巴西、俄罗斯、印度和中国（金砖四国）在过去二十年中采用的能源基础设施政策。

15. 2016年10月，巴西应用经济研究所发表文章《金砖四国开展的外国直接投资动态（1995—2013）》。

16. 2019年7月，巴西应用经济研究所发表文章《金砖国家联合金融架构：新开发银行》，该文主要分析了新开发银行创建的主要动机、行为方式和治理结构。

17. 2019年9月，巴西应用经济研究所在巴西利亚总部举行第十一届金砖国家学术论坛。该论坛聚集了各成员国的专家学者，旨在加强各国之间的学术交流，建立五国交流网络，为随后的金砖国家领导人峰会提供智力支持。

18. 2020年1月，为庆祝金砖国家领导人第十一次会晤的顺利召开和解决领导人峰会上具有争议的问题，巴西应用经济研究所发布了征文公告，邀请所有研究人员围绕发展筹资的挑战、贸易投资议程、科技创新合作、能源与发展、打击跨国犯罪合作、农业合作等话题进行研究和投稿，出版一本关于金砖国家十周年的特刊，为金砖国家合作的进一步发展提供建议。

19. 2021年8月，巴西应用经济研究所参与了《金砖国家的未来》一书的撰写工作，相关人员还参与了一系列辩论，其观点和结论汇总至《通往金砖国家学术论坛之路》这一学术论坛纲要中，为金砖国家首脑峰会提供了参考和审议内容。

二、俄罗斯金砖国家研究国家委员会金砖国家大事记（2011—2021 年）

1. 2011 年 12 月，俄罗斯金砖国家研究国家委员会参加主题为"俄罗斯和中国在金砖国家和亚太地区多边结构中的合作潜力"的会议。

2. 2012 年 10 月，俄罗斯金砖国家研究国家委员会参加"金砖国家战略作为国际协会的优先事项"的会议。

3. 2013 年 9 月，俄罗斯金砖国家研究国家委员会成立两周年。

4. 2014 年 9 月 29 日，俄罗斯金砖国家研究国家委员会参加了以"欧洲与金砖国家之间因两个经济联盟的交集而产生的分歧"为主题的在线讨论。

5. 2014 年 10 月 1 日，俄罗斯金砖国家研究国家委员会在世贸组织公共论坛的框架内组织并举办了"金砖国家与非洲：发展伙伴关系"会议。

6. 2014 年 10 月 31 日，由俄罗斯金砖国家研究国家委员会和金砖国家青年专家共同体主办的首届"青年对金砖国家合作与互动的未来展望"国际会议在北京举行。

7. 2014 年 12 月 17 日，俄罗斯金砖国家研究国家委员会派代表参加了主题为"金砖国家崛起的前景和战略重点"的国际会议。

8. 2015 年 2 月 25 日，俄罗斯金砖国家研究国家委员会科学理事会例会召开，与会专家们讨论了金砖国家领导人会晤前夕五国可能提出的建议。

9. 2015年5月22日至23日，俄罗斯金砖国家研究国家委员会于莫斯科举行第七届金砖国家学术论坛。

10. 2015年6月30日，金砖国家民间论坛在俄罗斯担任主席期间金砖国家研究国家委员会提议并被纳入金砖国家合作框架。

11. 2016年12月22日，俄罗斯金砖国家研究国家委员会就"印度担任主席国的成果与美国换届后金砖国家的发展前景"举行圆桌会议。

12. 2017年3月20日，俄罗斯金砖国家研究国家委员会会见以高级研究员蔡尚仁为团长的中共中央对外联络部代表团。

13. 2017年4月4日至5日，俄罗斯金砖国家研究国家委员会执行董事参加瓦尔代国际讨论会联合华东师范大学俄罗斯研究中心举办的"全球变化的挑战下的俄罗斯与中国"会议。

14. 2017年7月5日至7日，俄罗斯金砖国家研究委员会组织在莫斯科举办"金砖国家暑期学校"教研项目。

15. 2017年10月9日，俄罗斯金砖国家研究国家委员会与俄罗斯高等经济大学启动"俄罗斯在金砖国家"联合项目。

16. 2018年4月17日，俄罗斯金砖国家研究国家委员会主持召开了"一带一路"框架下俄中国际一体化合作研讨会。

17. 2018年4月23日，俄罗斯金砖国家研究国家委员会参加了在中国广州举办的金砖国家研究中心年度国际研讨会。

18. 2018年8月15日，俄罗斯金砖国家研究国家委员会发布《金砖国家：地区分类》公报。

19. 2018年10月19日，俄印伊三方专家对话在莫斯科启动，俄罗斯金砖国家研究国家委员会和国际知名专家参加。

20. 2019年7月3日，俄罗斯金砖国家研究国家委员会在莫斯科举行了以"2020年俄罗斯担任金砖国家主席国职务"为主题的前瞻会议，俄罗斯外交部参加。

21. 2019年10月22日，俄罗斯金砖国家研究国家委员会在《第十二拉米公约》框架内举办了主题为"动荡时期全球治理的机遇：俄罗斯在金砖国家和G20中的利益"的会议。

22. 2020年2月26日，俄罗斯国家金砖研究国家委员会参加了由金砖国家经贸问题联络小组主持的第一次会议。

23. 2020年3月30日，俄罗斯金砖国家研究国家委员会与金砖国家专家委员会在莫斯科举行了主题为"金砖与教育合作：网络大学——创新与促进流动"的在线圆桌会议。

24. 2020年4月10日，俄罗斯金砖国家研究国家委员会与俄罗斯联邦担任金砖国家主席国筹备和支持专家委员会共同组织了主题为"金砖国家新工业革命伙伴关系：初见成效"在线圆桌会议。

25. 2020年5月4日，俄罗斯金砖国家研究国家委员会启动了全球在线项目——"金砖国家谈话"，以分享金砖国家对新冠肺炎疫情现状的意见和建议。

26. 2020年5月14日，俄罗斯金砖国家研究国家委员会举办了主题为"新冠肺炎疫情对国际秩序和中俄关系的影响"的在线研讨会。

27. 2020年5月27日，俄罗斯金砖国家研究国家委员会和金砖国家俄罗斯专家委员会共同举行了主题为"新冠肺炎疫情背景下价值链运作的风险：金砖国家如何应对？"的在线圆桌会议。

28. 2020年5月27日，俄罗斯金砖国家研究国家委员会、俄罗斯高等经济大学和金砖国家俄罗斯专家委员会共同编写了《金砖国家对俄罗斯的发展战略和优先事项》，旨在维护俄罗斯联邦在金砖国家协会的主席职位。

29. 2020 年 6 月 15 日，俄罗斯金砖国家研究国家委员会和金砖国家俄罗斯专家委员会共同举办了主题为"全球新冠肺炎疫情情景：金砖国家及其他国家"的国际青年网络研讨会。

30. 2020 年 6 月 18 日，巴西应用经济研究所与俄罗斯金砖国家研究国家委员会合作推出金砖国家专刊《世界评论展望》。

31. 2020 年 6 月 18 日，俄罗斯金砖国家研究国家委员会、金砖国家俄罗斯专家委员会和巴西应用经济研究所联合举办了主题为"后新冠肺炎疫情世界金砖国家合作面临的挑战"的国际网络研讨会。

32. 2020 年 6 月 29 日，俄罗斯金砖国家研究国家委员会和金砖国家俄罗斯专家委员会一同举行了主题为"金砖国家公共卫生系统应对流行病威胁"的在线圆桌会议。

33. 2020 年 7 月 23 日，俄罗斯金砖国家研究国家委员会、金砖国家俄罗斯专家委员会和印度观察家研究基金会一同举行了主题为"俄印关系与全球治理疫情大流行考验"的在线圆桌会议。

34. 2020 年 8 月 10 日，俄罗斯金砖国家研究国家委员会和金砖国家俄罗斯专家委员会一道，举行了主题为"女性视角：克服疫情挑战"的在线圆桌会议。

35. 2020 年 8 月 18 日，俄罗斯金砖国家研究国家委员会同金砖国家主席团专家委员会一道，举行了以"复杂系统中的智能细节：后危机时代城乡发展的最佳实践"为主题的在线圆桌会议。

36. 2020年8月19日，俄罗斯金砖国家研究国家委员会同金砖国家进程"国际文化交流"工作组与会人员，一起举行了主题为"国际文化合作加强金砖国家团结"的在线圆桌会议。

37. 2020年8月26日，俄罗斯金砖国家研究国家委员会和金砖国家俄罗斯专家委员会以在线的形式举行了主题为"新冠肺炎疫情大流行后的人类发展"的圆桌会议。

38. 2020年8月27日，俄罗斯金砖国家研究国家委员会和金砖国家俄罗斯专家委员会举行了题为"文化外交：如何团结金砖国家"的在线圆桌会议。

39. 2020年11月6日，俄罗斯金砖国家研究国家委员会在线参与了俄罗斯2020年担任金砖国家主席国在社会和人道主义领域的新项目研讨会。

40. 2021年6月21日，俄罗斯金砖国家研究国家委员会参加金砖国家教育对话。

41. 2021年8月3日至6日，俄罗斯金砖国家研究国家委员会参与了第十三届金砖国家学术论坛。

42. 2021年10月15日，俄罗斯金砖国家研究国家委员会与俄罗斯外交部举行了"金砖国家面对新挑战"圆桌会议。

43. 2021年10月26日至29日，俄罗斯金砖国家研究国家委员会派代表参加了由圣保罗大学金砖国家研究中心举办的第五届金砖国家国际会议。

44. 2021年11月2日至3日，俄罗斯金砖国家研究国家委员会派代表参加了于北京举办的金砖国家公共行政国际会议。

45. 2021年11月11日，俄罗斯金砖国家研究国家委员会在2021

欧亚经济论坛框架内举办了"欧亚经济空间：问题分析与解决方案"分会。

46. 2021年11月29日至12月3日，俄罗斯金砖国家研究国家委员会以在线形式举办了第五届金砖国家国际学校。

47. 2021年12月7日，俄罗斯金砖国家研究国家委员会派代表参加在深圳举行的2021金砖国家未来网络创新论坛。

三、印度金砖研究大事记（2012—2021年）

1. 2012年，在印度新德里举行的金砖国家首脑会议期间，观察家研究基金会组织了第四届金砖四国学术论坛，这是一个供金砖国家组织第二轨道专家讨论的普遍而创新的形式，这一模式已在每一个总统任期之后被复制，并正式在金砖国家智库理事会的主持下继续发展。

2. 2012年3月4日至6日，观察家研究基金会在新德里主办了金砖国家第四次智库会议。会议通过了《金砖国家第四次智库会议对金砖国家领导人会晤的建议》。随后举办了金砖国家领导人第四次会晤，会议通过的《新德里宣言》提出"探讨建立一个新的开发银行的可能性"。

3. 2012年9月，金砖国家智库论坛在重庆达成共识，通过创建金砖国家新开发银行这一议案，使金砖国家在全球金融治理方面的作用进一步增强。

4. 2014年2月28日，观察家研究基金会在印度新德里召开经济政策论坛，着重讨论资源政策。

5. 2014年7月9日，观察家研究基金会举办"印度与全球治理的挑战"圆桌会议。

6. 2014年11月6日，首届金砖国家经济智库论坛在北京国际饭店召开。此次论坛由清华大学中国与世界经济研究中心和重建布雷顿森林体系委员会联合主办，由金砖国家经济智库承办，论坛也得到了巴西瓦加斯基金会、巴西应用经济研究所、俄罗斯财政部顾问机构、俄罗斯国立高等经济大学、印度观察家研究基金会和南非前沿咨询公司的支持。

7. 2015年6月18日至19日，在新德里，观察家研究基金会和国家公共财政与政策研究所联合主办了一个关于新开发银行的金砖国家专家研讨会。

8. 2016年9月19日至23日，由印度观察家研究基金会、印度发展中国家信息与研究中心共同主办的第八届金砖国家学术论坛和第五次智库理事会分别在果阿、德里召开，金砖五国的学者专家和政府官员共100多人参会。

9. 2017年4月28日至29日，印度观察家研究基金会在新德里召开了金砖国家数字峰会。作为金砖国家论坛的一部分，数字金砖国家峰会汇集了来自政府、企业和民间社会的利益攸关方，就互联网政策的四个主题展开了讨论：网络空间的机构合作、准入和包容、互联网和多元治理，以及数字经济。

10. 2017年8月17日至19日，印度观察家研究基金会在斋浦尔召开了金砖国家智慧城市会议。为期两天的会议由观察家研究基金会、印度外交部和萨达尔帕特尔警察局、安全和刑事司法大学联合组织。来自政府、教育和研究机构、智囊团、民间社会和私营部门的跨学科专业人士会面，就智能城市交换意见，并确定将现有城市转变为智能城市的解决方案。

11. 2017年10月26日，由印度观察家研究基金会研究员阿洛克·迪米里举办大型讲座，题为《金砖国家的未来：机遇和挑战》。

12. 2018年6月9日，由金砖国家智库合作中方理事会主办、四川外国语大学承办的2018金砖国家智库国际研讨会暨第二十一届万寿论坛在重庆举行。

13. 2019年8月21日，印度观察家研究基金会发表马尔科·尤蒂宁的论文《后霸权时代冲突与合作的新动态》。

14. 2020年5月13日，印度观察家研究基金会发表妮维塔·卡普尔的文章《金砖国家及其未来：多边主义的挑战》。

15. 2021年5月31日，印度观察家研究基金会主持召开"关于多边主义未来"的对话。

16. 2021年6月2日，印度观察家研究基金会主持召开主题为"迈向女性主导的增长框架"的金砖国家关于未来工作的对话。

17. 2021年6月14日，印度观察家研究基金会主持召开主题为"数字健康解决方案"的金砖国家全球健康对话。

18. 2021年6月18日，印度观察家研究基金会主持召开金砖国家国际安全学术对话。

四、中国金砖智库大事记（2011—2021年）

1. 2011年3月24—25日，由当代世界研究中心和中国和平发展基金会主办的金砖国家学术论坛在北京举办，主题是发展合作共享。

来自金砖五国的政府官员和专家学者60多人出席会议，会议通过了《对金砖国家领导人第三次会晤的建议》。

2. 2012年3月4—6日，金砖国家第四次智库会议在印度首都新德里举行，来自金砖五国的60余名专家学者与会。本次会议由印度观察家基金会主办。当代世界研究中心常务理事黄华光率领由当代世界研究中心、中国国际问题研究所、发改委能源所、社科院世界经济与政治研究所、教育部职业技术教育中心研究所、中国科技发展战略研究院、卫生部发展研究中心和国家发展银行研究院八个单位专家组成的中方代表团出席了会议。

3. 2013年3月11—12日第五次金砖国家学术论坛在德班举行。中国代表团由中联部研究室副主任周余云任团长，成员包括中国和平发展基金会、当代世界研究中心、中国社科院、教育部职教中心研究所、国家开发银行发展研究院、重庆市外办和复旦大学的12名官员和学者。

4. 2014年3月19—20日，为期两天的金砖国家第六次学术论坛在巴西里约热内卢召开，来自金砖五国的学者和专家在论坛上就五点支柱问题展开了交流和讨论。中方代表团团长为中共中央对外联络部研究室副主任周余云，中方共13人出席。

5. 2015年5月21—23日，第四次金砖国家智库理事会会议暨第七次金砖国家学术论坛在分别在俄罗斯外交部大楼和莫斯科四季酒店举办，会议确定了10个分论坛议题，在每个分论坛上分别由5个国家各推举本国的一名发言人做主题发言，每个国家各主持2个分论坛。中国智库代表团中包括对外经济贸易大学、四川外国语大学等金砖研究机构的专家，他们参与了《金砖国家长期发展战略报告》

的研究和起草。

6. 2016年9月19—21日，第八届金砖国家学术论坛在印度果阿召开，金砖五国的学者专家和政府官员共100多人参会。受国家委派，对外经贸大学副校长赵忠秀教授担任中国专家学者代表团团长，中国驻印度使馆周余云参赞等参会。

7. 2017年，中国再次成为金砖国家主席国。为更好地整合国内研究力量，服务金砖国家合作，发挥中方在推动金砖国家智库合作中的作用，2017年1月11日，中共中央对外联络部作为金砖国家智库合作的牵头单位，联合国内高校、研究机构以及企事业单位成立了金砖国家智库合作中方理事会，主要负责并参与金砖国家合作框架下的学术和智库对话交流与合作。中方理事会本质上属于非法人社会团体，是一种开放的工作机制和平台，拥有88名理事，90家理事单位。

8. 2017年6月10—12日，金砖国家第九次学术论坛在中国福州召开，来自金砖五国的智库学者共同与会，中国智库作为东道国积极组织主办。论坛回顾了金砖国家合作10年历程，着眼金砖合作未来，从政策层面向金砖国家领导人厦门会晤提出48条建议。

9. 2018年1月31日，由中共中央对外联络部主办的金砖国家智库合作中方理事会年会在北京举行，会议主题为"凝聚中国智慧，开辟金砖合作光明未来"。2月1日，由金砖国家智库合作中方理事会主办、对外经济贸易大学承办的"万寿论坛：新时代的中国与新型南南合作"研讨会在北京举行。有关部委、专家学者等150余名代表出席。

10. 2018年5月28—31日，第十届金砖国家学术论坛于南非约翰内斯堡召开，来自金砖五国的学者参加了论坛。中联部组织的中国智库代表团包括对外经贸大学赵忠秀副校长等人，他们在出席了学术论坛会议后，又址肯尼亚首都内罗毕参加了第二十届万寿论坛，这是万寿论坛第一次在国外举办。

11. 2018年12月29日，由金砖国家智库合作中方理事会、中国人民大学主办，人民大学重阳金融研究院承办的"金砖国家智库合作中方理事会年会暨首届"在京举行。此次会议以"新时代的中国与世界"为主题，邀请中方理事会90家理事单位代表，部分国内高校智库学者就中方理事会未来工作规划。

12. 2019年9月11—12日，由金砖国家智库合作理事会主办、巴西应用经济研究所承办的金砖国家第十一次学术论坛在巴西利亚举行，来自金砖国家的约100名学者围绕多项议题深入研讨，广东工业大学金砖研究中心等专家作为中国代表团成员参会。

13. 2020年1月3日，由金砖国家智库合作中方理事会主办、北京第二外国语学院承办的"第三届金砖国家智库合作中方理事会年会暨第二届万寿国际形势研讨会"在京成功召开。本次会议以"百年变局下的复兴之路"为主题，来自国内高校、研究机构及企事业单位等近百家理事单位与70余位专家学者共计200余人与会。

14. 2020年10月22—24日，第十二次金砖国家学术论坛在俄罗斯莫斯科举行，受新冠肺炎疫情影响，此次论坛通过线上线下结合的方式进行。四川外国语大学金砖国家研究院作为中国代表团成员，继参加2014年第六次巴西和2015年第七次俄罗斯金砖学术论坛后，第三次为线上参会。

15. 2021年8月3—6日，金砖国家第十三次学术论坛在印度新德里通过线上线下结合方式举行。应中联部金砖国家智库合作中方理事会的协请，四川外国语大学金砖国家研究创新团队多名成员全程参与了本次学术论坛活动，承担了大量记录和翻译工作，为中方代表团参会提供了有力的支持和保障。

五、南非金砖国家智库大事记（2015—2021 年）

1. 2015 年 2 月，南非高等教育和培训部授予南非国家人文社会科学研究院南非金砖国家智库永久主办方。

2. 2015 年 5 月 22 日，南非金砖国家智库主办金砖国家外交/国际关系部副部长会议。

3. 2016 年 5 月，南非人类科学研究委员会金砖国家研究中心成为南非为 2016 年 5 月 12 日至 13 日在柏林举行的 T20 会议做出贡献的智库。

4. 2017 年 3 月 23 日，金砖国家学术论坛委托南非金砖国家智库主办了金砖国家公民社会小组会议，会议旨在创建一个平台，让公民、社会、青年和工会能够聚集在一起，分享想法。

5. 2017 年 9 月 9 日，由南部非洲专家学者工程师联合会发起，中非青年协会和南部非洲中国科技教育协会共同协办的"金砖厦门峰会—华人学者与南非青年对话会"在约翰内斯堡的玛泽大厦会议室举行。此次对话会的话题涉及"金砖国家领导人厦门宣言"所阐述的成果，以及开创金砖国家合作第二个"金色十年"的目标和任务，金砖国家青年科学家论坛的发展，金砖合作对未来南非金融市场的影响，金砖合作与南非青年的关系等。与会的专家学者和来自不同国家城市的青年学者进行了热烈的讨论。

6. 2018年4月11日，南非税务署和自由市场基金会共同举办海关合作会议，这是一个代表金砖成员国家：巴西、俄罗斯、印度、中国和南非海关当局首脑的会议，以增进关系，进一步改善金砖成员国合作，促进发展。

7. 2018年5月3日，第27届世界经济论坛非洲峰会在南非德班召开，会议主题为"通过响应及负责的领导实现包容性增长"。南非人文科学研究理事会金砖国家研究中心主任加亚·乔西（Jaya Josie）作了主旨发言。

8. 2018年5月下旬，金砖国家智库理事会会议和金砖国家第十届学术论坛在南非举办。

9. 2018年5月28日至31日，金砖国家第十次学术论坛在南非约翰内斯堡举行，来自巴西、俄罗斯、印度、中国、南非等国的专家学者与会。本届论坛聚焦"经济繁荣与智慧制造中心""普遍的医疗覆盖和社会保障项目""全球共识与集体挑战""维护和平与构筑和平"和"发展目标"等主题，瞩目金砖国家下一个"黄金十年"发展，向将于7月举行的金砖国家领导人约翰内斯堡会晤提交了一份具体建议报告，供各国领导人参考。

10. 2018年6月4日，巴西联邦共和国、俄罗斯联邦、印度共和国、中华人民共和国和南非共和国外交/国际关系部长在南非比勒陀利亚举行会晤。

11. 2018年6月25日至26日，金砖国家民间社会论坛在南非国家人文社会科学研究院举办。此次论坛由南非经济公平网络组织、南非国家人文社会科学研究院等共同主办。本次论坛主题为"金砖国家与 2063 年议程"。与会代表就金砖国家新开发银行、包容性经济发展、和平与安全、性别平等等议题进行了深入探讨。

12. 2018 年 6 月 28 日至 29 日，第八次金砖国家安全事务高级代表会议在南非德班举行。第八次金砖安代会是金砖国家领导人约翰内斯堡会晤前的一场重要活动。五国安全事务高级代表将就当前国际形势、重大国际和地区问题，领导人约翰内斯堡会晤筹备，以及金砖国家加强反恐、网络安全、维和行动、打击跨国有组织犯罪合作等议题深入交换意见。

13. 2018 年 7 月 5 日，金砖国家第八次经贸部长会议在南非约翰内斯堡举行。会议由南非贸工部长戴维斯主持，会议重点围绕支持多边贸易体制、深化经贸务实合作等议题进行了讨论，通过了经贸部长会议联合公报以及有关支持多边贸易体制、反对单边主义和保护主义的单独声明，并就贸易投资便利化、服务贸易、知识产权、电子商务、贸易促进、中小企业、标准化等达成一系列经贸成果。

14. 2018 年 7 月 5 日，金砖国家治国理政研讨会在南非约翰内斯堡成功举办。

15. 2018 年 7 月 18 日，第三届金砖国家媒体高端论坛主席团会议在南非开普敦举行。金砖国家与会媒体在主席团会议上一致同意，秉承平等、务实、共赢的精神，加强学习互鉴、人员交流和信息交换，不断深化和拓展相互交流合作。与会代表就加强各领域合作达成广泛共识，并共同发表《金砖国家媒体高端论坛行动计划（2018—2019 年）》。

16. 2018年7月25日至27日，金砖国家领导人第十次会晤在南非约翰内斯堡举行。会晤主题为"金砖国家在非洲：在第四次工业革命中共谋包容增长和共同繁荣"。2018年7月26日，《金砖国家领导人第十次会晤约翰内斯堡宣言》发布。

17. 2018年8月2日至3日，金砖国家科技创新妇女论坛在南非国家人文社会科学研究院举行。

18. 2018年8月23日至24日，金砖国家研究中心联合举办金砖国家与非洲发展大会。

19. 2018年10月31日，第三届金砖国家文化部长会议在南非玛罗彭召开。五国共同签署《玛罗彭宣言》，以促进金砖国家文化发展及文化领域的交流、合作、创新及伙伴关系建设。

20. 2018年11月23日，中国—南非新媒体圆桌会议在南非行政首都比勒陀利亚举行，来自中南两国政府、企业界、传媒及学术界的数十位嘉宾就双方之间的新媒体合作进行深入交流，并达成广泛共识。

21. 2019年4月1日，金砖国家新开发银行第四届年会在南非开普敦国际会展中心举行。本次年会的主题是"共同合作促进可持续发展"。年会期间，新开发银行与南非国家电力公司签署价值1.8亿美元的贷款协议，以帮助南非缓解日益严重的电力短缺。此外，新开发银行还与南部非洲开发银行签署一项旨在帮助该地区减少温室气体排放和能源开发的贷款协议，金额为3亿美元。中国财政部部长刘昆、南非财政部部长姆博维尼等金砖国家官员，以及来自多个国际及区域组织的代表、智库学者、银行家、企业界人士等出席年会。

22. 2021年7月30日，国家人文社会科学研究所和南非金砖国家智库邀请具有适当资格的南非研究人员、研究生、研究机构和智囊团申请2021/22金砖国家研究和教学流动补助金。

附录Ⅲ 历届金砖国家学术论坛和首脑峰会概览

	学术论坛		首脑峰会	
序号	时间地点	学术论坛的评价、主题与议题	时间地点	峰会的主要成果
1.	2009.5 印度	首次非正式学术论坛，由印度政府主办，作为筹备活动，提出一个日后在俄罗斯叶卡捷琳堡举行第一届金砖国家领导人峰会	2009.6.16 叶卡捷琳堡	金砖四国领导人首次会晤，卢拉、梅德韦杰夫、辛格、胡锦涛出席。2001年由美国高盛公司首席经济师奥尼尔首次提出的概念变成了现实。这次会晤正式启动了金砖国家之间的合作机制。会晤中，巴西、俄罗斯、印度和中国四国领导人就国际金融机构改革、粮食安全、能源安全、气候变化以及"金砖四国"未来对话与合作前景等重大问题交换了看法，并在会后发表了《"金砖四国"领导人俄罗斯叶卡捷琳堡会晤联合声明》。在联合声明中，四国呼吁建立一个更加多元化的货币体系，提高新兴市场和发展中国家在国际金融机构中的发言权和代表性，并承诺推动国际金融机构改革，使其体现世界经济形势的变化

续表

序号	学术论坛 时间地点	学术论坛的评价、主题与议题	首脑峰会 时间地点	峰会的主要成果
2.	2010.4 巴西	首次机制化学术论坛，主题为：加强金砖四国间合作	2010.4.15 巴西利亚	金砖四国领导人第二次会晤，卢拉、梅德韦杰夫、辛格、胡锦涛出席。四国领导人重点就世界经济金融形势、国际金融机构改革、气候变化、"金砖四国"对话与合作等问题交换看法，并发表《联合声明》。在联合声明中，四国商定推动"金砖四国"合作与协调的具体措施，"金砖国家"合作机制初步形成
3.	2011.3 北京	主题为：发展、合作、共享，4个议题分别为：挑战与机遇——金砖国家发展的环境与背景，变革与责任——金砖国家在推动全球经济治理进程中的议程与议题，团结与合作——金砖国家的务实合作与机制化建设，交流与互信——金砖国家的智库合作	2011.4.14 三亚	此次会议的亮点是新成员南非首次参加会晤，金砖四国开始变为金砖五国。会议通过《三亚宣言》，对金砖国家的未来合作进行了详细的规划，决定深化在金融、智库、工商界、科技、能源等领域的交流合作，重申国际经济金融机构治理结构应该反映世界经济格局的变化，增加新兴经济体和发展中国家的发言权和代表性。2010年12月，中国作为"金砖国家"合作机制轮值主席国，与俄、印、巴一致商定，吸收南非作为正式成员加入"金砖国家"合作机制，"金砖四国"即将变成"金砖五国"，并更名为"金砖国家"

续表

	学术论坛		首脑峰会	
序号	时间地点	学术论坛的评价、主题与议题	时间地点	峰会的主要成果
4.	2012.3 新德里	主题为：稳定、安全、增长，涵盖水资源、能源、教育、卫生、法律、金融、城市化等领域合作	2011.3.28 新德里	会议发表了《新德里宣言》。会议探讨了成立金砖国家开发银行的可能性，希望该银行能与世界银行并驾齐驱。金砖国家明确提出全球治理改革的诉求，呼吁建立更具代表性的国际金融架构，提高发展中国家的发言权和代表性，提出在2012年国际货币基金组织、世界银行年会前如期落实2010年治理和份额改革方案的要求。会议签署了两项旨在扩大金砖国家本币结算和贷款业务规模的协议，使得金砖国家间的贸易和投资便利化
5.	2013.3 德班	成立金砖国家智库委员会，5大议题分别为：金砖国家与世界经济，全球治理机构改革，金砖国家非洲合作，工业化经济的教育研究与技能开发，和平与安全	2013.3.26 德班	会后发表了《德班宣言》和行动计划。这次会晤加强了金砖国家的合作伙伴关系，传递了金砖国家团结、合作、共赢的积极信息。会议决定设立金砖国家开发银行、外汇储备库，宣布成立金砖国家工商理事会和智库理事会，在财金、经贸、科技、卫生、农业、人文等近20个领域形成新的合作行动计划。会议推动构建金砖国家与非洲国家的伙伴关系。会晤以金砖国家同非洲的伙伴关系为主题，首次举行了金砖国家与非洲领导人对话会，传递了金砖国家愿与非洲国家在基础设施领域加强合作、促进非洲互联互通、释放非洲发展潜力的积极信号

续表

序号	学术论坛		首脑峰会	
	时间地点	学术论坛的评价、主题与议题	时间地点	峰会的主要成果
6.	2014.3 里约热内卢	五大议题为：促进合作以实现经济增长与发展，保障和平与解决安全问题，关注社会公正、可持续发展与民众福祉，实现经济与政治治理，以及促进知识共享与创新分享	2014.7.15 福塔莱萨	金砖国家领导人第六次会晤期间，五国领导人决定，成立金砖国家开发银行，总部设在中国上海。建立金砖国家应急储备安排。五国领导人还共同见证了多项合作协议的签署。会议发表《福塔莱萨宣言》
7.	2015.5 莫斯科	主题为：金砖国家通过合作促进增长、安全与繁荣	2015.7.8 乌法	会晤期间，五位领导人举行了小范围会议、大范围会议，出席金砖国家同欧亚经济联盟、上海合作组织成员国、观察员国和受邀国领导人对话会，共同会见了金砖国家工商理事会成员。五位领导人围绕"金砖国家伙伴关系—全球发展的强有力因素"主题，就全球政治经济领域重大问题以及金砖国家合作深入交换了意见。会晤发表了《乌法宣言》及其行动计划，通过了《金砖国家经济伙伴战略》

续表

序号	学术论坛		首脑峰会	
	时间地点	学术论坛的评价、主题与议题	时间地点	峰会的主要成果
8.	2016.9 果阿	第八届金砖国家学术论坛涉及全球治理、地缘政治、经贸合作、能源安全、性别平等、中小微企业和可持续发展等诸多领域	2016.10.15 果阿	五国领导人围绕"打造有效、包容、共同的解决方案"主题,就金砖国家合作及其他共同关心的国际和地区问题深入交换看法,达成广泛共识。会议通过了《果阿宣言》,金砖五国还签署了农业研究、海关合作等方面的谅解备忘录和文件。在果阿会晤上,金砖五国决定加强务实合作。五国同意进一步推动保险和再保险市场合作、税收体系改革、海关部门互动等,并探讨设立一个金砖国家评级机构的可能性。此外,五国就在农业、信息技术、灾害管理、环境保护、妇女儿童权利保护、旅游、教育、科技、文化等领域加强合作也进行了沟通协调
9.	2017.6 福州	召开政党、智库和民间社会组织论坛,政党论坛主题为:共谋合作发展、共创美好未来。学术论坛主题为:凝聚思想智慧、创新合作思路。民间社会组织论坛主题为:增进民心相通、夯实合作根基	2017.9.4 厦门	《金砖国家领导人厦门宣言》是厦门会晤的主要成果之一。2017年9月4日,金砖国家领导人(中国国家主席习近平、巴西总统特梅尔、俄罗斯总统普京、南非总统祖马、印度总理莫迪)在福建厦门签署,自2017年9月4日起实施。《厦门宣言》总计71条,长达12000余字,体量在历届金砖国家领导人会晤中前所未有。全文分序言、金砖经济务实合作、全球经济治理、国际和平与安全、加强人文交流合作五大板块,共涉及71点

续表

	学术论坛		首脑峰会	
序号	时间地点	学术论坛的评价、主题与议题	时间地点	峰会的主要成果
10.	2018.5 约翰内斯堡	2018年5月28—31日，第十届金砖国家学术论坛于南非约翰内斯堡桑顿会议中心召开，来自巴西、俄罗斯、印度、中国、南非等国的学者参加了论坛。此届论坛侧重于"经济繁荣与智慧制造中心""普遍的医疗覆盖和社会保障项目""教育、多产、创造及科学力量""全球共识与集体挑战""维护和平与和平建设"和"发展目标"六大主题，向本年度金砖峰会提交了一份包含20项具体建议的报告，供金砖国家领导人参考	2018.7.26 约翰内斯堡	2018年7月26日，金砖国家领导人第十次会晤约翰内斯堡宣言发布。《宣言》共5部分，近1.2万字，就维护多边主义、反对保护主义发出明确信号，决定启动金砖国家新工业革命伙伴关系，深化在经贸金融、政治安全、人文交流等领域合作。本次会晤是金砖合作历史上具有里程碑意义的一次会晤。金砖国家对金砖合作在过去十年所取得的成就表示满意。这些成就是金砖合作追求和平、和谐、共同发展和共同繁荣的有力体现。《宣言》重申将秉持互尊互谅、主权平等、民主包容的原则，继续致力于深化金砖战略伙伴关系，推动和平和更加公平的国际秩序，实现可持续发展和包容增长，巩固经济、政治安全和人文交流三轮驱动的合作格局，造福五国人民

续表

序号	学术论坛		首脑峰会	
	时间地点	学术论坛的评价、主题与议题	时间地点	峰会的主要成果
11.	2019.3 巴西	2019年金砖国家协调人第一次会议14日和15日在巴西库里蒂巴召开。会议主要任务是为金砖国家领导人第十一次会晤预做准备，并就全年合作重点等问题交换看法。外交部部长助理、中方金砖国家事务协调人张军以及各国协调人出席	2019.11.13 巴西利亚	2019年11月14日，《金砖国家领导人第十一次会晤巴西利亚宣言》发布。《宣言》共73条，分为5部分，1万余字，重申坚持主权、相互尊重、平等原则，并对金砖合作成果表示欢迎；重申强化和改革多边体系，努力推动多边体系向更加包容、民主、更具代表性的方向发展；重申坚持诚信、主权平等、不干涉他国内政等原则，履行根据《联合国宪章》开展合作的义务；重申开放市场，五国将继续致力于维护和加强以世界贸易组织为核心的多边贸易体制，维护公平、公正、非歧视的营商和贸易环境；重申反腐败决心，特别是通过适当完善国内法律更有效地查处腐败案件

续表

序号	学术论坛		首脑峰会	
	时间地点	学术论坛的评价、主题与议题	时间地点	峰会的主要成果
12.	2020 莫斯科	2020年10月22日至24日,第十二次金砖国家学术论坛在俄罗斯莫斯科举行。本次论坛由俄罗斯金砖国家研究国家委员会主办,旨在强化金砖五国在学术研究领域的联系,加强政府与学术界之间的对话。受新冠肺炎疫情影响,此次论坛通过线上线下结合的方式进行。本次论坛主题是"金砖国家建设美好世界的新愿景"	2020.11.17 圣彼得堡	2020年11月17日,金砖国家领导人第十二次会晤于11月17日以视频形式举行。此次会晤的主题是"有利于全球稳定、共同安全和创新增长的金砖国家伙伴关系"。俄罗斯担任金砖国家轮值主席国以及金砖国家多边合作的主要目标是帮助改善金砖国家人民的生活水平和生活质量。俄罗斯总统顾问、俄罗斯担任2020年金砖国家轮值主席国期间的活动组委会秘书长安东·科比亚科夫表示,尽管目前新冠肺炎疫情在全球蔓延,但金砖国家的相关工作始终在推进。自2020年1月以来,已经组织60多次活动,包括视频会议。他说,金砖国家领导人会晤是俄罗斯担任主席国期间的主要活动,这将推动相关各方共同努力,进一步发展合作,确保各国福祉

续表

序号	学术论坛		首脑峰会	
	时间地点	学术论坛的评价、主题与议题	时间地点	峰会的主要成果
13.	2021 印度	2021年8月3—6日，金砖国家第十三次学术论坛在线举行。作为金砖国家领导人会晤的重要配套活动，金砖国家学术论坛是金砖国家学界交流思想、贡献智慧的重要平台，受到金砖各方的高度重视	2021.9.9 新德里	2021年9月8日，外交部发言人华春莹宣布：应印度总理莫迪邀请，国家主席习近平将于9月9日在北京以视频方式出席金砖国家领导人第十三次会晤，以"金砖15周年：开展金砖合作，促进延续、巩固与共识"为主题通过《金砖国家领导人第十三次会晤新德里宣言》。宣言称，"我们重申致力于加强金砖政治安全、经贸财金、人文交流'三轮驱动'合作"，"我们回顾以往丰硕合作成果并为之自豪，包括建立新开发银行、应急储备安排、能源研究平台、新工业革命伙伴关系和科技创新合作框架等成功合作机制"。会上，习近平宣布中国年内将再向发展中国家无偿捐赠1亿剂疫苗。习近平主席讲话全文《携手金砖合作 应对共同挑战——在金砖国家领导人第十三次会晤上的讲话》

续表

	学术论坛		首脑峰会	
序号	时间地点	学术论坛的评价、主题与议题	时间地点	峰会的主要成果
14.	2022 中国	2022年5月20日，由金砖国家智库合作中方理事会主办的以"团结合作推动发展，携手迈向美好未来"为主旨的金砖国家第十四次学术论坛通过ZOOM的线上方式以中英双语举办。会议邀请了来自金砖五国的知名专家学者分别就各自研究领域进行发言，为金砖国家领导人第十四次会晤建言献策。中国的金砖研究智库人民大学国家发展与战略研究院、对外经济贸易大学金砖国家研究中心、复旦大学金砖国家研究中心、中国社科院世界经济与政治研究所、国务院发展研究中心等代表参会	2022.1.1 北京	2022年6月23日晚，中国国家主席习近平在北京以视频方式主持金砖国家领导人第十四次会晤。南非总统拉马福萨、巴西总统博索纳罗、俄罗斯总统普京、印度总理莫迪出席。习近平发表题为《构建高质量伙伴关系 开启金砖合作新征程》的重要讲话。五国领导人围绕"构建高质量伙伴关系，共创全球发展新时代"的主题，就金砖国家各领域合作和共同关心的重大问题深入交换意见，达成许多重要共识并共同发表《金砖国家领导人第十四次会晤北京宣言》